省级试点专业
省级“十一五”规划教材
21世纪高职高专精品教材·电子商务专业

电子商务与现代物流

（第三版）

郑承志 主 编
夏名首 副主编

东北财经大学出版社
Dongbei University of Finance & Economics Press
大连

图书在版编目（CIP）数据

电子商务与现代物流 / 郑承志主编 .—3 版 .—大连 ：东北财经大学出版社，2014. 9
（21 世纪高职高专精品教材 · 电子商务专业）
ISBN 978-7-5654-1684-2

Ⅰ. 电… Ⅱ. 郑… Ⅲ. 电子商务-物流-物资管理-高等职业教育-教材 Ⅳ. ①F713. 36 ②F252

中国版本图书馆 CIP 数据核字（2014）第 202911 号

东北财经大学出版社出版
（大连市黑石礁尖山街 217 号 邮政编码 116025）
教学支持：（0411）84710309
营 销 部：（0411）84710711
总 编 室：（0411）84710523
网 址：http：//www. dufep. cn
读者信箱：dufep @ dufe. edu. cn

大连天骄彩色印刷有限公司印刷 东北财经大学出版社发行

幅面尺寸：185mm×260mm 字数：315 千字 印张：13 3/4
2014 年 9 月第 3 版 2014 年 9 月第 6 次印刷

责任编辑：杨慧敏 王 丽 曲以欢 郭海雷 张晓鹏 责任校对：刘 洋 王 娟
封面设计：张智波 版式设计：钟福建

ISBN 978-7-5654-1684-2
定价：26. 00 元

第三版前言

本书内容源于电子商务与现代物流实践应用的归纳总结，第一版出版于2006年3月。2009年，本书被安徽省教育厅评为省级“十一五”规划教材，得到许多高职院校师生的认可。近几年，电子商务与现代物流经历了快速的发展，电子商务与物流的环境、技术、应用都发生了巨大的改变。例如，快递技术和现代物流信息技术受到了广泛的关注；出现了许多新的物流模式、技术；条形码技术得到快速发展与应用等。为了使本教材能够及时地呈现这些行业的新变化、新发展，我们于2014年对教材进行了第二次修订工作。与第二版相比，第三版的内容更为精简、适用。首先，在第二版的基础上精挑细选保留下来大部分的经典内容；其次，将现代物流和电子商务的新理论、新概念、新技术等补充到第三版中；最后，本书继续保持系统性和实用性的特色，并注重对可操作性方法的介绍。

在本次修订中，编者主要做了如下工作：

第一，更新了部分章节内容。根据电子商务与现代物流的发展，删除了部分在实际工作中已经不使用的物流和电子商务的技术、方法，增加了二维码技术、第四方物流、绿色物流等内容，尽可能反映物流和电子商务在实践中的新的研究和应用。

第二，收集并更新了案例。在每章的引例及章节中引用的案例部分，都结合物流活动中的实际情况，选用了最新的案例，查找了最新的法律法规，引用了最新的调查数据，尽可能采用最新的资料、数据。

第三，勘误了教材中的错误。在教材使用过程中，全国各地师生都给我们提供了许多宝贵的意见与建议，包括指出了教材中出现的错误，我们在本次修订中都作了校正。

本书是安徽省教育厅质量工程项目——省级教学团队（项目号：2013jxtd082）的阶段性成果，是安徽商贸职业技术学院电子商务专业教学团队全体老师的智慧结晶。其中，郑承志教授完成了第1章和第7章的修订工作，夏名首副教授完成了第2章、第3章、第4章、第5章、第6章、第8章的修订工作。在修订过程中，得到了东北财经大学出版社杨慧敏编辑的指导和大力支持，并广泛参阅了大批专家、学者公开出版的专著和教材，在此一并表示感谢。

编　者

2014年7月

目　　录

第 1 章　现代物流概述

学习目标

通过本章学习，应该达到以下目标：

知识目标：了解物流概念的产生与发展过程；明确物流的概念与现代物流的内涵；掌握现代物流的分类方法；认识现代物流的发展趋势。

技能目标：明确物流系统的构成，能够结合实际进行物流系统的合理化分析；掌握物流的功能。

能力目标：提高对物流的认识，掌握现代物流的类型并具备灵活运用的能力；明确我国物流业的现状。

引　例

"十八大报告"中明确指出："推进经济结构战略性调整"，是"加快转变经济发展方式的主攻方向"，要"推动战略性新兴产业、先进制造业健康发展，加快传统产业转型升级，推动服务业特别是现代服务业发展壮大"。过去的 10 年，是中国物流业高速发展的 10 年，中国成为世界第一大货物贸易运输国。这得益于国家对物流行业的重视和扶持。国务院发布了我国第一个物流业发展专项规划，并出台了促进物流业健康发展的 9 条政策措施。2003—2011 年，我国物流业增加值年均增长 17%。在引进 UPS、DHL 等国外物流企业的同时，国内物流业服务水平大幅提升，涌现出一大批具有规模优势、网络优势和品牌优势的物流企业。中远集团、中国五矿集团等海运及商贸物流企业，中交集团、中国铁建等交通基建企业进入世界 500 强。GPS、物联网等新科技和新设备不断被引入物流业。

中国物流业正在迈向现代化，中国物流企业的竞争力在不断提升。不过，我国物流总费用占国内生产总值的比重仍然在 18% 左右徘徊，比发达国家高出 1 倍；国内物流企业与国际物流企业还有一定差距。只有总结经验，查漏补缺，才能真正发挥物流作为国民经济"第三利润源泉"的作用。

资料来源　曹亚慧．"十八大报告"给物流行业吹来哪些政策"春风"［N］．现代物流报，2012-11-28.

随着社会主义市场经济体制的不断完善，特别是经济全球化和电子商务的快速发展，物流产业已步入了高速发展期，以计算机、网络、通讯等信息技术为核心的现代物流的作用日益显现，越来越多的企业已从物流过程角度重新审视自身的经营活动。本章着重阐述物流的概念、功能、物流系统的基本知识，以及我国物流的现状与发展趋势等内容。

1.1 现代物流概念

1.1.1 物流概念的产生与发展

1）物流概念的产生

“物流”（physical distribution）一词最早出现在美国。1921 年，阿奇·萧在《市场流通中的若干问题》中就提到“物流”一词，他认为“物流是与创造需求不同的一个问题”，“物资经过时间或空间的转移，会产生附加价值”。此时的“物流”指的是销售过程中的物流。

1935 年，美国市场营销协会定义委员会最早对物流进行了定义：“物流是包含于销售之中的物质资料和服务与从生产地到消费地流动过程中伴随的种种活动。”很明显，这种物流也是指销售物流，我们称之为狭义的物流。

2）物流概念的发展

对物流的认识是一个不断深化的过程。第二次世界大战中，围绕战争供应，美国军队建立了“后勤”（logistics）理论，对军火等战略物资的运输、补给、屯驻等进行全面管理，以求战略物资补给的费用更低、速度更快、服务更好。1962 年，美国管理学权威彼得·德鲁克在《财富》杂志上发表了文章《经济的黑暗大陆》，提出消费者支付的商品价格中大约 5% 是与商品流通有关的费用，物流是降低成本的最后领域，强调要重视流通领域的物流管理。第二次世界大战以后，“后勤”一词在企业中广泛应用，又有商业后勤（business logistics）或流通后勤的提法，其含义是“包括原材料的流通、产品分配、运输、购买与库存控制、储存、客户服务等业务活动”，其领域包括原材料物流、生产物流和销售物流，可见其外延更为宽泛，故称之为广义的物流。人们开始把降低费用的注意力转移到生产和销售以外的运输、仓储、配送和库存等物流环节上，挖掘物流环节降低成本、增加利润的潜力。物流被誉为“第三利润源泉”，引起了世界各国的广泛重视。

日本从 1965 年开始正式使用“物的流通”这个术语，简称为“物流”。1981 年，日本综合研究所在其编著的《物流手册》中，将“物流”表述为“货物供给者向需要者的物理性移动，是创造时间性和场所性价值的经济活动，包括包装、装卸、保管、库存管理、流通加工、运输配送等诸种活动”。

此外，还可以从不同的角度对物流进行定义，诸如：“物流是物品实体的转移。”“物流是一个控制原材料、半成品、产成品和信息的系统。”“物流是由包装、装卸、保管、库存管理、流通加工、运输、配送等功能组合而成的系统。”“物流是物质资料从供应者到需求者的物理运动，是创造时间价值、场所价值和一定的加工价值的活动。”

在国际上，最普遍采用的是美国物流管理协会（Council of Logistics Management）的定义：“物流（logistics）是为满足消费者需求而进行的对货物、服务及相关信息从起始地到消费地有效率与效益地流动与储存的计划、实施与控制的过程。”

我国国家标准（GB/T 18354—2001）“物流术语”中将物流定义为：“物品从供应地向接收地的实体流通过程。根据实际需要，将运输、储存、装卸、搬运、包装、流通加工、配送、信息处理等基本功能实施有机结合。”

【小知识 1-1】

2001 年，美国物流管理协会对物流的定义进行了完善：“物流是供应链运作中，以满足客户要求为目的，对货物、服务和相关信息在产出地和销售地之间实现高效率和低成本的流动和储存所进行的计划、执行和控制的过程。”

应该注意的是，logistics 与 physical distribution 在我国同样被译为“物流”，在美国和日本也有将二者作为同义词使用的情况。但是，从物流管理发展的过程来看，二者之间是有明显区别的。logistics 已突破了商品流通的范围，把物流活动扩大到生产领域，即包括了从原材料采购、在制品移动到产成品销售全过程的活动，物流不但与流通系统维持密切的关系，也与生产系统紧密相连，物流合理化不仅限于物流部门内部，而且扩展到了生产和销售部门。而狭义的物流仅仅限于销售物流，不包括原材料物流，并且物流合理化的范围还停留在物流部门内部。

3）现代物流的内涵

尽管物流的概念表述多种多样，但是其基本的内涵是相同的。现代物流泛指原材料、产成品从起点至终点及相关信息有效流动的全过程。它将运输、仓储、加工、整理、配送、信息等方面有机结合，形成完整的供应链，为用户提供多功能、一体化的综合性服务。

（1）现代物流的客体是物资资料。其内容既包括有形物资资料，也包括依从物质载体的无形资料。

（2）现代物流的主体是供应者和需求者。供应者包括生产者和经营者，需求者包括一般消费者、中间商和产业用户。

（3）现代物流是物质资料在时间、空间、数量、质量上的物理性运动。

（4）现代物流是实现价值的经济活动。使用价值是价值的物质承担者，生产过程创造的价值必须经过物流才能最终实现。

（5）现代物流又是创造价值的经济活动。物流具有生产性，物流劳动是社会必要劳动，物流通过时间、空间、数量、质量效应来创造价值。

1.1.2　现代物流的分类

1）按物流的研究范围分类

（1）宏观物流。宏观物流是指社会再生产总体的物流活动，是从社会再生产总体角度认识和研究的物流活动。宏观物流也就是产业或领域的物流活动和物流行为。

宏观物流还可以从空间范畴来理解，它是在很大空间范畴的物流活动，往往带有宏观性，在很小空间范畴的物流活动则往往带有微观性。宏观物流也指物流全体，是从总体看物流，而不是从物流的某一个环节来看物流。因此，在物流活动中，下述物流应属于宏观物流，即社会物流、国民经济物流、国际物流。宏观物流的主要特点是综合性和全局性，宏观物流主要研究的内容是物流总体构成、物流与社会之间的关系及在社会中的地位、物流与经济发展之间的关系、社会物流系统和国际物流系统的建立和运作等。

（2）中观物流。中观物流是区域性社会再生产过程中的区域性物流，它是从区域上的经济社会来认识和研究物流的。从空间位置来看，一般是较大的空间。例如，一个国家的经济区的物流，称之为特定经济区物流；一个国家的城市经济社会的物流，称之为城市物流。在区域经济迅速崛起的今天，以区域性为主要特征的中观物流的支撑作用非常明显。

(3) 微观物流。消费者、生产者所从事的实际的、具体的物流活动属于微观物流。在整个物流活动之中的一个局部、一个环节的具体物流活动属于微观物流；在一个小地域空间发生的具体的物流活动属于微观物流；针对某一种具体产品所进行的物流活动也属于微观物流；企业经营活动过程中的生产物流、供应物流、销售物流、回收物流、废弃物物流、生活物流等均属于微观物流。微观物流的特点是具体性、实务性和局部性。由此可见，微观物流是更贴近具体企业的物流。

2) 按物流的作用和功能分类

按物流的作用和功能来区分物流，属于微观物流范畴。这些物流活动完成企业某一特定的工作任务，如供应、生产、销售等，相应地可以划分为供应物流、生产物流、销售物流、回收物流和废弃物物流。

(1) 供应物流。供应物流是指企业供应生产所需原材料、零部件、燃料和辅助材料的物流活动，具体包括采购、运输、装卸、检验、入库等环节。供应物流对企业生产有着直接的影响，生产所需物资资料供应的时间、数量和质量，在很大程度上决定着企业的生产节奏和生产成本，从而影响企业的经济效益。供应物流因市场条件不同而有很大的不同。在物资资料供不应求的市场条件下，采购人员要想尽一切办法取得所需的物资资料，时间、数量、质量往往得不到保证，企业生产经常因此而陷入困境。现在，市场条件已经发生了根本性的变化，供大于求成为常态，供应数量的保证已经相当容易，在这种条件下，如何选择最优、降低成本、减少库存，以适当的品质、适当的数量、适当的时间、适当的场所、适当的价格供应生产所需物质资料，配合企业总体战略目标的实现，就成为供应物流追求的目标。在这些方面，物资供应者的配合和努力是不可缺少的。

(2) 生产物流。生产物流是指伴随着企业生产工艺的物流活动。生产物流一般从企业物资供应仓库开始，按照生产进度和要求，对物资进行分类、装卸搬运，向各个生产环节和作业场所配送。在供应商服务水平较高的情况下，往往是在指定的时间，把指定的数量直接送到指定的作业场所，形成生产物流的起点，再经过加工制成的半产品进入半成品仓库，或者继续按照生产工艺和流程不断流转，直至成品产出，然后经过检验、分类、包装、装卸搬运等作业环节，最后进入成品仓库。生产物流主要取决于生产工艺流程。配合生产计划的物流计划是否科学，对于生产工艺各个环节的衔接和缩短生产周期都有着直接影响。而工厂相关车间、仓库的配置，以及车间内流水线、作业点的布置，都会影响生产物流的路线距离和装卸搬运的作业次数，从而影响生产物流的效率。

(3) 销售物流。销售物流是指伴随企业销售活动，将产品转送给客户的物流活动，具体包括仓储、分类、包装、装卸、运输和售后服务等环节。产品在销售之前，都需要存储起来，存储货物可以在工厂或者附近，也可以在各个销售地点分散存储。按照客户订单或供货合同，对存储的货物进行分类、包装、运达客户指定的地点，并进行必要的服务，是销售物流的全过程。销售物流是企业营销活动的重要组成部分，企业拿到客户订单开始物流过程，产品送达客户并经过售后服务，伴随商流的物流过程才算结束。如前所述，现代市场经济的特征是买方市场，企业销售已经从推销发展到以客户为中心的市场营销。因此，销售物流不仅仅是以最低的成本单纯地送货上门，而成为为客户提供更佳的服务、赢得客户信赖、提高企业竞争力的有力手段。

（4）回收物流。回收物流是指企业在供应、生产、销售过程中产生的可再利用物资的回收活动，具体包括：供应物流过程和销售物流过程产生的可再利用的包装物、衬垫物等的回收；生产过程产生的可再利用的边角余料的回收；各种报废的生产工具、设施以及失去部分使用价值的辅助材料和低值易耗品的收集、分类、加工，转化为新的生产要素。可再利用物资的回收物流，不仅有利于降低成本，而且关系到企业的生产环境和生产效率。

（5）废弃物物流。废弃物物流是指对企业供应、生产、销售过程中产生的废弃物品的收集、处理和再生的物流活动。在生产过程中不可避免地会产生废水、废气、废油以及各种废弃物，随着工业化的发展，废弃物严重污染环境，危及人类的生活环境和人身健康，在世界各国都成为不可忽视的社会问题。在我国，废弃物对环境的污染已经引起政府及社会的广泛关注，但环境污染的趋势并没有明显改善。因此，企业树立环境观念，从长远利益和社会利益出发，建立废弃物物流系统已刻不容缓。

3）*按物流活动的空间分类*

按照物流活动的空间分类，物流可以划分为地区物流、国内物流和国际物流。

（1）地区物流。地区物流有不同的划分原则，如按行政区域划分，按经济区域划分，按地理位置划分等。地区物流系统对于提高该地区企业物流活动的效率，以及保障当地居民的生活福利环境具有不可忽视的作用。

从地区物流的角度来看，应根据地区的特点，从本地区的利益出发组织好物流活动。如某城市建设一个大型物流中心，显然对于当地提高物流效率、降低物流成本、稳定物价十分有利，但是也会引起由于供应点集中、货车来往频繁、产生废气噪音、交通事故等消极问题。因此，物流中心的建设不单是物流问题，还要从城市建设规划、地区开发计划出发，统一考虑，妥善安排。

（2）国内物流。物流作为国民经济的一个重要方面，也应该纳入国家总体规划的内容。我国的物流产业是国民经济系统的重要组成部分，全国物流系统的发展必须从全局着眼，对于部门分割、地区分割所造成的物流障碍应该予以清除。在物流系统的建设投资方面也要从全局考虑，使一些大型物流项目尽早建成，以为国民经济服务。

国家整体物流系统化的推进必须发挥政府的宏观调控作用，例如加强物流基础设施的建设，包括公路、高速公路、港口、机场、铁道的建设，以及大型物流基地的配置等；制定各种交通政策法规，如铁道运输、卡车运输、海运、空运的服务标准和质量规定，以及税收标准等；推进物流活动有关的各种设施、装置、机械化的标准化，以及物流活动中各种票据的标准化、规格化。

（3）国际物流。国际物流是指不同国家或地区之间开展的跨国（或地区）的物流活动，包括两国之间或多国之间开展的物流活动。国际物流实现货物在国际间的流动与交换，促进区域经济的发展和世界资源的优化配置。

当前世界发展的主流是国家与国家之间的经济交流越来越频繁，任何国家不投身国际经济大协作的交流，本国的经济技术就得不到良好的发展。工业生产也在走向社会化和国际化，出现了许多跨国公司，甚至一个企业的经济活动范畴可以遍布各大洲。国家之间、洲际之间的原材料与产品的流通越来越发达，因此，国际物流已成为物流的一个重要分支。

4）按物流系统的性质分类

按照物流系统性质分类，物流可以划分为社会物流、行业物流和企业物流。

（1）社会物流。社会物流是指超越一家一户的、以一个社会为范畴，面向社会的物流。它的范畴是社会经济的大领域，包括再生产过程中随之发生的物流活动，国民经济中的物流活动，社会环境中运行的物流等。因此，社会物流具有客观性和广泛性。

社会物流网络是国民经济的命脉，流通网络分布的合理性、渠道是否畅通至关重要。必须进行科学管理和有效控制，采用先进的技术手段，保证高效率、低成本运行，以谋求经济效益和社会效益的最大化。

（2）行业物流。行业物流是指同一行业的物流活动。同一行业中的企业是市场上的竞争对手，但是在物流领域中常常互相协作，共同促进行业物流系统的合理化，如在大量消费品方面采用统一商品规格，统一法规政策，统一托盘规格、陈列柜和包装模数化等。行业物流系统化将使参与的各个企业都得到相应的利益。

（3）企业物流。在企业经营范围内由生产或服务活动所形成的物流系统称为企业物流。企业是为社会提供产品或某些服务的一个经济实体。一个工厂要购进原材料，经过若干工序的加工，形成产品销售出去。一个运输公司要按客户要求将货物输送到指定地点。因此，发生在企业范围内的物流活动，是具体的、微观的物流活动的典型领域。通常，企业的物流活动往往包括生产物流、供应物流、销售物流、回收物流和废弃物物流等多种具体的物流活动。

【小思考1-1】

宏观物流与微观物流有何区别？

答：宏观物流具有综合性与全局性，是社会再生产总体的物流活动。微观物流具有具体性、实务性和局部性，是整个物流活动之中的一个局部、一个环节的具体物流活动。

1.1.3 物流的功能

1）运输

运输，是物流系统中最为重要的功能之一。它是使物品发生场所、空间转移的物流活动。由于物流是“物”的物理性运动，这种运动不但改变了物的时间状态，也改变了物的空间状态，而运输则承担了改变空间状态的任务。运输所实现的物质实体由供应地到需求地的移动，既是物质实体有用性得以实现的媒介，又是物品增值（因位移形成的附加价值）的创造过程。

运输可以创造“空间效用”。通过运输，将“物”运到空间效用最大的场所，就可以发挥“物”的潜力，实现资源的优化配置。因此，运输在物流活动中处于重要地位，是社会再生产的必要条件之一，是“第三利润源”的主要源泉。

2）储存

储存，是以改变“物”的时间状态为目的的活动，以克服产需之间的时间差异而获得更好的效用。储存也是物流的主要功能，与运输一样处于重要地位。储存作为社会再生产各环节之间的“物”的停滞，承担着消除生产和消费之间时间间隔的重任。

储存可以创造“时间效用”。通过储存，使“物”在效用最高的时间发挥作用，使其实现时间上的优化配置。同时，储存还有调整价格的功能，防止因产品过多而导致价格暴跌。因此，储存具有以调整供需为目的的调整时间和价格的双重功能。

3）包装

包装，是包装物及包装操作的总称，是物品在运输、保管、交易、使用时，为保持物品的价值、形状而使用适当的材料容器进行保管的技术和被保护的状态。包装是生产的终点，又是物流的起点，具有保护性、单位集中性和便利性 3 大特性。同时，包装具有保护商品、方便物流、促进销售、方便消费 4 大功能。

4）搬运

搬运，是指在物流过程中，对货物进行装卸、堆垛、理货分类、取货以及与之相关的作业，又称装卸搬运。在物流过程中，搬运活动是不断出现和反复进行的，是应物流运输和保管的需要而进行的作业，其出现的频率高于其他各项物流活动，因而是决定物流速度的重要因素。

物流的各项活动的前后以及同一阶段的不同活动之间，都是以装卸搬运来衔接的。只有通过装卸搬运作业，才能把商品实体运动的各个阶段连接成连续的“流”，使物流活动得以顺利进行。

5）流通加工

流通加工，是流通中的一种特殊形式，是指在物品从生产领域向消费领域流动的过程中，为促进销售、维护产品质量和提高物流效率，而对物品进行加工，使物品发生物理、化学或形状变化的活动。流通加工的主要作用表现在可以增强物流系统的服务功能，提高物流对象的附加价值，降低物流系统的成本等。

6）信息

信息，是指通过收集与物流活动相关的信息，使物流活动能够有效、顺利地进行。物流信息是物流活动中各个环节生成的信息，一般是随着从生产到消费的物流活动的产生而产生的信息流，与物流过程中的运输、储存、搬运、包装等各种职能有机地结合在一起，成为物流活动的重要组成部分。随着电子计算机和信息通讯技术的发展，目前很多企业的订货、库存管理、配送等业务已实现了一体化，因此，信息管理已成为物流管理的重要内容。

1.1.4　物流系统

1）物流系统的含义

物流系统是指在一定的时间和空间里，由所需位移的物资、包装设备、装卸搬运机械、运输工具、仓储设施、人员和通信联系等相互制约的动态要素所构成的具有特定功能的有机整体。

物流系统通过管理层、控制层和作业层 3 个层次的协调配合实现其整体功能。

（1）管理层。管理层的任务是对整个物流系统进行统一的计划、实施和控制，主要包括物流系统战略规划、系统控制和成绩评定，以形成有效的反馈机制和激励机制。

（2）控制层。控制层的任务是控制物料流动过程，主要包括订货处理与顾客服务、库存计划与控制、生产计划与控制、用料管理和采购等。

（3）作业层。作业层的任务是完成物料的时间转移和空间转移，主要包括发货与进货运输、厂内装卸、搬运、包装、保管和流通加工等。

由此可见，企业物流活动几乎渗透到制造企业的所有生产活动和管理工作中，对企业的影响十分重要。

【小知识 1-2】

美国物流协会（CLM）认为，一个典型的物流系统的组成要素包括：客户服务、需求预测、分拨系统管理、库存控制、物料搬运、订单处理、零配件和服务支持、工厂和仓库选址区位分析、采购、包装、退货处理、废弃物处理、运输管理和仓储管理等。

2）物流子系统

按照系统论原理，物流系统实际上是由若干子系统构成的一个大系统，如图 1-1 所示。

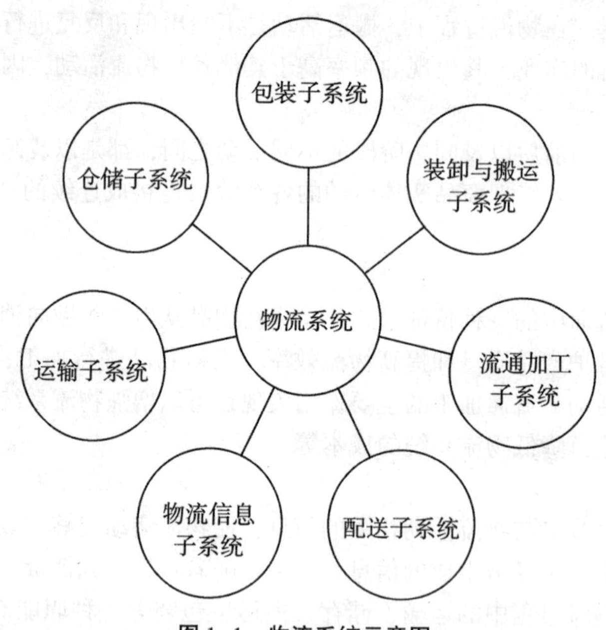

图 1-1 物流系统示意图

（1）运输子系统。运输的作用是将商品使用价值进行空间转移。物流系统依靠运输作业解决商品生产地和需求地之间的空间分离问题，创造商品的空间效用。运输子系统包括供应及销售物流中的车、船、飞机等方式的运输，以及生产物流中的管道、传送带等方式的运输。

国际货物运输是运输系统的核心，其运输费用在进出口商品价格中占有很大比重。国际运输主要包括运输方式的选择、运输单据的处理以及投保等内容。它具有运输路线长、环节多、涉及面广、手续繁杂、风险性大、时间性强、内外运两段性等特点。

（2）仓储子系统。商品的储存、保管使商品在其流通过程中处于一种或长或短的相对停滞状态，流通本身是一个由分散到集中，再由集中到分散的源源不断的流通过程，因此，库存作为一种“储备”，是物流系统中必不可少的环节。仓储子系统包括堆存、保管、保养、维护等活动。

（3）包装子系统。杜邦定律认为，63% 的消费者是根据商品的包装进行购买的，因此，应将包装、储存、运输有机地联系起来，统筹考虑，全面规划。包装子系统包括对产品进行出厂包装，生产过程中的在制品、半成品的包装以及在物流过程中的换装、分装、再包装等活动。

（4）装卸与搬运子系统。装卸与搬运作为保证商品运输和保管连续性的一种物流活动，是对运输、保管、包装、流通加工等物流活动进行衔接以及在保管等活动中为进行检验、维护、保养所进行的装卸活动，伴随着装卸的小搬运一般也包括在该子系统内。

（5）流通加工子系统。这是在物流过程中对产品所进行的辅助加工活动，如定量小包装、拣选、配装以及生产性外延加工等。它不仅存在于社会流通过程中，也存在于企业内部的流通过程中。

（6）配送子系统。这是指物流进入最终阶段，以配货、送货形式完成社会物流，并最终实现资源配置的活动。在现代物流体系中，配送作为一种现代流通方式，以其集经营、服务、社会集中库存、分拣、装卸搬运于一身的特点，成为物流系统中的一个分支。

（7）物流信息子系统。该系统的主要功能是收集、处理和传递物流信息。由于物流信息是现代物流的先导，功能完善的信息系统是物流运行与效益实现的前提。物流信息子系统包括与各项物流活动有关的计划、预测、动态的信息及有关的费用信息、生产信息和市场信息活动。

值得指出的是，运输和仓储分别是物流创造“空间效用”和“时间效用”的主要功能要素，因而在物流系统中处于主要地位。

【小知识 1-3】

与运输业发展息息相关的运输设施的现代化，对现代物流起着重要的推动作用。例如，在港口建设方面，发达国家普遍认为船舶等候泊位是一种极大的浪费。港口泊位开工率达到 30%，码头经营者即可保本；开工率达到 50%，可获厚利；开工率达到 70%，则会驱使他们建新码头。

3）物流系统合理化

物流系统合理化是物流系统的目标，就是以较低的成本和优良的服务完成商品实体从供应地到消费地的运动，具体可概括为 7Rs，即适合的质量（right quality）、适合的数量（right quantity）、适合的时间（right time）、适合的地点（right place）、适合的成本（right cost）、适合的顾客（right customer）和适合的产品或服务（right product or service）。

不同类型的物流系统对各目标的重视程度往往是不一样的，典型的情况有两种：一是以成本为核心，兼顾其他目标。对于对价格、费用比较敏感的顾客来说，这样的目标体系是适合的。二是以服务、速度为核心，兼顾其他目标。对于对价格、收费不敏感，而对服务水平、准时性的要求较高的顾客来说，可以此为目标。

（1）物流过程的合理化。在物流过程中，有效地利用物流网络，实现流向、流量、流程和各项物流功能的优化，是物流系统合理化的重要内容。物流过程的合理化，是通过对物流活动的科学管理来实现的。

物流过程的合理化，首先是对各个单项活动进行优化管理，使各个环节的物流功能得到有效发挥。这是物流过程整体合理化的基础，单项活动不能优化，整体也不可能合理。在单项活动优化的基础上，必须对物流过程进行整体优化管理，使整个物流过程合理化。物流过程整体优化是对包装、装卸、运输、储存、加工、配送等各个单项活动进行协调管理，使它们达到最佳结合，从而创造整体效益。

（2）物流技术现代化。物流技术是物流活动中有关专业技术和设备、设施的总称。物流技术水平直接关系到物流活动各项功能的水平，是实现物流系统合理化的物质基础。

物流技术现代化包括工具设备的现代化、节点（设施）的现代化、线路的现代化和信息网络的现代化。

随着科学技术的发展，现代物流技术正向着机械化、大型化、专用化、标准化、自动化的方向发展。在运输工具方面，大吨位、高速度、专用性的车辆、船舶、飞机不断出现；在机械设备方面，新型装卸机械、自动化包装设备、自动化分拣设备、自动化仓库设备、电子化信息处理设备等层出不穷；在线路和节点的建设发展中，新铁路的建设和旧铁路的改造，高速公路的建设和城市道路的发展等，使线路空间分布的密度提高、范围延伸，运载能力也大大提高。线路的扩展必然带来物流节点的发展和变化。大型物流仓库、大型物流中心等开始向城市郊外发展，共同运输、共同配送、共同保管的共同设施开始出现。这一切都极大地提高了物流效率，使物流系统不断向现代化方向发展。

【小思考 1-2】

当企业物流系统出现成本目标与服务目标相冲突时怎么办？

答：服务性是物流业的基本特征，当企业物流系统出现成本与服务的矛盾冲突时，成本目标应服从于服务目标。

1.2　现代物流及我国物流的发展现状

1.2.1　现代物流的发展趋势

随着经济全球化和信息技术的迅速发展，企业生产资料的获取与产品营销范围日趋扩大，社会生产、物资流通、商品交易及其管理方式正在并将继续发生深刻的变革。与此相适应，被普遍认为企业在降低物质消耗、提高劳动生产率以外的“第三利润源”的现代物流业正在世界范围内广泛兴起。现代物流的发展日渐显现出如下趋势：

1）物流运作系统化

企业物流是一种系统性的经济活动，是由一些相互联系的，并有一定目的和功能的相关要素组合而成的系统。传统物流一般指产品出厂后的包装、运输、装卸、仓储，而现代物流使传统物流向两头延伸并加进了新的内涵，使社会物流和企业物流有机地结合在一起。从采购物流开始，经过生产物流再进入销售领域，要经过包装、运输、装卸、仓储、加工配送，最终到达用户手中，最后还有回收物流。现代物流包含了产品从“生”到“死”的整个物理性的流通过程，即通过统筹协调、合理规划，控制整个商品的流动，以达到效益最大和成本最小的目标，同时，满足用户需求不断变化的客观要求。这样，就可以适应全球“经济一体化”、“物流无国界”的发展趋势。物流的系统化可以形成一个高效、通畅、可调控的流通体系，可以减少流通环节，节约流通费用，实现科学的物流管理，提高流通的效率和效益。

2）物流的信息化

电子数据交换技术和国际互联网的应用，使物流质量、效率和效益的提高更多地取决于信息管理技术。物流的信息化是指商品代码和数据库的建立、运输网络合理化、销售网络合理化、物流中心管理电子化、电子商务和物品条码技术应用等。物流的信息化可实现信息共享，使信息的传递更加方便、快捷、准确，提高整个物流系统的经济效益。现代物流在信息系统的支撑下，借助于储运和运输等系统的参与、借助各种物流设施，共同完成一个纵横交错、四通八达的物流网络，物流覆盖面不断扩大，规模经济效益日益显现，社会物流成本不断下降。

3）物流的社会化

随着市场经济的发展，专业化分工越来越细，一个生产企业生产某种产品，除了一些主要部件自己生产外，大多依靠外购。生产企业与零售商所需的原材料、中间产品、最终产品大部分由专门的物流中心提供，以实现少库存或零库存。这种物流中心不仅可以进行集约化物流，在一定半径之内实现合理化物流，从而大量节约物流费用，而且还可以节约大量的社会流动资金，实现资金流动的合理化，既提高经济效益，又提高社会效益。显然，完善和发展物流中心是流通社会化的必然趋势。

4）物流的标准化

物流的标准化指的是以国际物流为一个大系统，制定系统内部设施、机械装备、专用工具等各个分系统的技术标准；制定系统内分领域如包装、装卸、运输等方面的工作标准；以系统为出发点，研究各分系统与分领域中技术标准与工作标准的配合性，按配合性要求，统一整个国际物流系统的标准；研究国际物流系统与相关其他系统的配合性，进一步谋求国际物流大系统的标准统一。随着全球经济一体化的不断发展，各个国家都很重视本国物流与国际物流相衔接，在本国物流管理发展初期就力求使本国物流标准与国际物流标准化体系一致。因为若不如此，不但会加大国际交往的技术难度，更重要的是在本来就很高的关税及运费的基础上又增加了国际标准化系统不统一所造成的损失，使外贸成本增加。因此，物流标准化问题将日益得到重视和解决。

5）商流、物流、信息流一体化

按照一般的流通规律，商流、物流、信息流是三流分离的。商流可以使物质资料的使用价值得以实现，经过商流，物质资料就变更了所有权；物流解决的是物质资料从其生产地域向其消费地域的位移，无法变更物质资料的所有权；信息流解决的是流通主体之间的信息传递。在现代社会中，由于不同的材料、产品或商品的转移形成不同的流通方式与营销形态，为了适应这一变化，目前世界上有许多发达国家的物流中心、配送中心已基本实现了商流、物流和信息流的统一。此外，代理制的推行也使现代物流更趋科学合理，因为这种方式的流通体制更有助于实行“三流合一”。“三流合一”已成为现代物流的重要标志之一。

【小知识 1-4】

阿里牵手中国邮政集团 打造社会化物流

2014 年 6 月 12 日，中国邮政集团公司与阿里巴巴集团达成战略合作。双方将在物流、电商、金融、信息安全等领域全面开展深度合作，合力建设中国智能物流骨干网。通过这个网络平台，邮政覆盖全国超 10 万个网点将与菜鸟网络全面打通，并开放给社会化物流。

资料来源　佚名．阿里牵手中国邮政集团 打造社会化物流［EB/OL］．［2014-06-12］．http：//jjckb. xinhuanet. com/2014-06/12/content_ 508423. htm.

1. 2. 2　我国物流发展现状与展望

1）我国物流业发展现状

当前世界的一个重要特征是全球流动、高度连接和深刻变化。人流、商流、物流、资金流、信息流共同构成了现代经济的运行基础，决定着经济发展的未来。其中，物流是创造时间、空间价值的现代服务活动，和国民经济各个领域密切相关，既是国民经济运行的基础条件，也是构建对外交往、对外贸易的一个必不可少的前提条件。

经过30多年的发展，物流业已经成为我国国民经济的支柱产业和重要的现代服务业。2012年，全国社会物流总额达到177.3万亿元，物流业增加值达3.5万亿元，物流业增加值占GDP的比重达6.8%，占服务业的比重达15.3%。其中，铁路货物发送量和周转量、港口吞吐量、集装箱吞吐量均居世界第一，快递量居世界第三。

数据表明，我国已经成为物流大国，但还不是物流强国。根据世界银行的物流能力指标（LPI），中国物流能力领先于其他金砖国家及与中国有相似资源禀赋的亚洲国家，但明显落后于主要发达国家。2012年，中国全社会物流费用占GDP的比重约为18%，高出发达国家1倍以上。

我国物流市场开放度很高，但不平衡性明显。开放的中国物流市场已成为跨国企业竞逐的焦点。但受经济、基础设施、市场化程度、信息化水平、需求等因素的影响，我国物流业又呈现出东部发展快、中西部发展慢，城市物流相对发达、农村物流滞后且水平低等发展不平衡性。

从社会物流总额的绝对值构成来看，工业品物流总额占社会物流总额的比重从2001年的82.83%增长到2012年的91.37%，在国民经济发展中占据主导地位，与消费市场紧密连接的家电、日用化工、医药、汽车、连锁零售和电子商务等行业物流需求旺盛。居于产业链上游、资本密集型的农产品与农资、钢材、煤炭、矿石等大宗物资物流发展相对滞后。

我国物流业发展面临的主要问题包括以下几个方面：

一是物流系统性不强，网络化程度低，配套性不足。我国物流业呈现分散、独自发展的态势，基础设施的配套性、兼容性较弱。综合交通运输体系尚未完全形成，枢纽建设滞后，不同运输方式难以进行合理分工和有效衔接，沿海和内陆集疏运体系不配套，各种运输方式之间信息不共享，交通运输资源综合利用效率不高；海铁联运比例不到2%（发达国家已达到20%）；一些地方盲目大量兴建物流园区、物流中心，造成闲置；仓储设施分布在不同行业和部门，缺乏有效的资源整合；托盘标准不统一，不能一贯化运作；地方保护、部门封锁比较严重，工商、税收、土地、交通等方面存在一些阻碍和限制分支机构设立经营的问题。

二是我国物流基础设施结构性短缺。部分煤运通道，如铁路运力不足，公路分担了大量煤炭中长途运输，增加了运输成本，消耗了大量优质能源；部分沿江通道由于高等级航道占比低、网络化程度不高；航空货运基础设施发展总体不足；仓储建设严重滞后，而且在全国公共通用仓库中，相当一部分20世纪五六十年代的仓库“带病作业”，存在重大安全隐患。

三是与制造业、农业、商贸联动不足。物流速度慢、成本高、渠道不畅、模式陈旧已经成为制约我国制造业由大变强、解决三农问题、商贸服务和电子商务持续发展的瓶颈。

四是国际化能力不强。我国与200多个国家建立起了贸易联系，但是国内没有一家物流企业能够提供全球送达业务。

五是公平竞争、规范有序的物流市场尚未形成。一些地方政府给跨国物流企业在用地、税收等方面诸多优惠，使其享受超国民待遇；许多中小物流企业经营不规范，服务意识淡薄，法律意识不强，诚信严重缺乏。

六是物流业整体创新能力弱。物流企业创新动力不强，研发投入很低，商业模式创新、组织、技术、管理创新等滞后，尚未进入以创新引领的发展阶段。

七是不可持续问题突出。公路、航空、铁路、水路等运输方式的资源、能源、土地等消耗和大规模排放问题突出。无效、不合理运输、过度包装等问题严重；超载、超速造成的严重人身安全和货物损害事故经常发生，给企业和国家带来重大损失。

八是应急能力薄弱。在应对各类重大突发性事件时，难以做到“第一时间”应急物资的保障。

【小思考 1–3】

我国物流业与发达国家物流业的主要差距是什么？

答：主要是物流基础设施建设、现代物流技术应用的落后，以及物流知识的普及和物流管理观念的滞后。

2）我国物流业发展的前景展望

随着全球经济一体化发展趋势的加快，现代物流将成为我国经济跨世纪发展的重要产业和新的经济增长点。我国现代物流业发展的总体目标是：“积极采用先进的物流管理技术和装备，加快建立全国、区域、城镇、企业等多种层次的，符合市场经济规律、与国际通行规则接轨的，物畅其流、快捷准时、经济合理、用户满意的社会化、专业化现代物流服务风格体系。”与此相适应，我国物流业将展现出新的发展前景。

（1）现代物流发展的宏观环境将进一步改善。政府部门将在现代物流发展中从政策法规方面提供保障，推进物流发展的市场化进程，为各类企业参与市场公平竞争创造良好的外部条件，为物流企业的经营和发展提供宽松的宏观环境。

（2）积极发展第三方物流，推进企业物流向社会专业物流的转变。社会化、专业化的第三方物流企业的出现，是社会化分工和现代物流发展的方向。要充分发挥第三方物流企业的专业化、规模化优势，建立信息管理系统，将物流服务与工商企业的生产和营销紧密融合，强化服务意识，完善服务功能，真正具备为用户优化物流管理提供策划设计、组织运筹和实际操作等综合服务的能力。

（3）继续加强物流基础设施的规划与建设。我国的物流基础设施近年来虽有较大改善，但仍不能适应现代物流发展的需要。因此，必须继续加强物流基础设施的规划与建设，尽快形成配套的综合运输网络、完善的仓储配送设施、先进的信息网络平台等，为现代物流发展提供重要的物质基础条件。为此，国家应重视对物流基础设施的规划，特别要加强对中心城市、交通枢纽、物资集散和口岸地区大型物流基础设施的统筹规划。规划工作要充分考虑物资集散通道、各种运输方式衔接及物流功能设施的综合配套。

（4）广泛采用信息技术，加快科技创新和标准化建设。信息网络技术是构成现代物流体系的重要组成部分，也是提高物流服务效率的重要技术保障。一是加快物流与电子商务的融合。一方面，物流要为电子商务服务；另一方面，物流也要积极运用电子商务，实现电子化物流。二是加快先进适应技术的推广应用，广泛采用标准化、系列化、规范化的运输、仓储、装卸、搬运、包装机具设施及条形码等技术。三是借鉴国际上比较成熟的物流技术和服务标准，加快对我国物流服务相应技术标准的研究制定工作。

（5）加快物流领域对外开放的步伐。我国物流领域扩大开放，将与我国加入世界贸易组织（WTO）的对外承诺中有关运输服务和分销领域的开放同步进行。随着开放步伐的加快，国内外物流企业将实现携手合作，优势互补。一方面，积极利用国外的资金、设备、技术和人力资本，学习借鉴国际物流企业先进的经营理念和管理模式，加快建立符合国际规则的物流服务体系和企业运行机制；另一方面，物流领域的物流企业将会出现“请进来”与“走出去”相结合的态势，促进国内外物流市场服务一体化。

【小知识 1-5】

2011 年 8 月 2 日，为促进物流业健康发展，国务院发布《关于促进物流业健康发展政策措施的意见》，提出切实减轻物流企业税收负担、加大对物流业的土地政策支持力度、促进物流车辆便利通行、加快物流管理体制改革、鼓励整合物流设施资源、推进物流技术创新和应用、加大对物流业的投入、优先发展农产品物流业、加强组织协调等政策措施。

资料来源　国务院办公厅．关于促进物流业健康发展政策措施的意见［EB/OL］．［2011-08-19］．http：//news. xinhuanet. com/politics/2011-08/19/c_ 121882902. htm.

3）快递物流引领我国现代物流新变革

近年来，电子商务快速发展、国民经济转型升级加快，物流运行格局发生积极变化。在社会物流总额增速稳中回落、传统大宗商品物流市场疲软的背景下，我国快递物流“一枝独秀”，成为物流业新的增长点，呈现迅猛的发展态势，将引领我国现代物流新变革。

一是增势迅猛。1995—2012 年期间，快递业务量增速年平均增速为 29. 6%，增速约为 GDP 的 2. 2 倍。2011 年 3 月份以来，快递业务量增速连续 30 多个月保持在 50% 以上；2013 年以来，各月累计增速均保持在 60% 以上。

二是主体多元。我国已取得快递业务经营许可的快递企业中，国有、民营、外资等所有制类型并存，快递物流服务多元竞争、三足鼎立格局初步形成。从各种竞争主体占据的市场份额来看，国际快递市场“外资强内资弱”，外资物流企业占据 85% 左右的市场份额，而国内快递市场“内资强而外资弱”，内资物流企业占据 90% 以上的市场份额。

三是资源整合加速。由于快递物流网络建设成本高、服务产品较为标准，近年来行业内横向和纵向整合加快。尤其是新《中华人民共和国邮政法》的出台，进一步推动了行业兼并重组和资源整合。

四是市场细分加速。近年来，快递物流的专业化服务能力不断增强，手机、服装、药品、化妆品等商品细分市场的专业化快递服务逐步形成。外资物流企业按照行业、地域、产品不断细分中国快递物流市场。

五是国际化加速。近年来，我国快递企业积极探索国际化。EMS 利用万国邮政联盟优势，已经建立起以信息技术为支撑的遍布全国、通达世界的邮政速递网络。顺丰、圆通等快递企业也陆续开通了中国港澳台、亚、欧、美等快递专线。

展望未来，我国快递物流发展仍处于重要的战略机遇期，面临着四大发展机遇。

一是电子商务快速发展。近年来，我国电子商务快速发展，2012 年，电子商务交易额达到 8. 1 万亿元，同比大幅增长，涨幅为 27. 9%。由于电商平台和网购平台的职能主要是解决商品的交易问题，即确保商品价值的高效实现，但商品使用价值的实现却要依赖于物流，快递可以为网购等提供快捷、门到门的物流服务，这是电子商务持续推动快递物流迅猛发展的根本原因。

二是国民经济转型升级。国民经济转型升级，意味着知识密集型产业和高附加值产业将在国民经济中占据越来越大的比重，这将显著增强对快递服务的依赖，快递物流作为“生产性服务业”的特征将越来越明显。调研表明，快递服务对于知识密集型产业尤为重要，特别是高科技零部件制造、IT/电讯、金融服务及与互联网相关的行业更是如此。同时，高价值产品，特别是需要维持较低存货率的产品对快递服务的依赖程度更大。

三是自贸区建设加快发展。自贸区建设加快发展，我国与世界其他国家的贸易广度和深度的进一步加强，贸易促进及贸易便利化合作、海关合作、电子商务合作以及投资合作等进一步加快，为快递物流国际化带来巨大的发展机遇。

四是改革红利不断释放。十八届三中全会对全面深化改革、加快完善社会主义市场经济体制做了全面部署，这将进一步促进行政审批简化、加快构建全国统一的大市场、强化市场竞争的公平有序、推进工商注册制度便利化、建设法制化营商环境。这些重大改革，将有利于进一步放松对购买货运飞机等重要经营设备的审批权限，有利于快递企业分支机构的设立，有利于快递企业全国网点更合理布局。

在这样的背景下，未来我国快递物流发展，将呈现两大发展趋势。

一是高速延续。在未来相当长时间内，我国经济发展存在“三个不会改变”：电子商务保持快速发展的态势不会改变、国民经济转型升级的势头不会改变、我国更广更深参与国际贸易的取向不会改变。因此，快递物流业也将延续高速增长态势。

根据一般规律，当快递收入占 GDP 0.3%时，快递物流行业发展快但不规范；占 GDP 0.5%时，发展更快且相对规范；占 GDP 超过 0.5%时，发展则基本平稳。美国、欧洲目前的快递收入占 GDP 的比重在 0.8% ~1%之间。

2003—2012 年，中国规模以上快递企业收入占 GDP 的比重从 0.12%提升至 0.20%，由此预测，到 2025 年，国内规模以上快递企业收入将达到 1 万亿元左右。

二是引领物流。从全球物流发展趋势来看，快递物流已经成为物流业的引领，全球最大的 10 家物流企业中，共有 7 家是快递企业，且前 3 家均是快递企业。从我国物流发展格局演变来看，在社会物流总额增速回落，钢铁、煤炭等大宗商品物流需求持续低迷的背景下，快递物流成为新的增长点，中邮速递、顺丰等快递企业迅速发展。国内外的物流市场发展动向均表明，快递物流将引领我国现代物流新变革。

但同时也应看到，当前快递物流在高歌猛进的同时，也面临着“高增长低利润”的发展困境，快递件均收入连年下降，多数快递物流企业的利润率不到 5%。究其原因，与我国快递物流市场集中度较低、从业人员素质较低、同质化竞争严重、国际化层次低等密切相关，出现了低端服务过剩、中高端服务供不应求的结构性矛盾。破解这种结构性矛盾、促进快递物流业持续健康发展，就要着力于 3 个转变。

一是由“规模速度型”向“质量效益型”转变。伴随着市场竞争加剧，我国快递物流自身的转型升级也迫在眉睫，这就要逐渐由规模速度型的外延式扩张向质量效益型的内涵式发展转变，具体体现为“五化”，即企业品牌化、网络合理化、运营信息化、服务精益化、市场国际化。

二是由“物流服务商”向“供应链服务商”转变。提供“高效、便捷”的物流服务是快递物流的核心优势，也是近年来快递物流迅猛发展的基础性原因。然而，物流仅仅是供应链上的一个环节，拓展快递物流功能、由“物流服务商”向“供应链服务商”转变是快递企业获取可持续竞争力的重要手段。例如，DHL 等国际物流巨头都以物流为基础，为合作企业提供有效的供应链解决方案、为跨国公司提供“一站式快递服务解决方案”。

三是由“独立扩张”向“联动发展”转变。快递物流既服务于居民生活，也服务于生产制造和商贸流通。国际快递物流的发展经验表明，快递物流业要做大做强、实现跨国发展，就需要和生产制造企业、商贸流通企业联动发展。通过建立战略联动关系，共同实施扩张战略和走出去战略，从而实现合作共赢。

本章小结

物流（logistics）是为满足消费者需求而进行的对货物、服务及相关信息从起始地到消费地有效率与效益地流动与储存的计划、实施与控制的过程。现代物流泛指原材料、产成品从起点至终点及相关信息有效流动的全过程。它将运输、仓储、加工、整理、配送、信息等方面有机结合，形成完整的供应链，为用户提供多功能、一体化的综合性服务。

现代物流可以按研究范围、作用和功能、活动的空间以及系统性质分类，其中，属于微观物流的供应物流、生产物流、销售物流、回收物流和废弃物物流等是企业典型的物流活动。

物流的功能包括运输、储存、包装、搬运（装卸搬运）、流通加工和信息等。

物流系统是由若干个子系统构成的一个大系统，其目标是物流系统合理化，即以较低的成本和优良的服务完成商品实体从供应地到消费地的运动。

现代物流的发展趋势是物流运作系统化，物流的信息化、社会化、标准化，以及商流、物流、信息流一体化。

我国的现代物流业属于新兴产业，还处于起步阶段，与发达国家相比尚有很大差距。但是，其发展将展现出新的前景：现代物流发展的宏观环境将进一步改善；积极发展第三方物流，推进企业物流向社会专业物流的转变；继续加强物流基础设施的规划与建设；广泛采用信息技术，加快科技创新和标准化建设；加快物流领域对外开放的步伐。

核心概念

物流　现代物流　物流系统

基本训练

● 知识题

1. 选择题

(1) 下列不属于微观物流的是(　　)。

A. 生产物流　　B. 销售物流　　C. 国际物流　　D. 回收物流

(2) 通过物流形成附加价值的是(　　)。

A. 储存　　B. 运输　　C. 信息　　D. 搬运

(3) 下列属于物流系统控制层的是(　　)。

A. 包装　　B. 保管　　C. 流通加工　　D. 库存计划

2. 判断题

(1) 现代物流作为一种经济活动，既能实现价值，又能创造价值。　(　　)

(2) 物流系统合理化的目标是物流成本最小化。 (　　)

(3) 物流是降低物质消耗和提高劳动生产率以外的“第三利润源”。 (　　)

(4) 大力发展第三方物流，是物流社会化的客观要求。 (　　)

3. 简答题

(1) 如何理解现代物流的内涵?

(2) 社会物流与企业物流有何区别?

(3) 现代物流发展的趋势是怎样的?

● 技能题

1. 举例说明物流的功能。

2. 从物流系统合理化的角度分析我国企业物流存在的主要问题。

观念应用

● 案例分析

2013 年 5 月 28 日，阿里巴巴集团、银泰集团联合复星集团、富春控股、顺丰集团、“三通一达”(申通、圆通、中通、韵达)、宅急送、汇通，以及相关金融机构共同宣布，“中国智能物流骨干网”(简称 CSN) 项目正式启动，合作各方共同组建的“菜鸟网络科技有限公司”正式成立。菜鸟网络计划首期投资人民币 1 000 亿元，希望在 5 ~8 年的时间里，努力打造遍布全国的开放式、社会化物流基础设施，建立一张能支撑日均 300 亿元 (年度约 10 万亿元) 网络零售额的智能骨干网络。

利用先进的互联网技术，建立开放、透明、共享的数据应用平台，为电子商务企业、物流公司、仓储企业、第三方物流服务商、供应链服务商等各类企业提供优质服务，支持物流行业向高附加值领域发展和升级。最终促使建立社会化资源高效协同机制，提升中国社会化物流服务品质，打造中国未来商业基础设施。

菜鸟网络方面表示，中国智能物流骨干网要在物流的基础上搭建一套开放、共享、社会化的基础设施平台。据悉，中国智能物流骨干网体系将通过自建、共建、合作、改造等多种模式，在全中国范围内形成一套开放的社会化仓储设施网络。

资料来源　佚名. 马云成立“菜鸟”网络公司 [EB/OL]. [2013 - 05 - 28]. http: //news. xinhuanet. com/fortune/2013-05/28/c_ 115943237. htm.

问题:

根据本章所学知识，请分析“菜鸟网络科技有限公司”成立的背景、原因与意义。

● 单元实训

通过访问互联网，完成以下操作:

了解你所在城市的物流业的基本情况，形成一份关于你所在城市的物流业现状的简要报告。

第2章　企业物流与现代物流业

学习目标

通过本章学习，应该达到以下目标：

知识目标：初步掌握物流组织、准时生产、物料需求计划、制造资源计划与企业资源计划的基本概念，了解它们在物流企业中的应用。

技能目标：学会MRP编制计划的方法和分析ERP系统的方法。

能力目标：结合物流企业，分析物流企业的各环节的能力以及ERP系统的操作能力。

引　例

2014年7月1日，北京、上海、广州、深圳间开通了3对一站直达电商特快专列。电商特快专列将采取和社会快递公司合作开行的方式，用直达特快专列，弥补了原有普通列车运输货运速度的问题，让珠三角、长三角制造在24小时之内运抵北京。

此外，国内一些电商巨头纷纷自建物流体系。天猫近日宣布与海尔日日顺和菜鸟网络打通，在全国2 600多个区县提供大家电免费送货上门安装服务。顺丰速运与联想控股旗下的佳沃集团近日签署战略合作协议，未来，双方将在生鲜食品产地直供、冷链物流等方面开展深度合作，共同构建生鲜食品全供应链管理模式。

电商巨头自建物流体系，在一定程度上挤压了以干线运输、仓储物流为主要业务的传统物流企业的利润空间，传统物流企业的蛋糕被越分越小。

资料来源　佚名．传统物流企业加速与电商融合［N］．东南商报，2014-07-30.

传统从事流通的物流企业，具备储存、搬运、包装、流通加工、运输、配送以及相应的信息处理等物流能力，但面临电子商务的大潮，如何依靠原有的基础，发挥自身的优势，成为一个新的难题。只有紧跟电商发展节奏，透过占领电商上下游物流，创新企业物流组织，大力发展现代物流产业，才是物流企业的正确之道。

2.1　企业物流与物流组织

2.1.1　企业物流概述

长期以来，许多企业对于物流能力在经营战略中的作用并没有给予足够重视，更没有把物流开发成一种核心能力。企业的资源更多地投入到生产、销售部门，注重在战略上开发、生产优质产品，并有效地推进销售，而对生产过程或销售过程的物流组织并不关心。但是，进入20世纪90年代以后，越来越多的企业已认识到物流在企业战略管理中的重要地位。之所以发生这种变化，是因为这一时期一系列环境的变化，如消费者消费行为的个性化、多样化趋势导致商品生产向多品种、少批量转变，流通形式也趋于多样化。“无在库经营”、准时制（JIT）等先进管理方式的流行对物流配送提出更高的要求，而信息技术的发展，又使“无在库经营”和准时制成为可能。

环境的一系列变化使企业的经营格局发生了改变，从而使脱离现代物流管理的生产、销售活动无法真正在市场上取得竞争优势。这样，现代物流管理引起了工商企业的普遍重视。对企业物流内涵的认识，也相应发生了变化，即物流不仅是对企业经营活动的支持和保障，而且是为顾客提供的一种增值服务。与物流企业的不同之处在于，工商企业的物流服务不是独立存在的，而是依附于商品销售，按市场营销学的术语来讲，它是核心产品的延伸产品。

企业物流按所处生产经营活动的环节或企业性质，可以分为多种类型：

（1）按所处生产经营活动的环节，企业物流可以分为供应物流、生产物流、销售物流以及回收物流和废弃物物流。

①供应物流。供应物流又称输入物流，是企业为保障自身的生产与经营活动，不断组织原材料、零配件、燃料、辅助材料供应的物流活动。企业的供应物流一般有两种形式：一种是从各供货厂商外购原材料、协作件等的采购物流；另一种是同一企业所属各分厂之间相互提供零部件的调拨物流。例如，美国通用汽车公司装配一辆汽车，需要 13000 多种零部件，由 20 000 多家供货厂商和本公司所属 100 多家配件制造分厂供应给 30 余家汽车装配工厂，才最后组装成为汽车。可见，有效地计划和组织供应物流，保证企业不间断地生产，是一项复杂而十分重要的工作。

供应物流除了保证生产所需物料这一目标外，更重要的是必须以最低的成本和资金占用来实现这一目标。美、英等国家工业企业年销售收入中用于采购原材料、外协件等支出所占比例为 40% ~60%，相应地，库存占用资金大量增加，在一些企业甚至超过固定资产。为了降低供应物流成本，美、日等发达国家发展了物料需求计划（MRP）、看板管理、准时制等现代管理方法，取得了良好的效果。

②生产物流。生产物流是指企业生产过程中的物流活动。这种物流活动是与整个生产工艺过程相伴而生的，实际上已构成了生产工艺过程的一部分。在一个生产周期中，物流活动所用的时间远多于加工的时间，生产过程中在制品、材料占用的资金也非常大。

企业生产物流的优化，首先是在工厂设计时应充分考虑物流的需要，科学合理地设计工艺流程。对于物流量较大的企业，尽可能采用单一流向的办法。其次是要科学管理，减少中间产品库存。

③销售物流。销售物流即实物配送或输出物流。这也是最早引起人们重视的企业物流领域。传统销售物流是与企业分销渠道相一致的，由制造商、分销商或批发商、零售商分别独立管理，每个环节独立地选择运输方式，独立地决定存货方式。这样，易造成物流环节多、时间长、库存分散且总库存量高等问题。而且，在现代社会中，市场环境是一个完全的买方市场，销售物流活动便带有极强的服务性，直接影响企业的市场占有率和企业形象。

当前销售物流的解决方案主要有两种：一是在商流与物流相分离的基础上，由第三方物流企业承担从产成品库存、运输、流通储备到商品配送以及售后服务的物流一体化管理，借助专业物流企业的专业化服务实现销售物流过程的优化，对于那些不想把物流培植成核心竞争力的企业，这种方案是可行的。二是对于那些视物流为核心竞争力的企业，主要依靠网络和电子商务，减少流转环节，实现厂商物流中心的集约化。即将原来分散在各分销商或中小型物流中心的库存集中到大型物流中心，通过数字化备货等现代技术实现进货、保管、在库管理、发货管理等物流活动的效率化、智能化。原来的中小分销商或批发商要么取消，要么转为专职从事销售促进、订货等商流业务。

④回收物流和废弃物物流。企业在供应、生产、销售过程中总会产生边角余料和废料，其中有些是可以回收利用的，称为回收物流；而有些则无利用价值，必须向外部排放，称为废弃物物流。回收物流及废弃物物流处理不当，会影响企业的生产环境，造成浪费，甚至破坏企业的公众形象。

（2）按企业性质不同，企业物流可以分为工业企业物流、流通企业物流、服务企业物流和其他企业物流等。

①工业企业物流。工业企业物流是对应企业生产经营活动的物流，这种物流一般包含供应物流、生产物流、销售物流、回收物流和废弃物物流4个环节。但不同类型的工业企业，各有所侧重，现分述如下：

供应物流突出型：如电力、汽车等机械制造工业，其原材料、燃料、零配件的组织十分繁杂，工作量大，而销售物流相对简单，甚至没有。

生产物流突出型：如冶金、化工企业，其生产工艺过程复杂，厂内物流环节多，生产物流相对困难。

销售物流突出型：如服装、小百货等轻工企业，其大宗原材料需进货，加工也不复杂，但产品种类繁多，分销渠道宽而长，属于销售物流突出型。

②流通企业物流。流通企业物流从制造商的角度来看都属于销售物流，但从流通企业本身的角度来看，也包括供应（采购）物流。不同类型的流通企业，其物流也各有特点。

批发企业物流：制造商自建销售网络及零售商的连锁化经营，使传统批发企业面临前所未有的危机和挑战，无论是发达国家还是包括中国在内的发展中国家，传统批发业的衰落都是一个共同现象。在这种背景下，现代批发业开始从原来作为制造商销售代理人的地位转向零售商购买代理人的地位，而强化物流功能以及信息系统现代化正是实现这种转变的主要手段。

产品生命周期缩短，消费者需求的多样化、个性化，使零售商的经营风险和成本上升。零售商为了减少风险、降低在库成本，实现即时销售的战略目标，要求上游企业能提供多频度、多品种、少批量配送。虽然制造商在积极从事多品种、少批量生产，但过于分散的配送势必会增加制造商的成本。这种制造商与零售商在物流配送上的分歧为批发企业提供了生存、发展的空间。

零售企业物流：零售企业物流主要是供应物流，销售物流只涉及家用电器、家具等大件商品。连锁零售企业一般设有配送中心，由配送中心组织货源并进行配送和送货。独立的零售企业则由具备物流功能的批发企业送货或自行组织货源的运输、储存等物流业务。随着电子商务的发展，网上购物的比重将逐步提高，零售企业直接向消费者配送的功能也会得到发展。目前，由于配送网络不健全、消费习惯、信用等问题，面向消费者的配送物流仍未得到有效解决，从而阻碍了面向消费者电子商务的发展。

③服务企业物流。服务企业向顾客提供劳务而非实物产品，故服务企业不存在销售物流。但服务企业在提供劳务的过程中，仍需要大量的物料，因此，其供应物流不可忽视。如位于美国旧金山附近的美国联合航空公司的主要维修基地，为保障航线的正常运行，存储170 000多种维修用零部件项目。该系统每月要处理100 000多项存货收发业务。

④其他企业物流。其他各种类型企业的物流也各有特点，如建筑与房地产开发企业的

物流主要是供应物流，农业种植企业既有供应物流又有销售物流，林业、海洋捕捞业等企业则以销售物流为主等。

2.1.2　企业物流组织

随着物流内涵的不断扩大，物流集成化程度的不断提高，企业物流组织的地位、管辖范围等发生了巨大变化。美国物流专家鲍尔索克斯认为，在 20 世纪 50 年代以前，企业的物流功能分散在制造、市场营销、财务等部门，没有专门的物流组织。60 年代初期，一些企业把两个或两个以上物流功能进行集合，形成专门的物流管理部门。但是，企业总体的组织没有重大改变，一般是在市场营销部门下设实物分销（PD）机构及制造部门下设物料管理机构，很少有将分销物流与输入物流一体化的组织单位。60 年代末到 80 年代，由于物流的重要性被不断认识，物流组织被提升到一个更高的组织层次上。物流部门从市场营销部门、制造部门中独立出来，物流功能的集成化程度也不断提高。企业开始从战略的角度看待物流，将物流视为一种核心能力处理。同时，实物分销（PD）与物料管理一体化为企业界、金融界所重视，导致企业组织发生巨大变化。90 年代以来，物流组织的演变开始从功能整合转向过程整合，即通过过程功能一体化及过程信息一体化，提高企业生产率。这与当前出现的矩阵组织、扁平化组织及虚拟企业等趋势相一致。需要说明的是，这一系列变化主要出现在一些行业领先企业，大量中小企业可能滞后于这种变化，因此，即使是在美国，也是多种物流组织形式并存的。

由于我国物流管理尚处于引进、消化阶段，物流组织上明显落后于发达国家。但是我国也有一批诸如海尔集团等现代企业，以及一些外资企业，较早接受了现代物流理念，其物流组织接近欧美等国的领先企业。所以，我国的物流组织更具多样性，主要模式有如下几种：

1）协作型物流组织

所谓协作型物流组织，是指在不改变原有组织机构模式的基础上，通过某种协作机制，使分散在各部门的物流职能实行统一管理。这种协作或协调机制可以是正式或非正式的业务程序，也可以是某种委员会制度，还可以是指派某些专职人员专门从事协调工作。

这一模式的优点在于不改变原有组织结构和权力布局，易被企业各部门接受。在企业总体规模不太大、相互联系比较方便的情况下，这是一种可行的选择。但这一模式也存在不少问题：首先，是当物流管理的要求与部门利益发生冲突时，很难保障物流一体化管理的要求；其次，业务程序必须由人来执行，这就必然存在如何考核执行人员的绩效以及由谁考核等问题。此外，在这种组织模式下，物流常被认为是起到一种参谋作用，而非管理职能，从而易被忽视。

2）一体化管理的物流组织

一体化管理的物流组织，是将原分属于供应（采购）、生产、销售等部门的全部物流职能并入到一体化管理的物流部门。这一办法显然是最好的，因为把运输、仓储、库存控制和其他职能并入到一个业务部门后，协调它们之间的关系就方便多了。在这种模式下，物流部门是与市场营销、制造、财务等部门并列的职能管理部门，不再仅起到参谋作用。由于对输入物流与物流实行一体化管理，可最大限度地发挥物流管理的作用。如海尔集团成立物流推进本部后，把物流职能从原来的十几个产品事业部和职能部门剥离出来，统一实施对集团内物流的运作管理，统一采购、统一材料配送、统一成品配送，采用 JIT 管理方式，使平均库存周转时间从30天减至12天，整个集团仓库占地面积从20余万平方米减少为2.6万平方米，订单的响应时间从原来的36天缩短到10天以下。

3）物流子公司

在日本有人认为，物流子公司是指物流活动与总公司截然分开进行管理的子公司，即物流管理公司。物流子公司是为了执行母公司的全部或部分物流活动而设立的企业，接受母公司的投资及派来人员。从1965年初开始，物流子公司的数量急剧增加。这些公司对物流管理组织进行了强化，实行物流的集权管理。如20世纪70年代日本一些大型厂商设立的日电物流中心、三洋电机商品中心、东芝物流、富士物流、松下物流仓库等，都是物流子公司，他们有的拥有车辆和仓库，有的与专业运输仓储企业合作。

物流子公司往往最先出现于物流管理与技术水平相对较高的企业中。成立真正意义上的物流子公司也可能遇到许多阻碍，但做法值得借鉴。某些物流子公司在向3PL（第三方物流）公司转变时，同样面临诸多问题。例如，怎样明确与母公司的人事、财务、经营等各种关系，如何排除对母公司的依赖；如何协调为母公司内部服务和为其他客户服务的关系；如何核算内外两种物流费用；如何处理协调与其他专业物流公司的关系；如何解决物流的跨职能、跨地域问题；如何协调与母公司的资金流、商流活动等。

4）委托第三方物流企业

虽然物流对企业的经营活动至关重要，但这并不意味着必须由企业自己承担物流职能，也可将物流外包给专业物流企业来做。这是扩展物流组织至企业边界之外的方法之一，企业内部可保留极少的人员作为接口。这一模式可称为物流的外部一体化。对于那些自身资源有限，或不想把物流培植成企业自身的核心能力，但又想拥有高效率、高水平物流服务的企业，委托第三方物流企业是一种行之有效的方法。

【小知识2-1】

物流子公司是指为了执行母公司的全部物流活动或部分物流活动而设立的企业。物流子公司有两种类型，即物流管理公司的企业和运输、保管、装卸搬运、包装等活动与母公司的活动相分离的企业。

物流子公司的优点是：（1）物流费中除运费、保管费以及包装材料费外，其他的生产费、销售费和一般经费作为物流费支付的，可以明确这些费用的全貌；（2）由于物流费是母公司与子公司共同协商设定的，可逐渐趋于合理；（3）因子公司系专业公司，可致力于物流技术的提高；（4）专业公司不仅受理母公司的货物，也可受理其他顾客的货物，故可以维持一定的操作水平；（5）因只有在物流业务中提高效益，故必须致力于物流的合理化；（6）可以分别采用适宜于物流母公司和物流子公司的不同劳务管理体制。

2.1.3 企业物流部门与其他部门的关系

1）物流部门与市场营销部门的关系

市场营销部门是与物流联系最为密切的主要部门之一。输出物流或实物配送传统上被视为营销的职能之一，对促进产品销售、提高市场占有率起着重要作用。例如，在实物配送中，提高产品发送的速度，保证一贯准时送货，方便顾客随时能够买到所需的产品，提供发出商品在途运输情况查询服务等，有利于顾客降低库存水平，赢得顾客的信赖，从而与顾客建立长期合作关系，促进企业产品销售。20世纪90年代以来，营销的重点已从交易转向发展与顾客的长期合作关系，而物流对建立这种长期合作关系起到至关重要的作用。

除了在分销策略中的作用外，物流对价格策略、产品策略及促销策略也有重要影响。制定产品的销售价格、运输费等物流费用是需要考虑的重要因素，物流管理人员必须估计对顾客提供不同服务水平所需支出的物流费用，会同市场营销部门根据要求的服务水平与物流费用之间的增减变化关系，商讨出最佳的定价决策。一般来说，增大订货批量能降低单位产品的物流费用，物流部门常协助市场营销部门制定合理的“数量折扣”定价政策。

在产品促销过程中，也需要物流与促销人员密切协作。例如，促销部门利用广告大力宣传推销某种产品，物流部门人员应紧密配合，将该种产品作为实物配送的重点对象，进行严格管理，做到市场随时有现货供应，方便顾客购买。

2）物流部门与生产部门的关系

企业生产过程就是将输入企业的原材料、零部件转化为产成品的过程，所以，生产过程既是工艺过程、劳动过程，又是物流过程。与生产部门密切相关的主要是供应物流及生产物流，MRP 及 MRPII 正是将生产与物流一体化管理的产物。

3）物流部门与财务部门的关系

物流部门与财务部门也经常有相互的业务联系。一方面，物流部门只有在掌握真实反映物流成本资料的基础上，才能做出合理的决策并进行有效的控制；另一方面，财务部门需要经常测算未来的现金流量，这有赖于物流部门提供原材料采购和产品配送的动态资料，作为计算的依据。此外，存货的计价方法，与会计部门定期编制会计报表、正确反映企业在一定期间的财务成果和财务状况有着密切的关系，需要财务会计部门与物流部门共同协商确定。

【小知识 2-2】

国外成熟模式与中国问题

国外有代表性的电商已经形成了较为成熟的电商物流模式，以 eBay 为代表的大部分电商采取以外包物流为主的模式；Amazon 公司则是混合模式，即自建大规模物流中心以掌控上游环节，同时外包配送环节，美国境内外包给 UPS 和美国邮政，境外外包给联邦快递和基华物流 CEVA 的模式；自建物流模式不常见。

这些成熟模式引入中国的过程并非一帆风顺，问题主要表现在：国内电商行业整体规模较大，但是单一订单规模较小且海量化，碎片需求问题突出；国内第三方物流公司集中度不够，实际企业数量多规模小形成碎片供给；即使较大的“四通一达”公司，其运作中外包加盟方式普遍，导致真实集中度降低，规模优势难以体现；受制于体制和各种既得利益，国内物流市场的区域化分割较为严重，市场化兼并重组困难；国内各地，甚至同一地区内不同区域物流基础设施和信息化水平都有较大差异，存在协调困难的问题。

中国电商物流的发展无法简单复制发达国家的成熟模式，需要应对上述国内问题加以调整和创新，主要模式包括：

垂直一体化模式，又称自建或自营物流模式，是电商企业将较多的资金和人力投入物流，自己承担从物流中心到运输到配送队伍的整体物流体系建设模式。以此掌握对供应链的控制权，提高物流效率，提升客户服务质量。

半一体化模式，又称混合模式，是电商自建物流与外包第三方物流合作共建的模式。

全部外包模式，又称第三方物流外包模式，是电商企业集中力量发展其核心商流业务，将物流业务全部外包给第三方物流公司，同时通过信息系统与第三方物流企业对接，以达到对物流配送管理与控制的模式。完善的第三方物流可以帮助企业降低成本，提高灵活性并加强核心竞争力。

共同配送模式，又称共建联盟配送模式，是电商企业以互惠互利为原则，共享物流配送资源的模式。一般是两个或两个以上的电商企业为实现各自的配送目标而采取的长期联合与合作模式，即企业联合共同配送，当订单量达到一定规模时，可以降低单位配送成本，克服成本过高的问题。

物流联盟模式，又称虚拟联盟、联盟配送或物流整合模式，是电商企业运用自身信息、管理或平台优势，签约或联合制造业、销售公司以及第三方物流公司作为联盟或合作成员，在物流外包的基础上，利用电商信息平台的优势，进行不同环节、地域、商品、业务的物流网络整合，实现对物流配送环节的控制。如阿里巴巴的基于云计算物流平台服务的“云物流”联盟配送模式，连接电子商务的买家、卖家和包括物流配送在内的其他服务商。

资料来源　王强．电子商务物流模式新思考［N］．经济日报，2014-04-02.

2.2　输入物流与 MRP 系统

2.2.1　企业生产与输入物流

现代工业企业的生产过程具有大规模采用机器、劳动分工精细、协作关系复杂严密、比例性强、连续性强等特点。现代工业企业生产类型主要有以下几种：

1）大量生产

大量生产的特点是产品稳定，品种少，产量大，每个工作地固定执行一道工序或几道工序，工作地专业化程度高，普遍采用高效率的专用设备和专用工具。大量生产的特点使生产与物流计划可以更好地发挥指导生产的作用。因为对产品的工艺制造过程能够预先计划详细安排，一次安排多次受益；对所需要的物料能够预先确定，提前通知物流部门预先订货。生产汽车、内燃机、家用电器、自行车等的企业都属于大量生产类型企业。

2）成批生产

成批生产的特点是产品品种相对稳定，品种较多，产量较大，工作地成批或轮番生产若干种产品或零件，工作地完成的工序数要比大量生产的工作地完成的工序数多些，专业化程度不很高，当一批产品制造完毕后改产另一批产品时，往往需要重新调整设备和工艺装备。轧钢厂、机车车辆制造厂、大中型计算机厂等属于成批生产类型企业。

3）单件生产

单件生产的特点是产品不稳定，品种多，产量是单件或少量几件，不重复生产或偶尔重复生产，工作地通用性强，专业化程度高，采用的设备和工艺装备大都是通用的，设备通常是按工艺原则“成机群”布置的。单件生产的企业有大型船舶生产企业、大型发电机制造厂、制造冶炼轧钢设备和矿山设备的重型机器制造厂等。

随着顾客需求个性化和多样化的发展趋势，传统上属于大量生产的企业也在向成批生产甚至单件生产转化。如计算机制造业中的 DELL 采用网上直销模式，可按用户订购时要求的配置进行订单式生产，而不像多数企业那样成批生产。这种大规模定制式生产方式将是未来的发展趋势。

2.2.2　准时生产与物料需求计划

1）准时生产（JIT）

准时生产认为库存是浪费，对企业来说是负债，与传统的库存概念（认为库存是一种完全保障，是企业的资产）相反，因此，要求尽量实现“零库存”。准时生产方式最早由日本丰田汽车公司以“看板”管理的名称开发出来，被认为是丰田公司成功的秘诀。准时生产方式就是在精确测定生产各工艺环节作业效率的前提下，按订单准确地计划，以消除一切无效作业与浪费为目标的一种管理模式。系统中的活动只有在需要它发生的时候才能发生，具体来说，就是系统（以反复生产制造系统为例）的上一道工序的加工品种、数量和时间由下一道工序的需求确定，零部件供应商的交货品种、数量和交货时间由生产组装线的进度需求来确定，从而做到在生产过程中的每一个阶段或工序，制品的移动以及供应商的交货均能符合时间和数量要求，即在需要的时间及时供应所需求的数量。简单地说，就是将必要的原材料，以必要的数量与完美的质量，在必要的时间里，送往必要的地点。理论上说，在需要的时间及时供应所需要的数量就意味着在生产过程中的每一个阶段或工序上不会出现闲置的零部件（处于等待或库存状态的材料），从而也就不会产生库存，所以，准时生产方式往往被称为零库存管理方式。实际上，在实践中绝对的零库存往往是不可能的，但是，准时生产方式强调及时服务、过硬品质，通过消除浪费使库存降到尽可能低的水平。

JIT 的中心思想是消除一切无效劳动和浪费，它的具体目标有以下几点：

（1）最大限度地降低库存，最终降为零库存。传统的观点认为，在制品库存和产成品库存都是资产，代表系统中已累计的增值。期末库存与期初库存的差被认为是这一部门在该周期内的效益。JIT 则认为任何库存都是浪费，必须予以消除。在生产现场，生产线需要多少就供应多少，生产活动结束时，现场应没有任何多余的库存品。

（2）最大限度地消除废品，追求零废品。传统的生产管理认为一定数量的不合格品是不可避免的，是可以接受的质量水平。而 JIT 的目标是消除种种引起不合格品的因素，在加工过程中，每一道工序都力求达到最高水平，要最大限度地限制废品流动造成的损失，每一个需求方都拒绝接受废品，让废品只能停留在供应方，不让其继续流动而损害后面的工序。

（3）实现最大的节约。JIT 认为，多余生产的物资或产品不但不是财富，反而是一种浪费，因为要消耗材料和劳务，还要花费装卸搬运和仓储等物流费用，它的生产指令是由生产线终端开始，根据订单依次向前一道工序发出的。

由于 JIT 对物流控制的要求很高，实施时具有一定的难度。它要求进行全面质量管理，不能只靠检验来发现缺陷，必须建立质量保证体系，从根本上保证产品质量。在生产准备方面，要求大大加快速度，否则由于没有库存，很难满足不断变化的市场需求。此外，还要求员工具有全员参与意识。上级只是提出目标和处理问题，各级员工可以在自己的权限内处理工作范围中的问题。

2）物料需求计划（MRP）

物料需求计划是目前世界上推广运用最为普遍的一项现代化管理方法。MRP 是借助电子计算机处理大量的逻辑运算来制定物资需求计划的一种方法。物料需求计划是工业制造企业内的一种物资计划管理模式。根据产品结构各层次物品的从属和数量关系，以每个物品为计划对象，以完工日期为时间基准安排计划，按提前期长短区别各个物品下达计划时间的先后顺序。它依据市场需求预测和顾客订单制订计划之后，生产系统必须按照规定的时间交付出产成品，由此而产生了生产进度计划 MPS。再根据产品的数量与产品的层次结构，可以逐层逐次地求出各种零部件的需求量和需求时间，从而确定物料的加工进度和订货日程。

对于其中一部分企业自制的零部件，就要根据工艺规程确定的时间要求提前安排投产时间，形成零部件生产计划；另一部分外购件和自制零部件的原材料，则要根据各自的订货期提前统筹安排，形成采购计划。

如果能够严格按照生产工艺规程的进度制造零部件，并且准确地执行采购计划，那么，生产的各个环节都能在规定的时间得到所需要的原材料或零部件进行现阶段的生产，从而能够把本环节的在制品准时地送交下一道工序。

MRP 具有以下特点：

（1）需求的相关性。在流通企业中，各种需求往往是独立的。而在生产系统中，需求具有相关性。例如，根据订单确定了所需产品的数量之后，由产品结构文件 BOM 即可推算出各种零部件和原材料的数量，这种根据逻辑关系推算出来的物料数量称为相关需求。不但品种数量有相关性，需求时间与生产工艺过程的决定也是相关的。

（2）需求的确定性。MRP 的需求都是根据主生产进度计划、产品结构文件和库存文件精确计算出来的，品种、数量和需求时间都有严格要求，不可改变。

（3）计划的复杂性。MRP 要根据主产品的生产计划、产品结构文件、库存文件、生产时间和采购时间，把主产品所有零部件的需要数量、时间、先后关系等准确地计算出来。当产品结构复杂、零部件数量特别多时，其计算工作量非常庞大，人力根本不能胜任，必须依靠计算机来实施这项工程。

3）准时生产与物料需求计划的比较

物料需求计划是对传统库存管理方法的一种改进，而准时生产则是对传统库存管理方法的一个革命。随着信息技术的发展与进步，物料需求计划和准时生产已融合在一起，被企业资源计划（ERP）所包含。准时生产与物料需求计划的比较见表 2-1。

表 2-1　准时生产与物料需求计划异同分析

<table>
<tr><th colspan="2">项目</th><th>准时生产</th><th>物料需求计划</th></tr>
<tr><td rowspan="3">相同点</td><td>经营目标</td><td colspan="2">提高顾客服务水平，降低库存，提高投资报酬率</td></tr>
<tr><td>生产要求</td><td colspan="2">重视生产制造过程定时化、标准化和同步化，要求做到从原材料到成品的整个过程畅通无阻，不出现“瓶颈现象”</td></tr>
<tr><td>管理方法</td><td colspan="2">重视企业各个部门之间的联系和企业整体的协调，重视计划的制订和执行，强调准时交货</td></tr>
</table>

续表

	项目	准时生产	物料需求计划
不同点	管理概念	拉动概念和及时性	推动概念和计划性
	对库存的认识	认为库存是浪费，追求零库存	肯定库存的作用，运用库存模型计算经济批量，寻求最低库存成本
	系统组成	平准化生产，看板方法，消除浪费的具体措施和目标管理方法，核心是看板方法	销售和生产计划，生产能力计划，材料清单，库存状况，净需求计算和进度计划，核心是净需求计算
	生产	小批量生产，变换产品组合时生产线切换速度快，具有柔软性	大批量生产，重视规模经济和减少成本，变换产品组合时生产线的切换速度慢
	供应商关系	长期可靠的合作伙伴关系，分享信息情报，共同协作解决问题；供应商数目少	商业交易关系为主，双方关系较为紧张；供应商数目多；价格因素是双方交易中重要的考虑因素，灵活性强
	人力资源利用	要求员工掌握多种技能，成为多能员工；给予作业现场员工处理问题的责任，追求零缺陷	专业化分工，员工掌握专业技能；依靠规则和计划协调员工的活动，采用以统计质量控制方法为主的全面质量管理方法

2.2.3　MRP 的编制

（1）编制主生产进度计划。在生产总体计划的基础上，根据已接受的顾客订单和销售预测，确定在一定计划期间需要生产的最终产品（即独立需求的产品）的生产数量和完成日期，即编制主生产进度计划。主生产进度计划的计划期应根据最终产品的完工日期、加工时间以及所需各种原材料、零部件等的提前时间等因素确定。计划期的时间单位一般可按周或天计算，称为时间段。

（2）根据主生产进度计划和物料清单核算各阶层物料需用量。所谓物料清单，是指最终产品的用料结构，例如，图 2-1 以树形结构图列出生产产品 X 的物料清单。图中列出产品 X 使用哪些物料装配而成及相应数量（即括号中数字）。从图中可以看出，阶层 0 的产品 X 是由阶层 1 的部件 X1（1 件）与部件 X2（2 件）组装而成。部件 X1 是外购件，而部件 X2 是自制件，即由阶层 2 的零件 X21（2 件）与零件 X22（1 件）组装而成。零件 X21 也是外购件，而零件 X22 是自制件，由阶层 3 的材料 M1（2kg）制成。根据主生产进度计划和物料清单，就可以分阶层核算每种物料的毛需用量，再结合库存情况就可以确定其采购量和生产量。

（3）建立各物料项目动态信息卡片。每种最终产品及其所需各种物料项目，应分别设立卡片，记录和提供它们每时段（天或周）的补充订货、收入、发出和结存数量的动态信息。

（4）确定采购和加工装配的提前期。外购零部件、材料的提前期，是指从发生订单到收到物料并能投入生产使用的时间；企业自制零部件的提前期则指从发出生产计划单到该物料送到生产线投入生产使用的时间。根据物料清单只能获得物料需用量信息，而什么

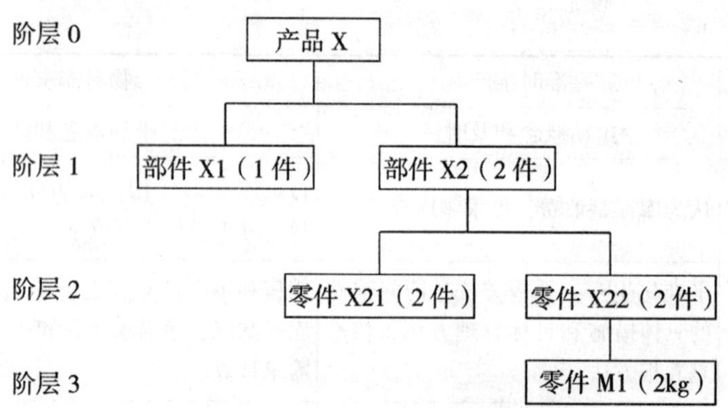

图 2-1　产品 X 的树形结构物料清单示意图

时候需要则取决于主生产进度计划及提前期。

（5）编制 MRP 计划表。根据物料毛需用量、期初库存量、提前期等信息编制各阶层的 MRP 计划表，并在 MRP 计划表的基础上，生成明细采购计划和明细加工计划，由企业生产、物流、销售等部门协作完成 MRP 的编制。MRP 的编制过程如图 2-2 所示。

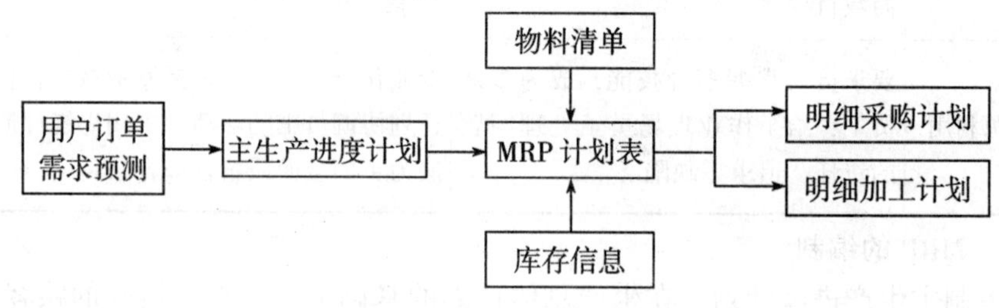

图 2-2　MRP 的编制过程

2.2.4　MRP 系统的安全库存设置问题

虽然在 MRP 系统中对生产中非独立需求的物料按确定性需求来处理，而不是以统计预测方法估算其需求量，但是为了预防在生产、销售和采购过程中可能出现的不确定性因素，如独立需求预测不准确、用户订货要求发生变更、运输延误等不确定性因素，仍有必要考虑设置相应的安全库存量作为缓冲。但是与常规库存管理中的安全库存设置不同，MRP 系统无需针对所有零部件、材料和产成品设置安全库存，而只需采用“保两头”的方法。一方面，在阶层 0 或阶层 1 设置一定的产成品或部件作为安全库存，当产品销售增加，超过原生产计划的产出时，可以提供产成品现货或将部件迅速组装成产成品，以防止缺货；另一方面，对受外界影响较大的外购原材料、零部件等物料项目，也设置一定的安全库存，以防供货误期而影响生产与交货。至于中间阶层的一些自制性，企业完全可以控制，一般不需要设置安全库存。

至于外购物料安全库存量的大小，主要取决于供货商的信誉及交通运输条件等因素。随着我国交通运输状况的改善和物流业的发展，这方面引起的延误越来越少。至于供应商，关键是要发展与其良好的合作伙伴关系，一些国际知名企业在选择供应商时，并不十分注重其产品价格，而把供应商的信誉及与供应商的长期合作关系放在首位，这样，即使价格略高，但质量和交货期有保证，可以大大减少安全库存，总体上仍然是有利的。

2.2.5　制造资源计划（MRPII）

制造资源计划（manufacturing resource planning，MRPII）是在 MRP 的基础上，将企业的生产、营销、物流、工艺技术和财务等业务活动纳入统一的计划管理体系而形成的管理信息系统。

MRP 生成的物料需求计划，只是一种建议性计划，是否能实现，还要考虑企业的能力。因此，需求计划只能同能力计划结合起来，反复运算，经过平衡后才有可能执行。能力计划并不是用已有的能力去限制需求，而是对能力进行规划与调整，使之尽可能地满足物料的需求。在 MRP 的基础上增加能力计划和执行计划的功能，就成为闭环 MRP。在闭环 MRP 的基础上，进一步集成资金流及成本管理，即为 MRPII。

由于 MRP 将营销、物流、财务与生产系统相结合并且具有模拟功能，因此它不仅能对生产过程进行有效的管理和控制，还能够对整个企业计划的经济绩效进行模拟，对企业高级管理人员起到辅助决策的作用。国内外已有数以万计的企业采用了 MRPII 技术，在提高生产效率、减少库存、改善用户服务、保障按期交货等方面取得了显著的效果。MRPII 的功能主要体现在：

（1）提供了支持整个生产经营管理的通信和决策系统；

（2）提供了运用计算机将一个企业所需的主要信息集中存储与提取的方法；

（3）提供了协调工业企业工艺、生产和物料管理等功能。

MRPII 是解决现代化生产物流管理的有效方法，MRPII 的吸引力不仅在于它对生产决策的支持作用，更重要的是它在生产组织一体化中所起的作用。MRPII 的适应性较强，适用于批量生产、按用户订单生产、产品多变等不同的生产环境。

2.2.6　企业资源计划（ERP）

企业资源计划（enterprise resource planning，ERP）就是在 MRPII 的基础上通过反馈的物流及反馈的信息流和资金流，把客户需求和企业内部的生产活动，以及供应的制造资源整合在一起，完全按用户需求进行经营管理的一种全新的管理方法。它通过加强企业间的合作，强调对市场需求快速反应，高度柔软性的战略管理以及降低风险成本、实现高收益目标等优势，从集成化的角度管理供应链问题。ERP 的特征包括 4 个方面：一是超越了 MRPII 范围和集成功能；二是支持混合方式的制造环境；三是支持动态的监控能力，提高业务绩效；四是支持开放的客户机/服务器计算环境。

ERP 已打破了 MRPII 只局限在传统制造业的格局，并把它的触角伸向各行各业，如金融业、高科技产业、通讯业、零售业等，从而使 ERP 的应用范围大大扩展。为给企业提供更好的工具，ERP 还在不断吸收先进的管理技术和 IT 技术，如人工智能、精益生产、并行工程、Internet/Intranet、数据库等。未来的 ERP 将在动态性、集成性、优化性和广泛性方面得到更大的发展。

一般来讲，ERP 系统包括生产计划、物料需求计划、能力需求计划、车间管理、销售订单管理、采购管理、销售计划、仓库管理、财务会计及报表功能等。用 ERP 系统解决方案能提供集成的信息系统，理顺及规范业务流程，增加数据准确性和及时性，同时还具有一定的灵活性。

1）ERP 的管理思想

ERP 系统的核心管理思想就是实现对整个供应链的有效管理，主要体现在以下 3 个方面：

（1）体现对整个供应链资源进行管理的思想。在电子商务时代仅靠企业自身的资源不可能有效地参与市场竞争，还必须把经营过程中的有关各方如供应商、制造工厂、分销网络、客户等纳入一个紧密的供应链中，才能有效地安排企业的产、供、销活动，满足企业利用全社会一切市场资源快速高效地进行生产经营的需求，以期进一步提高效率和在市场上获得竞争优势。换句话说，现代企业竞争不是单一企业与单一企业间的竞争，而是一个企业供应链与另一个企业供应链之间的竞争。ERP 系统实现了对整个企业供应链的管理，适应了企业在知识经济时代市场竞争的需要。

（2）体现精益生产、同步工程和敏捷制造的思想。ERP 系统支持对混合型生产方式的管理，其管理思想表现在两个方面：其一是“精益生产”（lean production，LP）的思想，它是由美国麻省理工学院（MIT）提出的一种企业经营战略体系。即企业按大批量生产方式组织生产时，把客户、销售代理商、供应商、协作单位纳入生产体系，企业同其销售代理、客户和供应商的关系，已不再是简单的业务往来关系，而是利益共享的合作伙伴关系，这种合作伙伴关系组成了一个企业的供应链，这即是“精益生产”的核心思想。其二是“敏捷制造”（agile manufacturing）的思想。当市场发生变化，企业遇到特定的市场和产品需求时，企业的基本合作伙伴不一定能满足新产品开发生产的要求，这时，企业会组织一个由特定的供应商和销售渠道组成的短期或一次性供应链，形成“虚拟工厂”，把供应和协作单位看成是企业的一个组成部分，运用“同步工程”（SE）组织生产，用最短的时间将新产品打入市场，时刻保持产品的高质量、多样化和灵活性，这即是“敏捷制造”的核心思想。

（3）体现事先计划与事中控制的思想。ERP 系统中的计划体系主要包括：主生产计划、物料需求计划、能力计划、采购计划、销售执行计划、利润计划、财务预算和人力资源计划等，而且这些计划功能与价值控制功能已完全集成到整个供应链系统中。ERP 系统通过定义事务处理（transaction）相关的会计核算科目与核算方式，以便在事务处理发生的同时自动生成会计核算分录，保证了资金流与物流的同步记录和数据的一致性。从而实现了根据财务资金现状，可以追溯资金的来龙去脉，并进一步追溯所发生的相关业务活动，改变了资金信息滞后于物料信息的状况，便于实现事中控制和实时做出决策。

此外，计划、事务处理、控制与决策功能都在整个供应链的业务处理流程中实现，要求在每个流程业务处理过程中最大限度地发挥每个人的工作潜能与责任心，流程与流程之间则强调人与人之间的合作精神，以便在有机组织中充分发挥每个人的主观能动性与潜能。实现企业管理从“高耸式”组织结构向“扁平式”组织机构的转变，提高企业对市场动态变化的响应速度。总之，借助 IT 技术的飞速发展与应用，ERP 系统将很多先进的管理思想变成现实中可实施应用的计算机软件系统。

2）ERP 的物流管理

（1）ERP 对企业物流管理的作用。

现代制造商的组织结构是哑铃形结构，它要求投入在研究开发和市场营销上的人力、物力比较多，投入制造部门的比较少。在这种情况下，物流管理的有效性必须依赖于一个统一协调的指挥系统，而 ERP 的采用恰好适应了这种需要，因为它的目标是能够指挥物流管理的每一个物料在需要的时间到达需要的地点。要达成这样的目标，必须充分认识到

ERP 对物流管理具有以下作用：

①ERP 对企业物流管理的业务流程具有规范作用。传统制造商的物料管理往往隶属于制造商的不同职能部门，比如采购品由购买部门负责收货，待检验合格后交给生产部门，再由生产部门的物料管理室配送到生产现场。而 ERP 要求对在制造商置场的物料由物料管理部门进行统一管理，即由该部门负责供应商交货的接收，物料交货计划的 ERP 系统输入，合格物料的保管与配送到指定的作业位置。这样有助于制造商对物料管理的责任划分；有助于采购部门从实体物流中分离出来，专心于价格谈判、业务指导的商流活动；也有助于生产部门专心从事于生产活动。

传统供应商习惯于按制造商的月计划数量进行一次性交货，完全不考虑制造商的场地限制和保管费用，这样不利于制造商提高物料置场的利用率和控制物流成本。而 ERP 要求供应商按照 ERP 下达的订单进行交货，订单上明确规定了交货的时间、数量。通过接受人员及时输入供应商的实际交货时间、数量，管理人员就可以知道供应商对交货计划的遵守情况，这样有助于规范管理供应商。

②ERP 对企业物流管理的职能部门具有考核作用。物流管理的职能部门如各供应商购买、制造部等的工作业绩如何考核，考核是否具有客观性和可追溯性，制定的考核指标是否可分解到职能部门的每一个担当者，是否可以对不良情况予以控制，制造商的管理人员是否可以根据考核数据来指导各供应商进行改善等。在谁认可谁负责的前提下，完全可以利用 ERP 系统进行管理。因为 ERP 具有统一的数据库，通过对 ERP 中每一条数据进行分类汇总，可以有效地制定针对物流管理的职能部门的考核指标。此外，制造商可根据实际情况或者管理的细化程度确定适合的可操作的各种考核指标，并根据考核指标试行的效果制定考核办法。

（2）现代企业物流管理对 ERP 的作用。

现代企业物流管理的实际情况往往会随着企业内部条件和外部环境的变化而不断变化，这就会影响 ERP 的准确合理性。因此，现代物流管理的基本条件和管理水平对 ERP 的作用是不可低估的，这种作用具体表现在两个方面：

①物流管理的一体化管理对 ERP 有改善作用。如果供应商把包装好的合格产品交给制造商，制造商就要打开包装，对这些产品进行分拣、配送。这样既会造成包装不能重复使用，又会增加人力的耗费和产品分拣过程中可能造成的损害。通过物流管理的一体化管理，对供应商的产品按照制造商的要求制作可循环使用的标准装具，每个装具按搁放的位置方向装载一定数量的产品。这样，不仅促进了 ERP 对标准批量的确定，也会减少物料周转的前置时间和损耗率，最终减少了物流成本。

如果制造商对于 ERP 下达的未来两个月的采购订单可以向供应商承诺是制造商的责任物料，那么供应商就可以提前进行原材料准备和在制品生产。所谓责任物料是指在制造商的生产是连续的或起伏不是很大的情况下，对 ERP 下达的一部分物料预示计划，制造商承诺将在以后的数月内把供应商按这部分预示计划生产的物料使用完。通过这种方式，促进了 ERP 提高下达计划的准确率，也进一步减少了供应商的交货准备时间。

②现代物流管理的库存管理对 ERP 有制约作用。错误的数据输入 ERP，ERP 只会产生错误的结果。要让 ERP 发挥作用，必须对输入 ERP 的数据进行严格的管理。首先，应提高管理人员输入数据的准确性。其次，应提高管理人员输入数据的及时性。这两点不能

得到有效保证都会造成 ERP 产生负库存或虚假库存。所谓负库存是指在上一工序的子物料不足时，下一工序就产生了包含该子物料的母物料，从而在 ERP 里就显示出该子物料的库存数为负数的状况。一旦该子物料的库存为负数，就会在运行 ERP 时产生追加物料计划，而追加的物料计划会造成该子物料实际库存的增加。所谓虚假库存是指母物料完成的记录未输入，从而造成母物料包含的子物料使用情况不能自动扣减，这样会使子物料 ERP 里的库存数量高于实际数量。因此，加强对输入数据的准确性和及时性的管理，是保证 ERP 正常运转的充要条件。

【小思考 2-1】

什么是扩展的 ERP 系统？

答：现代的ERP系统，又可理解为 eERP 系统（extended ERP，即扩展的 ERP 系统），它在强调提高企业内部效率的同时，也注重对企业外部资源，如供应商、客户和营运商的协调管理。它更加符合现代供应链管理的理念，即更强调合作和提高渠道的效率。

【小知识 2-3】

SAP 介绍

SAP 公司成立于 1972 年，总部位于德国沃尔多夫市，在全球拥有 6 万多名员工，遍布全球 130 个国家，并拥有覆盖全球 11 500 家企业的合作伙伴网络。作为全球领先的企业管理软件解决方案提供商，SAP 帮助各行业不同规模的企业实现卓越运营。从企业后台到公司决策层、从工厂仓库到商铺店面、从电脑桌面到移动终端，SAP 助力用户和企业高效协作，获取商业洞见，并从竞争中脱颖而出。SAP 的软件和服务能够帮助客户实现盈利性的运营，不断提升应变能力，实现可持续的增长。全球 188 个国家的 232 000 家客户正在从 SAP 解决方案中获益，其中包括财富 500 强 80% 的企业及 85% 最有价值的品牌。

SAP 即 "Systems Applications and Products in Data Processing"，它蕴含着两层含义：

第一，SAP 是公司名称，即 SAP 公司，它是成立于 1972 年、总部位于德国沃尔多夫市的全球最大的企业管理和协同化电子商务解决方案供应商、全球第三大独立软件供应商；

第二，SAP 是其 ERP（enterprise-wide resource planning）软件名称，它是 ERP 解决方案的先驱，也是全世界排名第一的 ERP 软件，可以为各种行业、不同规模的企业提供全面的解决方案。

资料来源 安德森，拉卡罗 . SAP 基础教程［M］. 黄佳，车皓阳，朱丽，译 . 北京：人民邮电出版社，2008.

2.3 现代物流产业

2.3.1 物流产业的形成

1）产业

产业是指生产同一类产品或提供同一类服务的生产者（厂商）的集合。一般认为，形成一个产业，必须同时具备以下条件：

(1) 产业的规模规定性。一个企业单元不一定构成产业，若干企业单元也不一定构成产业，构成产业的企业数量、产业量必须达到一定规模，在社会经济中有相当影响，才成为一个产业。

（2）产业的职业规定性。社会各职业中形成了专门从事这一产业活动的职业人员。

（3）产业的社会功能规定性。即这一产业在社会经济活动中承担一定角色，而且是不可缺少的。

具备上述条件的企业集合体才可称为产业。

2）新产业产生的原因

产业都有其产生、成长、成熟和衰退的过程。新产业的产生有两个基本原因：一是市场的需求，并达到一定的规模，足以支撑一个产业的存在；二是产品或技术上的重大创新。这两个原因常常相互作用，如技术创新使产品成本和价格下降，从而使需求规模扩大；需求规模的扩大又对技术创新起到激励作用。

3）现代物流产业的形成

物流产业是以物流活动为基本共同点的企业集合体。物流产业的产生首先是由于物流科学与管理技术的创新，以及信息技术的普及，使人们能够把原本分散的运输、仓储、包装、配送、搬运、流通加工等活动有机地结合起来，实行一体化管理。但物流科学与管理的创新只是现代物流产业产生的必要条件，物流仍可由企业内部提供。要形成一个独立的企业，必须有足够的用户有物流服务需求。

在西方国家，用户对外部物流的需求在 20 世纪 80 年代才发展到足够的规模，并导致了现代物流产业的产生和形成。发生变化的原因主要有：

（1）用户对服务要求的提高。用户已不满足于单一功能的、标准化的物流服务，而需要系统化、高水平、个性化的服务。传统的运输企业、仓储企业等没有能力提供这样的服务，而企业内部提供又受到企业规模等因素的限制。

（2）市场竞争的加剧。市场竞争加剧，导致企业对核心竞争力的追求。即使一些大型企业，为了把资源集中在培育核心竞争力上，而把物流外包给专业物流企业。换句话说，不仅“小而全”的企业缺乏竞争力，“大而全”的企业也不再被看好，大企业同样需要依靠外部资源来增强市场竞争力。

（3）贸易自由化。贸易自由化、世界经济一体化的趋势导致物流的总规模增加。对制造企业来说，市场越大，分销渠道越长，就越依赖专业物流企业。

（4）现代物流技术与管理及信息技术的创新，导致物流成本及收费下降，也使得用户对物流服务的需求大幅度增加。

2.3.2　物流产业的构成和性质

现代物流产业是指将运输、仓储、装卸、加工、整理、配送、信息等方面有机结合，形成完整的供应链，加速原材料、产成品流动，为用户提供多功能、一体化综合性服务的行业。

事实上，社会分工和国际分工的发展不断改变各国和地区的产业结构。产业的形成、发展和替代使产业结构处于变动之中，从而推动产业水平不断提高。产业的基本构成是企业，企业是提供商品和服务的载体。从目前中国具体的物流产业来考察，物流产业在广义上应包括以下内容：

1）物流基础业

这个产业由各种不同的运输线路、运输线路的交汇地点以及理货终端所构成，是向各个经济系统运行所提供的物流基础设施。它的主要行业构成有：铁道、公路、水运、空运、仓储等，主要的物流设施是车站、货场、港口、码头、机场、铁路线、公路、仓库等。

2）物流装备制造业

这个产业是物流生产力中提供劳动手段要素的产业。大体上可以划分为集装设备生产行业、货运汽车生产行业、铁路货车生产行业、货船行业、储存与搬运设备制造业等。

3）物流系统业

这个产业由提供物流系统软、硬件和提供系统管理等产品和服务的行业组成，是计算机系统技术和通信技术在物流领域的有机结合。

4）第三方物流业

第三方物流产业是代理货主向货主提供物流代理服务的各种行业所组成的物流业。过去很少能由一个企业代理货主的全部环节的物流服务，所提供的服务往往局限于仓库存货代理、运输代理、托运代办、通关代理等局部的代理业务。而现代经济中，完善的第三方物流的代理作用是全部物流活动系统的全程代理。

5）货主物流业

货主物流业是货主自办物流，也有可能是部分从事第三方物流活动的行业。货主物流产业包含生产企业和流通企业为本身的生产或商贸活动所建立的独立物流企业以及各种类型企业生产、流通经济活动的一部分。它着重于建立巨型企业内部物流系统，尤其是配送中心以及配送系统、流通加工系统。当前已经成形的行业有：连锁配送业、分销配送业、流通加工业等。

以上物流产业的划分是从物流产业的广义角度来考察的，但是国内外大多数国家对物流产业 GDP 的分行业统计分析时只局限于后 3 个行业，因此，物流产业也可狭义地理解为由物流系统业、第三方物流业和货主物流业构成。

物流产业的基本性质可以从以下两个方面来说明：

首先，物流产业是国民经济的基础性产业，并在特定条件下成为国民经济的支柱性产业。物流产业通过不断输送各种物品，使生产者不断获得原材料、燃料、零配件以保证生产过程的正常进行，又不断将产品运送给不同的需要者，以使这些需要者的生产、生活得以正常进行。这些互相依赖的存在，是靠物流来维系的，国民经济因此才得以成为一个有内在联系的整体。一些特定的国家和地区，如日本、新加坡和中国的香港地区，由于特定的地理位置和产业结构条件，物流产业在国民经济或区域经济中能够发挥带动和支持整个国民经济的作用，成为国民经济的支柱产业。

其次，物流产业是生产性服务业。物流产业的生产性，一方面是因为物流活动是生产活动的组成部分或生产过程在流通领域的继续；另一方面是由于物流产业的服务对象以生产、建设等产业为主。物流产业是服务业，是因为物流产业本身并不提供物质产品，而是为顾客提供专业化服务。虽然目前物流产业以生产、流通等企业为主，但以消费者为服务对象的物流配送产业亦有所发展，特别是电子商务的兴起，面向消费者的物流产业获得了非常广阔的发展前景。

【小思考 2-2】

从广义上讲，物流产业包括哪些行业？

答：从广义上讲，物流产业应包括：物流基础业、物流装备制造业、物流系统业、第三方物流业、货主物流业等。

2.3.3　推进现代物流业的发展

现代物流业是现代经济三大支柱之一，被经济学家称为继劳动力、自然资源之后的“第三利润源泉”和 21 世纪最大行业，在国民经济中的先导作用日益明显。推进现代物流业的发展，是强化城市功能，抢占区域竞争制高点的迫切需要；也是调整经济结构，提高经济整体运行效率，增强综合竞争力的战略选择。

1）明确现代物流发展思路

物流是指物质实体从供应者向需求者的物理移动，它由一系列创造时间价值和空间价值的经济活动组成，包括运输、保管、配送、包装、流通加工及信息处理等多项活动的统一。现在人们对电子商务的认识，不仅在于信息流、资金流的电子化、网络化，而且越来越重视电子商务下的物流，也即现代物流。推进现代物流业的发展，应坚持市场主导、企业运作、行为规范、环境配套的原则，以信息技术为支撑，以降低物流成本和提高综合服务质量为核心，积极引进国际先进的物流管理经验和技术，加大物流组织形式的创新力度，整合现有物流资源，加快传统物流向现代物流转变，构筑现代物流基础设施平台和信息平台，培育现代物流园区，发展现代物流骨干企业，建设包括交通运输、仓储配送、流通加工、信息网络等功能完善的现代物流体系，提高现代物流业的服务水平，逐步使现代物流业成为地方经济发展新的增长点和支柱产业。

2）构筑现代物流发展平台

现代物流业发展最重要的基础平台是交通运输网络和物流信息系统。首先，要按照基础设施适度超前的原则，进一步优化交通运输规划，加快建设以公路为基础，以铁路为骨干，水运、航空、管道和城市道路协调发展的高效便捷、有机衔接的综合交通运输网络。并积极发展多式联运，提供无缝运输，实现公路和航道监控、收费与管理的信息化，以提高运输效率，推进现代运输系统的形成。其次，要进一步发展综合通信网络，积极利用现代信息技术，以互联网为依托，以专业化的物流信息网为支撑，并加快物流企业、工商企业的信息化进程，构筑包括数据交换中心、电子商务认证中心、金融结算中心等在内的物流信息系统。在此基础上，还要合理规划和布局物流园区，改造和提升现有专业市场水平，加快建设仓储、堆场、后勤服务等基础设施，逐步形成多层次、多功能，点线面有机结合的高效物流发展平台。

3）整合现代物流有效资源

现代物流业具有社会化、系统化、网络化的特点，对各种功能、要素进行整合是发展现代物流业最为基础性的工作。在整合并集成区域内交通运输、信息系统和专业市场等有效资源的同时，要把整合的工作重点放在传统物流企业上。通过兼并、联合、重组、代理等多种方式对传统物流企业进行系统改造，并从货运、资金、设施、网络的规模化入手，积极推广和应用现代信息技术，使企业各自独特的资源融为一体，逐步建立起一体化的物流网络，以实现优势互补和共享，充分发挥规模化经营效应。为了适应现代物流业发展的要求，还要积极引导工商企业转变经营理念，突出和强化主业意识，对企业的原材料采购、仓储、运输、流通加工和配送等业务进行分离，并对相互联系、分工协作的整个产业链进行整合，使物流活动逐步从生产、交易和消费过程中分化出来，成为一种专业化的、由独立的经济组织承担的新型经济活动，以最大限度地节省时间和费用，赢得竞争优势。

4）培植现代物流骨干企业

发展现代物流业，必须有一批强大的以第三方物流为主的物流企业作支撑。第一，要鼓励已经具备一定物流服务业务专长、组织基础和管理水平的，从事运输服务、仓储服务、货运代理服务和批发配送业务的企业，加速向物流领域转变，尽快形成竞争优势，成为当地物流发展的领先者。第二，要在规范市场准入标准的基础上，鼓励多元化投资主体进入物流服务市场，使其能够根据需求和自身条件，发展特色物流服务，从而建立一个能够提供多样化服务的物流企业群体，形成多层次、全方位的现代物流服务网络体系。第三，要组建一批新的物流企业集团。在现有流通企业的基础上，选准产业龙头，按照扶大、扶优、扶强的原则，进行重点引导、支持和培育发展，使其尽快成为物流航空母舰。第四，要通过制定和落实优惠政策，广泛对外招商引资，吸引一批有实力的外资或内资物流企业来当地投资兴业，以引进资金、人才机制和新的管理方式、方法，带动区域经济快速、健康发展。

5）运用现代物流管理技术

为适应现代物流业的发展需要，必须尽快建立和掌握与此相关的各种管理技术。如流通加工技术、物品包装技术、物品识别技术、物品实时跟踪技术、自动分拣系统、自动存取系统、电子数据交换和条形码技术等物流信息化技术以及快速反应（OR）和有效的客户反应（ECR）等现代物流管理技术。在积极推进电子商务、引导发展网上购物的同时，还要依托大型物流基地和各类物流配送中心，搞好快送、快递体系建设，推广运用集总部利润中心、物流配送中心、终端零售网络于一体的现代物流模式。实施品牌经营战略，大力发展连锁经营，推进代理制、总销制、联购分销、期货贸易、零库存管理、无店式经营等新的经营方式和交易方式，使传统商流、物流向以连锁店、专营店、直营店、加盟店为主导的新型业态升级。同时，还要进一步引进、嫁接和吸收国内外先进物流理念、管理方式、方法和技术，以提高物流管理技术水平。

6）建立现代物流协调机制

现代物流业是一个综合性的行业，其发展涉及计划、经贸、财政、规划、建设、交通和公安等若干部门。因此，政府应建立物流业发展的综合组织协调机制，负责统一编制、协调各部门、各区域的物流发展规划和物流行动计划，并赋予该组织足够的权力和手段，在组织机构确定、事权落实、市场管理归位的基础上，综合有关管理部门意见，邀请专家、学者和人民团体参加，共同制定短、中、长期物流业发展的基本方针和战略目标，为该产业发展指明方向。对发展物流业的物流基础设施、物流信息系统及物流管理三大支柱，要采取积极的措施和强力手段，保证落实计划，加快发展。

本章小结

按所处生产经营活动的环节，企业物流可以分为供应物流、生产物流、销售物流以及回收物流和废弃物物流。按企业性质不同，企业物流可以分为工业企业物流、流通企业物流、服务企业物流和其他企业物流等。企业物流组织主要有协作型物流组织、一体化管理的物流组织、物流子公司、委托第三方物流企业等形式。物流部门与市场营销、生产、财务等部门的关系也尤为重要。

JIT 要求企业实现“零库存”，它的中心思想是消除一切无效劳动和浪费。它的目标是最大限度地降低库存、最大限度地消除废品、实现最大的节约。MRP 是工业制造企业内的一种物资计划管理模式，它有需求的相关性、需求的确定性和计划的复杂性等特点。

MRP 的编制过程包括：确定主生产进度计划、核算各阶层物料需用量、建立各物料项目动态信息卡片、确定采购和加工装配的提前期、编制 MRP 计划表。

MRPII 是在 MRP 的基础上，将企业的生产、营销、物流、工艺技术和财务等业务活动纳入统一的计划管理体系而形成的管理信息系统。ERP 就是在 MRPII 的基础上通过反馈的物流及反馈的信息流和资金流，把客户需求和企业内部的生产活动，以及供应的制造资源整合在一起，完全按用户需求进行经营管理的一种全新的管理方法。

现代物流产业是指将运输、仓储、装卸、加工、整理、配送、信息等方面有机结合，形成完整的供应链，加速原材料、产成品流动，为用户提供多功能、一体化综合性服务的行业。推进现代物流业的发展，需要明确现代物流发展思路、构筑现代物流发展平台、整合现代物流有效资源、培植现代物流骨干企业、运用现代物流管理技术、建立现代物流协调机制。

核心概念

协作型物流组织　物流子公司　准时生产　制造资源计划　物料需求计划　企业资源计划

基本训练

● 知识题

1. 选择题

(1) 第三方物流的代理作用是(　　)。

A. 替购买方进行运输与储存　　B. 全部物流活动系统的全程代理

C. 替销售方进行运输与储存　　D. 以上都不对

(2) 物料需求计划和准时生产的不同体现在(　　)。

A. 管理概念　　B. 对库存的认识

C. 管理方法　　D. 生产要求

(3) 一般来讲，ERP 系统包括(　　)。

A. 生产计划　　B. 物料需求计划

C. 能力需求计划　　D. 车间管理、销售订单管理、采购管理

2. 判断题

(1) 生产汽车、内燃机、家用电器、自行车等的企业都属于大量生产类型企业。　(　　)

(2) 所谓“零库存”，就是企业一点库存也没有。　(　　)

3. 简答题

(1) 何为 MRP、MRPII 和 ERP? 三者有何区别与联系?

(2) 根据生产经营活动的环节，谈谈企业应如何提高物流效率。

(3) MRP 的编制有哪些步骤?

(4) 你认为物流产业应包括哪些内容?

(5) 怎么处理好企业物流部门与其他部门的关系?

● 技能题

在物流管理软件中实现 MRP 的编制。

观念应用

● 案例分析

佑康集团始建于1992年7月，当时投资仅80万美元，现已发展成为拥有杭州佑康食品有限公司、杭州佑康电子商务网络有限公司、杭州佑康达美食品有限公司、杭州佑康加油站等多家紧密层、半紧密层企业及松散层企业的企业集团。公司主要产品为"佑康雪派"牌冷饮、冷食、奶制品，企业年产冷饮产品3万吨，冷食产品7 000吨，奶制品1.2万吨，辐射至全国20多个省市。

集团公司在同行业中率先通过ISO9002质量体系认证。"佑康雪派"牌产品被评为杭州市名牌产品、浙江省名牌产品，"佑康雪派"商标被评为浙江省著名商标。集团公司已被列入浙江省"五个一批企业"和"四星级企业"。

佑康集团的主要产品是面向大众的冷饮冷食食品，具有保鲜要求高、季节性强的特殊要求。产品覆盖范围广，销售网络庞大。如何及时合理地组织安排产品的生产和销售是企业经营的关键。食品加工生产具有较高的自动化程度，但是由于企业管理过程中信息收集和处理的手段落后，企业在计划管理、物料供应、生产组织、销售管理和财务管理等方面存在许多问题：原材料供应出现脱节，不能保证生产需要；原材料、辅助材料的浪费；资金使用效率低；库存不清，实地盘点效率低，退、调、换、损、残、盘等特殊业务易出问题；产品积压或脱销；销售计划与生产计划有延滞；市场和客户的需求变化不能及时反馈等。

佑康公司的决策层清醒地认识到企业管理信息流通不畅是管理的瓶颈所在。只有加快企业的信息化进程才能提高企业的核心竞争力，企业才能在激烈的市场竞争中求得生存和发展。公司成立初期，就开始了管理信息化的尝试。1994年，公司就使用了网络版的财务软件，后来又开发了公司的MIS系统、EMC系统，这些软件对公司的管理起到了一定的促进作用。但是由于整个企业的信息化集成程度很低，各个系统的数据不能实现共享，企业的管理瓶颈还是没有得到根本的解决。

随着企业经营规模的逐步扩大，市场和客户的需求日趋个性化、多样化，对企业的管理提出了更高的要求。佑康公司决定实施ERP系统。通过ERP项目的实施，建立企业先进的管理信息化网络，实现各管理部门信息的集成，实行企业内外物流、资金流和信息流的一体化管理。优化企业资源配置，合理组织生产，彻底解决产供销脱节的问题；加强物流管理，降低库存资金占用，减少材料浪费，保障生产材料准时到位；及时掌握市场需求的变化，建立完备的销售网络体系，提高产品的市场占有率；强化财务管理，严格控制生产成本，压缩管理费用，提高资金使用效率。最终，提高企业的整体素质，为企业创造更好的经济效益。

佑康公司实施ERP项目主要进行了以下几项工作：

（1）软件选型

公司组织了专门的技术人员对ERP市场进行认真的调查研究，对国内外ERP产品，从技术先进性、功能全面性、系统的客户化程度、客户的成功案例、软件供应商的信誉和稳定性、性能价格比等方面进行了分析和比较。经过认真的筛选，佑康选择了北京和佳。"和佳ERP"是国家863/CIMS办公室和中国软件行业协会力推的国产优秀管理软件，能够对不同行业提供成熟的解决方案，能够根据客户的需求进行客户化，其系统具有扩展性，在全国有几十个实施成功的案例。北京和佳提供的解决方案完全满足佑康的管理需求。

（2）调研和分析

在签订了实施协议后，和佳公司派出技术人员到佑康公司，深入各管理部门进行了详细的调查研究。和佳技术人员与佑康的管理人员分析了企业的管理现状和存在的问题，按照ERP的要求对企业的管理业务流程进行了梳理，根据企业管理需求制定了系统调研报告和总体设计方案。

(3) 制订实施计划

在认真的系统调研的基础上，根据企业的管理需求，把佑康的 ERP 实施分成两个阶段：第一阶段，实现进销存和财务的一体化管理，完成库存管理、销售业务管理、应收账款管理、采购管理、应付账款管理、账务及报表管理等 11 个子系统的实施；第二阶段，实现对生产过程的控制，完成生产计划、物料需求计划、车间作业管理、成本管理、产品管理、工艺管理等 10 个子系统的实施。

(4) 建立项目实施机构

佑康为 ERP 项目实施成立了三级实施组织体系，即项目领导小组、项目办公室和各子系统业务组。ERP 领导小组由公司领导亲自挂帅，由部门负责人和管理专家组成，负责对 ERP 系统的实施目标、项目投资、公司内部业务流程重组方案等工作做出决策，对系统开发过程进行监督、控制；项目办公室由有关部门负责人、和佳公司项目实施部负责人和企业信息部门负责人组成，负责项目的组织实施，包括研究系统的总体结构，制订项目实施计划，制定系统开发的程序和工作标准，协调各部门工作进程，解决开发过程中可能出现的问题；各子系统业务组由和佳公司项目实施部人员和有关部门的业务骨干组成，按开发工作的分工，分别进行各子系统的实施及二次开发工作。

(5) 抓好三个层次的培训

三个层次的培训是对企业领导、实施队伍和员工的培训。三个层次培训的侧重点各有不同：对企业领导培训的主要内容是 ERP 先进管理思想和方法；对实施队伍培训的主要内容是 ERP 的实现方法和系统运行的原理和维护方法；对员工的培训则主要侧重于系统的使用。

ERP 的培训工作贯穿于实施工作的始终，培训工作不仅仅是教会他们操作和使用方法，更重要的是不断地向他们灌输 ERP 的管理思想和理念，使 ERP 在企业扎根。特别是对企业领导的培训，这是第一位的。通过培训，取得企业领导对 ERP 的理解和支持，是项目成功实施的关键一步。

(6) 业务流程重组

由于管理体制的原因，企业管理中还有不少“人治”的色彩，有许多地方是无章可循或有章不循的；管理规程不规范，业务操作随意性大。由于管理手段落后，管理数据采集、分析方法原始，业务流程不畅通，传递环节多，存在不少无效作业环节。必须通过业务流程重组来实现管理流程的简捷、高效和畅通，这是成功实施 ERP 的关键。佑康在实施 ERP 的过程中，对主要的业务流程进行了深入的剖析和梳理，找出其中的无效作业环节，按照 ERP 管理的要求进行业务流程重组。例如，过去仓库的产品调拨、出库和发运，分别由各管理部门开出调拨、出库和运输单，手工传递到相应的仓库，容易出现单据丢失、差错或登账不及时的现象，造成库存数据不准确。现在根据系统中数据共享的特点，由业务流程的开始环节产生单据，后续环节分别调用前环节的单据进行确认和对应的操作处理，再向后传递。每个环节的操作改变自己的库存可用数量，保证了每个环节库存数量的准确可靠，同时可以及时发现差错、避免损失。通过这样的业务流程重组，大大提高了企业的管理水平。

(7) 数据规范

数据的准确和规范是信息化管理系统可靠运行的基础。只有系统中的数据准确，系统产生的结果才有价值。我们在实施过程中从 3 个方面加强对数据的规范化管理：一是基础数据和控制数据，包括产品数据、客户资料、设备代码、人员编码、各种消耗定额等；二是各子系统建立时需要的初始化数据，如库存数量的初始化、各会计科目的初始余额等；三是从程序控制和管理制度上保证业务操作数据的规范性、可靠性。

佑康公司的 ERP 系统从 2001 年 5 月开始投入使用。一年多时间的运行结果表明，该系统完全达到了项目的第一期目标。高效畅通的信息网络已经形成，实现了进销存和财务的一体化管理，从整体上提高了企业对市场的快速反应能力，公司的管理水平和管理手段都有了跨越式的发展。

①高效畅通的信息网络促进了公司业务的发展。与 2000 年相比，2001 年销售额翻了一番，达到 3.2 亿元，利润总额增长了 15%。

②由于实现了信息集成，销售部门可以随时掌握仓库的动态库存，使销售开票有了准确的依据，杜

绝了客户开票而提不到货的现象，提高了客户的满意度。2001 年的交货履约率达到 97.2% 以上，比上年提高了 2.2%。

③仓库实行了精细化管理，能够有效跟踪和控制物品流动，仓库的库存盘点误差大大减少。以中心仓库为例，由过去的平均 3.2% 降低到 2001 年年底的 1.5%。ERP 项目支持立体仓库管理的货位管理和批次管理，减少了因调货、换货和产品残损造成的损失，减少了因产品超保质期造成的损失。据不完全统计，每年的产品残损和超保质期造成的损失可以减少 60 多万元。

由于有了丰富的信息资源的支持，采购计划和销售计划更加准确，有效减少了产品的库存积压。2001 年年底库存资金比上年同期降低 7%。同时，保证了生产所需物资的正常供应。

资料来源　汪传雷．物流案例教程［M］．合肥：安徽大学出版社，2009.

问题：

（1）你认为，该企业实现 ERP 系统后会得到哪些好处？

（2）结合案例，谈谈 ERP 主要适合什么企业。

（3）企业在实施 ERP 系统时需要制定哪些保障措施？

● 单元实训

调查一家你所在地区的物流公司，判断其属于哪种类型的物流组织，并依据这家公司的情况找出这种组织的优点和缺点。

第3章　分销物流

学习目标

通过本章学习，应该达到以下目标：

知识目标：了解分销物流中的基本概念，理解电子商务下构成物流总体的各种基本活动，如包装、运输、装卸搬运、仓储、配送、流通加工等，以及它们在总体物流中所起的作用。

技能目标：认识各种运输方式及其选择方法，掌握配送中心的作业流程、库存控制方法。

能力目标：结合分销物流理论分析物流中心的布局，能够选择配送模式并进行配送中心功能区域的划分。提高对在分销领域的物流活动优化问题的认识。

引　例

上海联华生鲜食品加工配送中心是一家规模较大的以加工为主的配送中心，在生产加工生鲜食品的同时，还从事水果、冷冻品以及南北货的配送任务。生鲜商品大部分需要冷藏，所以其物流流转周期必须很短，节约成本；生鲜商品保质期很短，客户对其色泽等要求很高，所以在物流过程中需要快速流转。生鲜配送中心在物流方面的要求通俗地归结起来就是“快”和“准”。

1）订单管理

门店的要货订单通过联华数据通信平台，实时地传输到生鲜配送中心，在订单上制定各商品的数量和相应的到货日期。生鲜配送中心接到门店的要货数据后，立即到系统中生成门店要货订单，按不同的商品物流类型进行不同的处理：

(1) 储存型商品：系统计算当前的有效库存，比对门店的要货需求以及日均配货量和相应的供应商送货周期自动生成各储存型商品的建议补货订单，采购人员根据此订单及实际情况做一些修改即可形成正式的供应商订单。

(2) 中转型商品：此种商品没有库存，直达直出，系统根据门店的需求汇总按到货日期直接生成供应商的订单。

(3) 直送型商品：根据到货日期，分配各门店直送经营的供应商，直接生成供应商直送订单，并通过EDI系统直接发送到供应商。

(4) 加工型商品：系统按日期汇总门店要货，根据各产成品/半成品的BOM表计算物料耗用，比对当前有效的库存，系统生成加工原料的建议订单，生产计划员根据实际需求进行调整，发送采购部生成供应商原料订单。各种不同的订单在生成完成/手工创建后，通过系统中的供应商服务系统自动发送给各供应商，时间间隔在10分钟以内。

2）物流计划

在得到门店的订单并汇总后，物流计划部根据第二天的收货、配送和生产任务制订物流计划。

(1) 线路计划：根据各线路上门店的订货数量和品种，做线路的调整，保证运输效率。

（2）批次计划：根据总量和车辆人员情况设定加工和配送的批次，实现循环使用资源，提高效率；在批次计划中，将各线路分别分配到各批次中。

（3）配货计划：根据批次计划，结合场地及物流设备的情况，做配货安排。

3）配送运作

商品分拣完成后，都堆放在待发库区，按正常的配送计划，这些商品在晚上送到各门店，门店第二天早上将新鲜的商品上架。在装车时按计划依路线门店顺序进行，同时抽样检查其准确性。在货物装车的同时，系统能够自动算出包装物（推车、周转箱）的各门店使用清单，装货人员也据此来核对差异。在发车之前，系统根据各车的配载情况输出各运输车辆随车商品清单、各门店的交接签收单和发货单。

商品到门店后，由于数量的高度准确性，在门店验货时只需清点总的包装数量，退回上次配送带来的包装物，完成交接手续即可，一般一个门店的配送商品交接只需要5分钟。

资料来源 田青．现代物流案例全集［M］．北京：清华大学出版社，2009.

在分销物流中，主要涉及分销领域中物资如何运输、如何配送、如何储存、如何包装、如何装卸、如何建立物流网点、如何进行流通加工、如何进行物流信息管理等问题。追求的目标是提高顾客服务水平、开拓销售市场、降低物流成本，提高经济效益。本章主要探讨这些物流活动在分销领域的优化问题，着重阐述各种职能物流，包括运输、采购、库存、包装、装卸、流通加工、仓储、配送以及与其相联系的物流信息处理等内容。

3.1 现代物流运输技术与管理

3.1.1 商品运输的概念及重要性

1）运输的概念

广义的运输是指人和物通过运力在空间的移动，其具体活动是人和物的载运及输送。物流领域的运输专指物的载运及输送，是指利用设备和工具，将物品从一地点向另一地点运送的活动。其中包括集货、分配、搬运、中转、卸下、分散等一系列操作。它是在不同地域范围内（如两个城市、两个工厂之间），以改变物品的空间位置为目的、对物品进行空间位移的活动。

运输一般分为输送和配送。关于它们的区分，有许多不同的观点。一般认为，所有物品的移动都是运输，输送是指利用交通工具一次向单一目的地长距离地运送大量货物的移动；而配送是指利用交通工具一次向多个目的地短距离地运送少量货物的移动。如在市内运输中，由生产厂经由物流企业（如配送中心）为用户提供商品时，生产厂到配送中心之间的物品空间移动称之为“输送”，而从配送中心到用户之间的物品空间移动称之为“配送”。运输是物流不可缺少的环节。物流系统是通过运输完成对客户所需的原材料、在制品和制成品在地理上的定位。一般来说．运输成本也是目前物流总成本中最大的成本项目。

2）运输的功能

（1）产品转移。无论产品处于哪种形式，是材料、零部件、装配件、在制品，还是制成品，也不管是在制造过程中将被转移到下一阶段，还是更接近最终的顾客，运输都是必不可少的。运输的主要功能就是产品在价值链中的来回移动。运输涉及利用时间资源，是因为产品在运输过程中是难以存取的。这种产品通常是指转移中的存货，是整个物流战略，如准时化和快速响应等要求所要考虑的一个因素，以减少制造和配送中心的存货。

运输要使用财务资源，是因为驾驶人员的劳动报酬、运输工具的运行费用，以及一般杂费和行政管理费用的分摊。此外，还要考虑因产品损坏而必须弥补的费用。运输直接和间接地使用环境资源。在直接使用方面，运输是能源的主要消费者之一；在间接使用方面，由于运输造成的拥挤、空气污染和噪声污染而产生的环境费用。运输的主要目的就是要以最低的时间、财务和环境资源成本，将产品从原产地转移到规定地点。同时，产品转移所采用的方式必须能满足顾客有关交付履行和装运信息的可行性等方面的要求。

（2）产品储存。对产品进行临时储存是一个不太寻常的运输功能，即将运输车辆作为临时储存设施。然而，如果转移中的产品需要储存，但在短时间内（如几天后）将要重新转移的话，那么，该产品在仓库卸下来再装上去的成本也许会超过储存在运输工具中每天支付的费用。在仓库空间有限的前提下，利用运输车辆储存也许不失为一种可行的选择。在本质上，这时运输车辆被用作一种临时的存储设备，但它是移动的，而不是处于固定状态的。

概括地说，虽然运用运输工具存储产品可能是昂贵的，但当需要综合考虑装卸成本、存储能力限制或延长前置时间的能力时，从物流系统的总成本或完成任务的角度来看，或许是正确的。

3）运输的地位

（1）运输是物流的主要功能要素之一。按物流的概念，物流是“物”的物理性运动，这种运动不但改变了物的时间状态，也改变了物的空间状态。而运输承担了改变空间状态的主要任务，运输是改变空间状态的主要手段，运输再配以搬运、配送等活动，就能圆满完成改变空间状态的全部任务。在现代物流观念未诞生之前，甚至就在今天，仍有不少人将运输等同于物流，其原因是物流中很大一部分责任是由运输担任的，运输是物流的主要部分，因而出现上述认识。

（2）运输是社会物质生产的必要条件之一。运输是国民经济的基础和先行。马克思将运输称之为“第四个物质生产部门”，是将运输看成是生产过程的延续，这个延续过程虽然以生产过程为前提，但如果没有这个延续，生产过程则不能最后完成。所以，虽然运输不创造新的物质产品与新的使用价值，不增加社会产品数量，只变动其所在的空间位置，但这一变动则使生产能继续下去，使社会再生产不断推进，所以，将其看成一种物质生产部门。运输作为社会物质生产的必要条件，表现在以下 2 个方面：

①在生产过程中，运输是生产的直接组成部分，没有运输，生产内部的各环节就无法联结。

②在社会上，运输是生产过程的继续，这一活动联结生产与再生产、生产与消费的环节，联结国民经济各部门、各企业，联结着城乡，联结着不同国家和地区。

（3）运输可以创造“场所效用”。场所效用是指同种“物”由于空间场所不同，其使用价值的实现程度则不同，其效益的实现也不同。由于改变场所而最大发挥了使用价值，最大限度提高了投入产出比，这就称之为“场所效用”。通过运输，将“物”运到场所效用最高的地方，就能发挥“物”的潜力，实现资源的优化配置。从这个意义来讲，也相当于通过运输提高了物的使用价值。

(4) 运输是"第三个利润源"的主要源泉。运输是运动中的活动，它和静止的保管不同，要靠大量的动力消耗才能实现这一活动，而运输又承担大跨度空间转移的任务，所以活动的时间长、距离长、消耗也大。消耗的绝对数量大，其节约的潜力也就大。从运费来看，运费在全部物流费中占有最高的比例，一般综合分析计算社会物流费用，运输费在其中占接近50%的比例，有些产品运费高于产品的生产费，所以，节约的潜力是巨大的。

3.1.2 运输方式及其选择

1) 运输方式——按运输设备及运输工具不同分类

(1) 公路运输。这是主要使用汽车，也使用其他车辆（如人、畜力车）在公路上进行客货运输的一种方式。公路运输主要承担近距离、小批量的货运和水运，铁路运输难以到达地区的长途，大批量货运及铁路、水运优势难以发挥的短途运输。

由于公路运输有很强灵活性，近年来，在有铁路、水运的地区，较长途的大批量运输也开始使用公路运输。公路运输主要优点是灵活性强、公路建设周期短、投资较少、易于因地制宜、对设施要求不高，并可以采取"门到门"运输形式，即从发货者门口直到收货者门口，而不需转运或反复装卸搬运。公路运输也可作为其他运输方式的衔接手段。公路运输的经济半径，一般在200公里以内。公路运输的缺点比较少，主要是运输成本比较高，耗油量比较大，对路况的平坦性和畅通性有一定的要求。而且公路的投资成本比较大，也就是说，公路的铺设、车站的安排、收费站的布置等，都需要大量的人力、物力和财力，还需要大量的时间。尤其修建高速公路，花费更大、耗时更长。

(2) 铁路运输。这是使用铁路列车运送客货的一种运输方式。铁路运输主要承担长距离、大数量的货运。在没有水运条件地区，几乎所有大批量货物都是依靠铁路运输。铁路运输是在干线运输中起主力运输作用的运输形式，随着国家高速铁路网的投入使用，铁路运输将发挥越来越重要的作用。铁路运输主要有以下特点：

①经常性。由于铁路受到自然条件影响很小，天气和地理位置对铁路运输都不会产生太大的影响，所以铁路的运输经常性是所有运输方式中最强的，一般将其作为大跨度经济联系和长距离运输的主要方式。

②批量大、运费低。铁路运输能力比较强，一列火车可装2 000～3 500吨货物，载重列车可装20 000多吨货物。且相对而言，铁路运输的成本比较低，根据有关部门的统计，铁路运输的成本是公路运输成本的1/10～1/17；是航空运输成本的1/97～1/267。

③节能与环保。铁路运输可以采用电力牵引，在节约能源上比汽车有优势，而且对环境的污染比较小，其排放废气对环境的污染是汽车的1/30。

尽管铁路运输具有这些优点，但它也存在自身的不足之处，主要表现为：短距离货运，运费昂贵；货车途中作业需要一定的时间，尤其是装卸搬运等作业成本较高；运费没有伸缩性，不能实现"门到门"运输；车站固定，不能随处停车；货物滞留时间长，不适宜紧急运输。

(3) 水运。这是使用船舶运送客货的一种运输方式。水运主要承担大数量、长距离的运输，是在干线运输中起主力作用的运输形式。在内河及沿海，水运也常担任补充及衔接大批量干线运输的任务。

水运的主要优点是成本低，能进行低成本、大批量、远距离的运输。但是水运也有显而易见的缺点，主要是运输速度慢，受港口、水位、季节、气候影响较大，因而一年中中断运输的时间较长。水运有以下 4 种形式：

①沿海运输。沿海运输是使用船舶通过大陆附近沿海航道运送客货的一种方式，一般使用中、小型船舶。

②近海运输。近海运输是使用船舶通过大陆邻近国家海上航道运送客货的一种运输形式，视航程可使用中型船舶，也可使用小型船舶。

③远洋运输。远洋运输是使用船舶跨大洋的长途运输形式，主要依靠运量大的大型船舶。

④内河运输。内河运输是使用船舶在陆地内的江、河、湖、川等水道进行运输的一种方式，主要使用中、小型船舶。

（4）航空运输。这是使用飞机或其他航空器进行运输的一种形式。航空运输的单位成本很高，因此，主要适合运载的货物有两类：一类是价值高、运费承担能力很强的货物，如贵重设备的零部件、高档产品等；另一类是紧急需要的物资，如救灾抢险物资等。航空运输主要有以下特点：

①运输速度快。这是航空运输最大的特点和优势，飞机比汽车、火车快 5 ~ 10 倍，比轮船快 20 ~ 30 倍，从而使商品可以较早地进入市场，获得较好的经济效益。

②机动性强。飞机可以将地面上任何距离的两个地方连接起来，可以定期或不定期地飞行，受航线条件限制的程度要比汽车和火车小得多。尤其是在灾区的救援、供应，边远地区的急救等紧急任务方面，航空运输已经成为必不可少的手段，在 2008 年汶川特大地震发生后，第一时间承担运输任务的就是直升机。

③节约费用。站在承运人的角度来看，由于航空运输速度快，商品在途时间短、周转快，存货相对较低，资金可以迅速收回。这样可大大节约利息费用，弥补了运费高的缺点。加之保管制度完善，货损较少，包装比较简化，因而包装费和保险费也相对较低。

航空运输的主要缺点是飞机机舱容量和载重量都比较小，运载成本和运价比地面运输要高；气象条件对飞行的限制影响了飞行的正常性和准时性。此外，航空运输速度快的优点在短途运输中难以充分发挥。因此，航空运输比较适宜于时间性强的鲜活易腐和高价值货物的中长途运输。

（5）管道运输。管道运输是货物在管道内借助高压气泵的压力往目的地输送货物的运输方式，其原理相当于自来水管道将水输送到各家各户。管道运输的工具是管道本身，是固定不动的，只是货物本身在管道内移动，它是运输通道和运输工具合二为一的一种专门的运输方式。管道运输主要有以下特点：

①节省包装费用。由于运输工作是在管道中进行的，所以运输的货物不需要包装。而且管道运输的主要是气体和液体，如天然气和石油，这些东西很难包装甚至无法包装。

②货损、货差比较小。以石油为例，石油在装卸车的过程中，大量的油、气从槽车上挥发到大气中，损耗率一般为 0.15% ~0.5%，夏季挥发更大，严重影响了油品的质量。而使用管道运输石油，蒸发损耗小，能够保证油品的质量。

③费用低、运量大。据有关部门统计，当运距为 3 000 公里时，一条直径为 1 020毫米的输油管道，年输油能力可达 5 000 万吨，相当于一条双轨铁路的运输量，而铁路还需配备 1 400 多台机车，55 000 辆油槽车。因此，管道运输不仅运量大，而且能节约大量的机

车和油槽车。

管道运输的缺点主要是投资成本大。管道运输由于其技术设备（如管道管壁、气压泵等），需要投入大量的人力、物力，所以投资额很大。而且，管道运输货物品种过于单一，仅限于液体和气体货物，机动灵活性也比较小。

2）运输方式的选择

运输需求可以通过三种基本的方式实现：第一，可以使用私营的车队设备；第二，与专业运输公司签订运输合同；第三，一个企业可以向各种提供以单独装运为条件的运输承运人预订服务。这三种形式的运输就是典型的所谓私人运输、合同运输和公共运输。从物流系统的观点来看，有三个因素对运输来讲是十分重要的，即成本、速度和一致性。

运输成本是指为两个地理位置间的运输所支付的款项，以及与行政管理和维持运输中的存货有关的费用。物流系统的设计应该利用能把系统总成本降到最低程度的运输，这意味着最低费用的运输并不总是导致最低的运输总成本。

运输速度是指完成特定的运输所需的时间。运输速度和成本的关系，主要表现在以下两个方面：首先，能够提供更快速服务的运输商实际要收取更高的运费；其次，运输服务越快，运输中的存货越少，无法利用的运输间隔时间就越短。因此，选择期望的运输方式时，至关重要的问题就是如何平衡运输服务的速度和成本。

运输的一致性是指在若干次装运中履行某一特定的运次所需的时间与原定时间或与前若干次运输所需时间的一致性。它是运输可靠性的反映。多年来，运输经理们已把一致性看做是高质量运输的最重要的特征。如果给定的一项运输服务第一次花费2天、第二次花费了6天，这种意想不到的变化就会产生严重的物流作业问题。如果运输缺乏一致性，就需要安全储备存货，以防预料不到的服务故障。运输一致性会影响买卖双方承担的存货义务和有关风险。随着控制和报告装运状况的信息新技术的应用，物流经理们将能找到既快捷，又能保持一致性的方法，速度和一致性相结合是创造运输质量的必要条件。此外，了解运输履行的质量对于那些对时间具有敏感性的作业具有何种程度的重要性也是至关重要的。在物流系统的设计中，必须精确地维持运输成本和服务质量之间的平衡。在某些情况下，低成本和慢运输将是令人满意的，而在另外一些情况下，快速服务也许是实现作业目标的关键所在。发掘并管理所期望的低成本、高质量的运输，是物流的一项最基本的责任。

【小知识3-1】

对于与物流网络有关的运输应牢记以下三点：首先，物流设施的选择确立了据以创建运输需求结构的网络结构，同时也限制了可供选择的方案；其次，运输成本涉及的范围比运单更广泛；最后，如果递送服务偶尔发生不一致，那么要把运输能力结合进物流系统中去的全部努力就有可能付诸东流。

3.1.3 运输合理化

1）不合理运输

不合理运输是在现有条件下可以达到的运输水平而未达到，从而造成运力浪费、运输时间增加、运费超支等问题的运输形式。目前我国存在的主要不合理运输形式有：

（1）返程或起程空驶。空车无货载行驶，可以说是不合理运输的最严重形式。在实际运输组织中，有时候必须调运空车，从管理上不能将其看成不合理运输。但是，因调运不当，货源计划不周，不采用运输社会化而形成的空驶，是不合理运输的表现。

（2）对流运输。它亦称“相向运输”、“交错运输”，指同一种货物，或彼此间可以互相代用而又不影响管理、技术及效益的货物，在同一线路上或平行线路上作相对方向的运送，而与对方运程的全部或一部分发生重叠交错的运输称对流运输。已经制定了合理流向图的产品，一般必须按合理流向运输，如果与合理流向图指定的方向相反，也属对流运输。

（3）迂回运输。迂回运输是舍近取远的一种运输，是可以选取短距离进行运输而不办，却选择路程较长路线进行运输的一种不合理形式。迂回运输有一定复杂性，不能简单处之，只有因计划不周、地理不熟、组织不当而发生的迂回，才属于不合理运输，如果最短距离有交通阻塞、道路情况不好或因对噪音、排气等特殊限制而不能选用时发生的迂回，不能称不合理运输。

（4）重复运输。本来可以直接将货物运到目的地，但是在未达目的地之处，或目的地之外的其他场所将货卸下，再重复装运送达目的地，这是重复运输的一种形式。另一种形式是，同品种货物在同一地点一面运进，同时又向外运出。重复运输的最大毛病是增加了非必要的中间环节，这就延缓了流通速度，增加了费用，增大了货损。

（5）倒流运输。它是指货物从销地或中转地向产地或起运地回流的一种运输现象。其不合理程度要甚于对流运输，其原因在于，往返两程的运输都是不必要的，形成了双程的浪费。倒流运输也可以看成是隐蔽对流的一种特殊形式。

（6）过远运输。它是指调运物资舍近求远，近处有资源不调而从远处调，这就造成可采取近程运输而未采取，拉长了货物运距的浪费现象。过远运输占用运力时间长、运输工具周转慢、物资占压资金时间长、远距离自然条件相差大，又易出现货损，增加费用支出。

（7）运力选择不当。这是未根据各种运输工具优势进行选择却不正确地利用运输工具造成的不合理现象，常见有以下若干形式：

①弃水走陆。在同时可以利用水运及陆运时，不利用成本较低的水运或水陆联运，而选择成本较高的铁路运输或汽车运输，使水运优势不能发挥。

②铁路、大型船舶的过近运输。不是铁路及大型船舶的经济运行里程却利用这些运力进行运输的不合理做法。主要不合理之处在于火车及大型船舶起运及到达目的地的准备、装卸时间长，且机动灵活性不足，在过近距离中利用，发挥不了运速快的优势。相反，由于装卸时间长，反而会延长运输时间。另外，和小型运输设备比较，火车及大型船舶装卸难度大、费用也较高。

③运输工具承载能力选择不当。不根据承运货物数量及重量选择，而盲目决定运输工具，造成过分超载损坏车辆或货物不满、浪费运力的现象，尤其是“大马拉小车”现象发生较多。由于装货量小，单位货物运输成本必然增加。

（8）托运方式选择不当。对于货主而言，在可以选择最好托运方式而未选择，造成运力浪费及费用支出加大的一种不合理运输。例如，应选择整车而未选择，反而采取零担托运，应当直达而选择了中转运输，应当中转运输而选择了直达运输等都属于这一类型的不合理运输。

2）运输合理化的影响因素

(1) 运输距离。在运输时，运输时间、运输货损、运费、车辆或船舶周转等运输的若干技术经济指标，都与运输距离有一定比例关系，运输距离长短是运输是否合理的一个最基本因素。缩短运输距离对宏观、微观都有好处。

(2) 运输环节。每增加一次运输，不但会增加起运的运费和总运费，而且必然增加运输的附属活动，如装卸、包装等，各项技术经济指标也会因此下降。所以，减少运输环节，尤其是同类运输工具的环节，对合理运输有促进作用。

(3) 运输工具。各种运输工具都有其使用的优势领域，对运输工具进行优化选择，按运输工具特点进行装卸运输作业，最大限度发挥所用运输工具的作用，是运输合理化的重要一环。

(4) 运输时间。运输是物流过程中需要花费较多时间的环节，尤其是远程运输，在全部物流时间中，运输时间占绝大部分，所以，运输时间的缩短对整个流通时间的缩短有决定性的作用。此外，运输时间短，有利于运输工具的加速周转，充分发挥运力的作用，有利于货主资金的周转，有利于运输线路通过能力的提高，对运输合理化有很大贡献。

(5) 运输费用。运费高低在很大程度决定整个物流系统的竞争能力。实际上，运输费用的降低，无论对货主企业来讲还是对物流经营企业来讲，都是运输合理化的一个重要目标。运费的判断，也是各种合理化实施是否行之有效的最终判断依据之一。

从上述5个方面考虑运输合理化，就能取得预想的结果。

3）运输合理化的措施

(1) 提高运输工具实载率。实载率有两个含义：一是单车实际载重和运距之乘积与标定载重和行驶里程之乘积的比率；二是车船的统计指标，即一定时期内车船实际完成的货物周转量（以吨公里计）占车船载重吨位与行驶公里之乘积的百分比。在计算时车船行驶的公里数，不但包括载货行驶，也包括空驶。

我国曾在铁路运输上提倡“满载超轴”，“满载”的含义就是充分利用货车的容积和载重量，多载货，不空驶，从而达到合理化的目的。这个做法对推动当时运输事业的发展起到了积极作用。当前，国内外开展的“配送”形式，优势之一就是将多家需要的货和一家需要的多种货实行配装，以达到容积和载重的充分合理运用，比起以往自家提货或一家送货车辆大部分空驶的状况，是运输合理化的一个进步。在铁路运输中，采用整车运输、合装整车、整车分卸及整车零卸等具体措施，都是提高实载率的有效措施。

(2) 减少动力投入，增加运输能力。这种合理化的要点是，少投入、多产出，走高效益之路。运输的投入主要是能耗和基础设施的建设，在设施建设已定型和完成的情况下，尽量减少能源投入，是少投入的核心。做到了这一点就能大大节约运费，降低单位货物的运输成本，达到合理化的目的。国内外在这方面的有效措施有：

①“满载超轴”。就是在机车能力允许的情况下，多加挂车皮。我国在客运紧张时，常采取加长列车、多挂车皮的办法，在不增加机车的情况下增加运输量。

②水运拖排和拖带法。竹、木等物资的运输，利用竹、木本身浮力，不用运输工具载运，采取拖带法运输，可省去运输工具本身的动力消耗从而实现合理运输；将无动力驳船编成一定队形，一般是“纵列”，用拖轮拖带行驶，比船舶载乘运输运量大。

③顶推法。这是我国内河货运采取的一种有效方法，是将内河驳船编成一定队形，由

机动船顶推前进的航行方法。其优点是航行阻力小、顶推量大、速度较快、运输成本很低。

④汽车挂车。汽车挂车的原理和船舶拖带、火车加挂基本相同，都是在充分利用动能的基础上，增加运输能力。

（3）发展社会化的运输体系。运输社会化的含义是发展运输的大生产优势，按实际专业分工，打破一家一户自成运输体系的状况。一家一户的运输小生产，车辆自有，自我服务，不能形成规模，且一家一户运量需求有限，难于自我调剂，因而经常容易出现空驶、运力选择不当（因为运输工具有限，选择范围太窄）、不能满载等浪费现象，且配套的接、发货设施，装卸搬运设施也很难有效地运行，所以浪费颇大。实行运输社会化，可以统一安排运输工具，避免对流、倒流、空驶、运力不当等多种不合理形式，不但可以追求组织效益，而且可以追求规模效益，所以，发展社会化的运输体系是运输合理化的非常重要的措施。

在社会化运输体系中，各种联运体系是其中水平较高的方式，联运方式充分利用面向社会的各种运输系统，通过协议进行一票到底的运输，有效地打破了一家一户的小生产，受到了广泛欢迎。

【小知识 3-2】

我国在利用联运这种社会化运输体系时，创造了“一条龙”货运方式。对产、销地及产、销量都较稳定的产品，事先通过与铁路、交通等社会运输部门签订协议，规定专门收、到站，专门航线及运输路线，专门船舶和泊位等，有效保证了许多工业产品的稳定运输，取得了很大成绩。

（4）开展中短距离铁路公路分流，“以公代铁”的运输。这一措施的要点，是在公路运输经济里程范围内，或者经过论证，超出通常平均经济里程范围，也尽量利用公路。这种运输合理化的表现主要有两点：一是对于比较紧张的铁路运输，用公路分流后，可以得到一定程度的缓解，从而加大这一区段的运输通过能力；二是充分利用公路从门到门和在中途运输中速度快且灵活机动的优势，实现铁路运输服务难以达到的水平。

我国“以公代铁”目前在杂货、日用百货运输及煤炭运输中较为普遍，一般在 200 公里以内，有时可达 700 ~ 1 000 公里。山西煤炭外运经认真地技术经济论证，用公路代替铁路运至河北、天津、北京等地是合理的。

（5）直达运输。直达运输是追求运输合理化的重要形式，其对合理化的追求要点是通过减少中转过载、换载，从而提高运输速度，减少装卸费用，降低中转货损。直达的优势，尤其是在一次运输批量和用户一次需求量达到了一整车时表现最为突出。此外，在生产资料、生活资料运输中，通过直达，建立稳定的产销关系和运输系统，也有利于提高运输的计划水平，可用最有效的技术来实现这种稳定运输，从而大大提高运输效率。

特别需要一提的是，直达运输的合理性也是在一定条件下才会有所表现，不能绝对认为直达一定优于中转。这要根据用户的要求，从物流总体出发作综合判断。如果从用户需要量看，批量大到一定程度，直达是合理的，批量较小时中转是合理的。

（6）配载运输。这是充分利用运输工具载重量和容积，合理安排装载的货物及载运方法以求得合理化的一种运输方式。配载运输也是提高运输工具实载率的一种有效形式。

配载运输往往是轻重商品的混合配载，在以重质货物运输为主的情况下，同时搭载一些轻泡货物，如海运矿石、黄沙等重质货物，在舱面捎运木材、毛竹等；铁路运矿石、钢材等重物上面搭运轻泡农副产品等。在基本不增加运力投入和不减少重质货物运输的情况下，解决了轻泡货的搭运，因而效果显著。

(7) “四就”直拨运输。“四就”直拨，是就厂或就站（码头）、就库、就车（船）将货物分送给用户。它是减少中转运输环节，力求以最少的中转次数完成运输任务的一种形式。

(8) 提高技术装载量。运用各种装载技术，提高各种运输工具的载重吨位及装载容积的利用率。在实际工作中，技术装载方法有：轻重配载技术、解体装载技术、改进堆码技术等。

(9) 通过流通加工，使运输合理化。有不少产品，由于产品本身形态及特性问题，很难实现运输的合理化，如果进行适当加工，就能够有效解决合理运输问题，例如，将造纸材料在产地预先加工成干纸浆，然后压缩体积运输，就能解决造纸材料运输不满载的问题；轻泡产品预先捆紧，包装成规定尺寸，装车时就容易提高装载量；水产品及肉类预先冷冻，就可提高车辆装载率并降低运输损耗。

(10) 增强运输科技含量，提高运输效益。在进行运输系统设计时，必须将企业的原材料采购和产品销售等相关环节一并考虑。特别是企业的销售政策直接关系到运输和配送的标准和要求，企业的运输格局、运输网络怎么设计，要根据企业的经营战略、销售政策等因素决定。为了确保销售和市场占有率，需要利用多少个仓库、配送中心，是全部外包还是自己承担一部分，配送中心和仓库如何布局、密度多大、相距多远等应该整体规划，统一考虑。这样才能既满足销售的需要，又减少交叉、迂回和空载运输，降低运输成本，提高运输效益。

(11) 发展特殊运输技术和运输工具。依靠科技进步是运输合理化的重要途径。例如，专用散装罐车，解决了粉状、液状物运输损耗大，安全性差等问题；袋鼠式车皮、大型半挂车解决了大型设备整体运输问题；滚装船解决了车载货的运输问题；集装箱船比一般船能容纳更多的箱体；集装箱高速直达车船加快了运输速度等。这些都是通过先进的科学技术来实现合理化。

【小思考3-1】

提高运输实载率有何意义？

答：提高实载率的意义在于：充分利用运输工具的额定能力，减少车船空驶和不满载行驶的时间，减少浪费，从而求得运输的合理化。

3.1.4 运输业务管理

运输业务的管理是企业对物品运输过程的管理，包括对物品的发送、接运、中转和安全运输的管理，以达到提高效率、降低成本的目的。

1) 发送管理

发送业务是根据交通运输部门的规定，按照运输计划，将物品从起运地运往目的地的第一个环节。发送业务对整个运输运作有很大影响，这关系到物品运输的及时性和安全性。因此，各有关当事人应协调行动，托运人做好发送前的落实货源、组织配装、检查包装标志、安排短途搬运、办理托运手续等一切准备工作，承运人做好及时安排运输工具等工作。

2）运输安全管理

在运输过程中，物品要经过多次装卸和搬移等环节，容易发生各种事故。因此，必须加强运输安全管理，减少货损、货差。首先要努力防止运输事故的发生，建立和健全各项运输安全制度，并严格执行，还应及时处理运输事故，一旦发生运输事故，有关各方当事人要立即采取措施，减少损失，并分清责任，及时处理。

3）接运管理

接运管理是将到达的物品在办理了交接手续后，及时地接运到指定地点的工作。它关系到整个运输所需时间的长短，涉及物品质量，还涉及物品能否及时入库、使用或出售等问题。

4）中转管理

当物品从起运地到目的地之间不能依靠一次运输直达时，就要发生中转作业。中转作业起着承前启后的作用，它既要及时接运前一段运输的物品，又要通过二程运输及时发送该物品。因此，对提高运输工作质量而言，加强中转管理就显得极为重要。

【小知识3-3】

物流节点的设置与运输是有密切关系的。目前，欧洲一些国家的货运已被划为“一次运输”和“二次运输”。“一次运输”是由中央仓库到配送中心的运输；“二次运输”是从配送中心到用户的末端运输。这也是运输的一个发展趋势。

3.2 采购与库存管理

采购是企业物流管理的起点，“按需采购”是前提条件，要尽量做到以最小的费用、最低的价格购进企业所需的各类货物。物流采购管理是电子商务的重点内容之一，是保证生产物流和客户订单交货期的关键环节。对制造商来讲，具备了足够的生产资料，才能保证生产的连续性；对流通企业来讲，具备了可供流通的货物，才能保证市场供求的平衡性。

3.2.1 采购的概念

采购是指通过商品交换和物流手段从资源市场取得资源的过程。尽管不同类型的企业，在采购时有不同的特点，具体步骤内容有所不同。但是，一个完整的采购大体都要经历以下过程：

（1）接受采购任务，制定采购单。这是采购工作的任务来源。

（2）制订采购计划。采购员在接到采购任务后，要制订具体的采购工作计划。首先是进行货源市场调查，包括对商品、价格、供应商的调查分析，选定供应商，确定采购战略、采购方法、采购日程计划，以及运输方法、货款支付方法等。

（3）联系供应商。可采用电话、电子邮件等电讯方式与供应商联系。

（4）与供应商洽谈，最后签订订货合同。这是采购工作的核心步骤。在价格、质量、送货、服务及风险赔偿等方面进行洽谈，最后把这些条件用订货合同形式规定下来，形成订货合同。签订订货合同，意味着已经成交。

（5）运输进货及进货控制。订货成交以后，就应履行合同，即运输进货。运输进货可以由供应商运输，也可以由运输公司运输，或者自己提货。采购员要督促、监督进货过程，确保按时到货。

(6) 到货验收、入库。到货后，采购员要督促有关人员进行检验、验收和入库，包括数量和质量的检验和验收。

(7) 支付货款。货物到达后，按合同规定支付货款。

(8) 善后处理。一次采购完成以后，要进行采购总结评估，并妥善处理好一些未尽事宜。

3.2.2 采购方式与技术

1) 招标采购

招标采购是由招标人（采购方）发出采购招标公告或通知，邀请投标人（潜在供应商）前来投标，最后由招标人根据投标人所提出的价格、质量、技术、供货能力和财务状况等因素进行综合比较分析，选定其中最合适的投标人作为中标人，并与其签订合同的整个过程。

(1) 公开招标。公开招标可以是国际性的，也可以限于国内。采购企业应按照各自的实际情况来确定，公开招标的最大优势是能在更大范围内择优录用理想的最佳潜在供应商。其特点表现为“三公”原则，即“公开、公平、公正”，对供应商一视同仁。所在地有潜力的供应商、承包商和服务提供商都能一律平等地投标且标准统一。

(2) 邀请招标。邀请招标的最大优势是可以缩小范围、目标明确、工作量不大。这样不仅节省了招标人的招标费用，还有效提高了投标人的中标机会。

(3) 议标采购。议标采购主要有以下三种议标方式：

①直接邀请：直接邀请一供应商进行单独协商，达成协议后签订采购合同。

②比价议标：将投标邀请函送给几家供应商，邀请他们在约定的时间内报价，然后择优录用。

③方案竞赛：方案竞赛是企业进行工程规划任务招标时常用的一种议标方式。

【小知识 3-4】

对招标采购进行综合分析，见表 3-1。

表 3-1 招标采购的综合分析

优点	保障措施	适用范围
1. 公平、公正、一视同仁、杜绝腐败 2. 充分竞争、优中选优；提高质量，降低价格（最佳性价比）	1. 必须有完善的招标法律保障和道德 2. 必须有良好的经济环境 3. 必须有足够的供货渠道和供货能力 4. 必须有社会认同的技术规范或标准 5. 必须有专家队伍 6. 必须有足够公开的媒体	1. 全球范围内的企业、政府都已普遍采用 2. 采购量足以吸引投标人参标

2) 集中采购

集中采购是指企业在核心管理层建立专门的采购机构，统一组织企业所需物料的采购进货业务。集中采购的优点：可以获得规模效益，降低采购和物流成本，发挥采购特长，提高采购效率，易于稳定和供应商的关系，实现有效的长期合作。

3) 分散采购

分散采购是由总部的下属机构各自实施为满足自身生产经营所需的采购过程。其优点：可以有效地完善和补充集中采购的不足，增强基层工作的责任心、积极性，有利于采购各环节的协调配合，占用资金少，占用库存空间小，手续简单，过程短，直接快速。缺点：权力分散，不利于采购成本的有效降低，决策层次低，易于产生暗箱操作，对供应商的政策不统一，市场调研分散，难以培养采购专家。

4）网上采购

网上采购是指政府、企业或个人通过互联网发布询价采购信息、供应商网上报价、网上公布中标供应商和中标价格等网上采购全过程的总称。网上采购相对于传统的采购方式，最主要的区别就是网上采购采取现代计算机网络技术，特别是以因特网的应用为载体，把采购项目的信息公告、发标、投标报价、定标等过程放在计算机网络上来进行，与采购相关的数据和信息传递实现了电子化方式。

【小知识 3-5】

中央国家机关政府采购中心（www. zycg. gov. cn）于 2003 年 1 月 10 日正式成立，是中央国家机关政府集中采购的执行机构，是经注册的独立事业法人。其主要职责是：负责统一组织实施中央国家机关政府集中采购目录中的项目采购，制定集中采购操作规程，负责集中采购业务人员的培训，办理其他采购事务等。中心组织实施集中采购活动不收取任何费用。目前，中心内设办公室、综合业务处、采购监管处、采购一处、采购二处、采购三处、项目评审处和信息服务处。

3.2.3　采购的原则

采购工作必须遵循如下原则：

1）适价

大量采购与少量采购、长期采购与短期采购往往存在价格差异。适宜的价格必须经过几个步骤：①多渠道询价。企业在采购前，应多方面了解市场行情，包括最高价、最低价和平均价。②比价。分析供应商提供的货物或商品的规格、品性、功能，适宜比价标准。③自行估价。企业成立估价机构或小组，由采购业务技术人员和会计人员组成，估算出符合企业要求的、较为准确的基本资料。④议价。根据基本资料和市场情报，就货物用料、采购量、付款方式及时间长短等与供应商协议，商定出一个令双方满意且能接受的价格。

2）适时

由于企业之间竞争异常激烈，企业必须制定非常严密的采购计划，不折不扣认真执行。特别是要充分掌控进货时间，既能保证生产有序进行，又能保证货物流畅。只有这样，才能合理节约采购成本，提高市场竞争能力。

3）适量

一般而言，采购货物的数量与价格有一定关系，在一定范围内，采购数量越多，价格越低，但并不是采购量越多越好。资金成本、货物储存的成本都直接影响采购成本，应综合考虑各种因素，计算出最佳经济采购量。

4）适质

货物的质量非常重要，直接影响最终产品的质量。如果货物的质量不能符合生产或销售的需要，将会造成一系列后果，如会发生经常性退货、管理费用增加、影响生产和销售的连续性、影响成交期、降低企业信誉和竞争能力，还会增加检查人员和检验次数、增加人员成本。

5）适地

供应商离企业越近越好，这样可以降低运输费用，同时采购工作的其他事宜的沟通也会方便些，企业成本就可以降低了。

3.2.4 库存管理

1）库存的分类

凡是处在储存状态的物资都可以称作库存物资，简称库存。这里的储存状态有比较广泛的含义，它既包括仓库中的物资，也包括非在库物资。长期和短期储存都是库存。例如，在途物资、零售商店里货架上的存货，或是临时性堆放在生产车间里的在制品或原材料，都可以称作库存。按照企业库存管理的不同目的，库存可分为以下几种类型：

①周转库存。周转库存也叫经常库存，是指为满足客户日常的需求而建立的库存。周转库存的目的是为了衔接供需，缓冲供需之间在时间上的矛盾。这种库存的补充是按照一定的数量界限或时间间隔反复进行的。

②保险库存。保险库存也叫安全库存，是指为了防止由于不确定性因素（例如，突发性大量订货或供应商延期交货）影响订货需求而准备的缓冲库存。根据资料显示，这种缓冲库存约占零售业库存的1/3。

③季节性库存。季节性库存是指为了满足特定季节中出现的特定需求而建立的库存，或是指对季节性商品在生产的季节大量收储所建立的库存。

④加工和运输过程库存。加工库存是指处于流通加工或等待加工环节而处于暂时储存状态的商品。运输过程的库存是指在运输状态（在途）或者为了运输的目的（待运）而暂时处于储存状态的商品。

⑤促销库存。促销库存是指为了应付企业的促销活动产生的预期销售增加而建立的库存。

⑥时间效用库存。时间效用库存是指为了避免商品价格上涨造成损失，或者为了从商品价格上涨中获利而建立的库存。

⑦沉淀库存或积压库存。沉淀库存或积压库存是指因商品品质变坏或损坏，或者是因没有市场而滞销的商品库存，还包括超额储存的库存。

2）库存管理的宗旨

所谓库存管理，就是对于库存物资的管理。库存管理的宗旨或目标，主要有两个：一是保障供应；二是成本低。仓库的根本任务，就是要能够满足需求者的需求。在生产企业，仓库主要是为生产服务的。生产线一旦启动，就需要原材料、零部件、设备和工具等。没有了物资供应，生产线就得停止，这会给企业造成巨大损失。流通企业也是一样，商店每天都有顾客来买货，每天都要给用户发货，如果仓库里没有现货供应，企业的销售也就无法进行，企业就会遭受销售利润损失。所以，无论是生产、流通还是消费，都离不开库存物资，仓库的第一任务就是要保障供应。

要做到保障供应，有一个很简单的办法，那就是增加仓库里的库存物资，形成很大的库存量。这样，不太容易产生缺货。但是这样做，就必然需要占用很多库存资金，需要大的仓库，还需要保管维护，这些都会增加资金和保管费用，因而也就增大了经营成本，给企业造成沉重的负担。因此，仓库管理的任务，就是要通过科学而巧妙地运作，做到既保障供应，又降低成本。要把这两个互相矛盾的目标都达到，不是那么容易的，需要通过科学的库存管理来实现。

3）周转库存的管理

周转库存对于企业的意义，全在于它能够满足生产或流通对于物质产品的需要上。而这种满足必须是适量、适时的，什么时候需要多少，就在这个时候供应多少，只有这样的供应才是合适的。不适量、不适时的供应都会对企业造成损害：过少、过晚当然不行，这时缺货，不能够满足需要，影响企业的正常运转，甚至造成停产停业；但是过多、过早也不行，这个时候企业还不需要，这样供应的物资企业需要接收下来，还要占用一个仓库把它们存放起来，而且还要派人对它们进行维护保养。况且这样保管下来的物资，不知道以后还用不用得上，因为市场是瞬息万变的，今天还很畅销的商品，到明天说不定就被淘汰了。所有这些都会给企业造成损害。

由于通常企业采购进货都是分批次采购和进货，所以这种按批次进货与企业持续变动的需求二者之间存在着时间、空间、品种、数量等的矛盾，必然导致周转库存出现高库存与高缺货并存的局面，从而给企业带来损害。不适时、不适量的库存就是企业受损害的根源。它或者造成缺货，影响企业正常经营；或者造成高库存，给企业增加了成本，降低了利润，降低了企业的市场竞争能力。这种损害的大小，就取决于对这个周转库存的巧妙操作的水平，也就是对周转库存管理的水平。

【小思考 3-2】

为什么说库存控制是库存管理的核心？

答：周转库存的全部意义就是满足企业适时适量的物资需要。而要做到适时适量，就要进行库存控制，因此，库存管理的核心问题就是库存控制。

3.2.5　库存控制方法

常用的库存控制方法是 ABC 分类管理方法。一般来说，企业的库存物资种类繁多，每个品种的价格不同，而且库存数量也不等，有的物资品种不多但价值很大，而有的物资品种很多但价值不高。由于企业的资源有限，因此，对所有库存品种均给予相同程度的重视和管理是不可能的，也是不切实际的。为了使有限的时间、资金、人力和物力等企业资源能得到更有效的利用，应对库存物资进行分类，将管理的重点放在重要的库存物资上，进行分类管理和控制，即依据库存物资的重要程度，分别进行不同的管理，这就是 ABC 分类方法的基本思想。

ABC 分类管理方法就是将库存物资按重要程度分为特别重要的库存（A 类库存），一般重要的库存（B 类库存）和不重要的库存（C 类库存）三个等级，然后针对不同的级别分别进行管理和控制。ABC 分类管理方法包括两个步骤：一是如何进行分类；二是如何进行管理。

1）如何进行分类

通常按库存物资占总库存资金的比例和占库存品种数目的比例来进行分类。A 类库存品种数目少但资金占用大，即 A 类库存品种约占库存品种总数的 5% ~20%，而其占用资金金额约占库存资金总额的 60% ~70%。B 类库存品种约占库存品种总数的 20% ~30%，而其占用资金金额约占库存资金总额的 20% 左右。C 类库存品种数目大，但资金占用小，即 C 类库存品种约占库存品种总数的 60% ~70%，而其占用资金金额占库存资金总额的 15% 以下。

上述按所占金额大小进行分类的方法具有一定的缺陷。例如，若按金额来分类，可能出现某个品种被归为 C 类物资，但却是生产过程中不可缺少的重要部件的现象，一旦发生缺货，就会造成生产的停顿。为了弥补按金额大小分类方法的不足，人们又发展出了重要性分析方法（critical value analysis，CVA）。这种方法的基本点是按照工作人员的主观认定对每个库存品种进行重要度打分，评出的分数称为分数值（point value），再依据分数值的高低将物资品种划分为 3 ~ 4 个级别，即最高优先级（top priority）、高优先级（high priority）、中优先级（medium priority）和低优先级（low priority）。

2）如何进行管理

在对库存进行 ABC 分类后，便需要根据企业的经营策略对不同级别的库存进行不同的管理和控制。

（1）A 类库存。这类库存物资数量虽少，但对企业却最为重要，是最需要严格管理和控制的库存。企业必须对这类库存定时进行盘点，详细记录及经常检查分析物资使用、存量增减和品质维持等信息，加强进货、发货、运送管理，在满足企业内部需要和顾客需要的前提下，维持尽可能低的库存量和安全库存量，加强与供应链上下游企业的合作来降低库存水平，加快库存周转率。

（2）B 类库存。这类库存属于一般重要的库存，对该类库存的管理强度介于 A 类库存和 C 类库存之间，对 B 类库存一般进行正常的例行管理和控制。

（3）C 类库存。这类库存物资数量最大，但对企业的重要性最低，因而被视为不重要的库存。对于这类库存一般只需要进行简单的管理和控制。例如，实行大量采购、大量库存，减少该类库存的管理人员和设施、库存检查时间间隔等。

3.3 包装、装卸搬运与流通加工

3.3.1 包装

包装是为在流通过程中保护产品、方便储运、促进销售，按一定技术方法而采用的容器、材料及辅助物等的总体名称，也指为了达到上述目的，而在采用容器、材料和辅助物的过程中施加一定技术方法等的操作活动。包装是生产的终点、物流的始点。

1）包装的种类

（1）按包装在流通中的作用分类。

①商业包装。它也称销售包装，这种包装的目的是美化商品、宣传商品、促进销售。因此要求使用的包装材料在性质、形态、式样等因素方面，既要保护商品，结构造型要便于流通，还要在图案、文字、色调上能吸引消费者，包装单位适于顾客的购买以及商店陈设的要求。在流通过程中，商品越接近顾客，越要求包装有促进销售的效果。

②运输包装。它是指以强化输送、保护产品为目的的包装，要便于装卸、储存和运输，以期将商品完好无损地送达目的地和消费领域。

（2）按包装的适用广泛性分类。

①专用包装。根据被包装物特点进行专门设计、专门制造，只适用于某种专用产品的包装，如水泥袋、蛋糕盒等。

②通用包装。不进行专门设计制造，而根据标准系列尺寸制造的包装，用以包装各种

无特殊要求的或标准尺寸的产品。

(3) 按包装容器分类。

①按包装容器的抗变形能力分为硬包装和软包装两类。硬包装又称刚性包装，包装体有固定形状和一定强度；软包装又称柔性包装，包装体可有一定程度变形，且有弹性。

②按包装容器形状分为包装袋、包装箱、包装盒、包装瓶、包装罐等。

③按包装容器结构形式分为固定式包装和可拆卸、折叠式包装。固定式包装尺寸、外形固定不变，可拆卸折叠式包装可通过折叠拆卸，在不需包装时缩减容积以利于管理及返运。

④按包装容器使用次数分为一次性包装和多次周转包装。一次性包装在拆装后，包装容器受到破坏不能按原包装再次使用，只能回收处理或另做它用；多次周转包装可反复使用，此类包装在建立一定回收渠道后，就可周转使用。

2) 包装材料与技术

(1) 包装材料。包装材料与包装功能存在着不可分割的联系。从传统材料发展到今天的新型材料，都是为了更好地发挥包装的功能。包装材料的变化主要是向轻材质化转换，因为包装本身的重量也作为货物的重量一起加算运费的。常用的包装材料有纸、塑料、木材、金属、玻璃等。从各个国家包装材料生产总值比较看，使用最广泛的是纸及各种纸制品，其次是木材，塑料材料的使用量也以很快的速度增长。

(2) 包装技术。包装技术主要包括以下几种：

①防震保护技术。防震包装又称缓冲包装，是指为避免内装物受到冲击和振动，保护其免受损坏而采取一定防护措施的包装。防震包装主要有全面防震包装方法、部分防震包装方法和悬浮式防震包装方法。

②防破损保护技术。缓冲包装有较强的防破损能力，因而是防破损包装技术中有效的一类。此外还可以采取捆扎及裹紧技术、集装技术以及选择高强保护材料。

③防锈包装技术。常用的有防锈油、防锈蚀包装技术、气相防锈包装技术。

④其他包装技术，包括充气包装、真空包装、收缩包装、拉伸包装、脱氧包装。

此外，包装技术还有防虫包装技术、防霉腐包装技术等。

3) 包装合理化

包装合理化是物流合理化的组成部分。从现代物流观点看，包装合理化不只是包装本身的合理与否的问题，而是整个物流合理化的前提。包装合理化，一方面包括包装总体的合理化，这种合理化往往用整体物流效益与微观包装效益的统一来衡量；另一方面也包括包装材料、包装技术、包装方式的合理组合及运用。

(1) 包装合理化的三要点：防止包装不足、防止包装过剩，用科学方法确定最优包装。

(2) 合理化包装：包装尺寸标准化、包装作业机械化、包装成本低廉化、包装的大型化和集装化、包装材料资源节省。

3.3.2　装卸搬运

装卸是物品在指定地点以人力或机械装入运输设备或卸下。搬运是在同一场所内，对物品进行以水平移动为主的物流作业。在整个物流供应链中，装卸搬运作业所占的比例很大，因此，必须重视装卸搬运，防止物流成本的增加。

1）装卸搬运的特点

（1）具有“伴生”性和“起讫”性的特点。装卸搬运的目的总是和物流的其他环节密不可分的，因此与其他环节相比，它具有“伴生”性的特点。而且在运输、存储、包装等环节，一般都以装卸搬运为起始点和终结点，因此又有“起讫”性的特点。

（2）具有提供“保障”性和“服务”性的特点。装卸搬运保障了生产中其他环节活动的顺利进行，具有保障性质；而且装卸搬运过程不消耗原材料，不排放废弃物，不大量占用流动资金，不产生有形产品，因此具有提供服务的性质。

（3）具有“闸门”和“咽喉”的特点。装卸搬运制约着生产与流通领域其他环节的业务活动，这个环节处理不好，整个物流系统将处于瘫痪状态。

2）装卸搬运的重要性

（1）装卸搬运直接影响物流质量。因为装卸搬运是使货物产生垂直和水平方向上的位移，货物在移动过程中会受到各种外力的作用，如振动、撞击、挤压等容易使货物包装和货物本身受损，如损坏、变形、破碎、散失、流溢等。装卸搬运损失在物流费用中占有一定的比重。

（2）装卸搬运直接影响物流效率。物流效率主要表现为运输效率和仓储效率。在货物运输过程中，发运地的装车时间和在目的地的卸车时间占有不小的比重。特别是在短途运输中，装卸车时间所占比重更大，有时甚至超过运输工具运行时间。在仓储活动中，装卸搬运效率对货物的收发速度和货物周转速度产生直接的影响。同时，装卸搬运组织与技术对仓储利用率和劳动生产率也有一定影响。

（3）装卸搬运直接影响物流安全。装卸搬运特别是装卸作业，不安全因素比较多。实践表明物流活动中发生的各种货物破失事故、设备损坏事故、人身伤亡事故等，相当一部分是在装卸过程中发生的。特别是一些危险品，在装卸过程中如违反操作规程进行野蛮装卸，很容易造成燃烧、爆炸等重大事故。

（4）装卸搬运直接影响物流成本。装卸搬运是劳动力借助于劳动手段作用于劳动对象的生产活动。为了进行此项活动，必须配备足够的装卸搬运人员和装卸搬运设备。由于装卸搬运作业量比较大，要有较多的活劳动和物化劳动的投入，这些劳动消耗要计入物流成本，如能减少用于装卸搬运的劳动消耗就可以降低物流成本。

3）装卸搬运的基本原则

装卸搬运的基本原则是指装卸搬运活动应当遵循的原则或要求达到的目标。为了提高装卸搬运作业的效率和经济效益，在长期实践中总结出装卸搬运的基本原则，可以归纳为：

（1）减少环节，简化流程。这是指根据物流规律，合并装卸搬运环节和次数，杜绝重复性、不必要作业；必须的作业，尽可能流水作业。

（2）文明装卸，科学运营。这是指杜绝“野蛮装卸”，保证货物、装卸设施、设备安全；对不同的装卸作业，科学组织管理。

（3）集中作业，集散分工。这主要是指装载点和装载量要尽量集中，同一类货物尽量集中在一起。“集散分工”是指成件货物集装化作业，粉粒状袋装货物散装化作业，要作为装卸搬运作业的两个发展方向。

（4）协调兼顾，标准通用。这是指装卸搬运与其他物流环节之间、装卸搬运各工序之间，要相互协调，实行通用标准化管理。

（5）巧装满载，牢固稳定。这是指充分利用运输工具的装载利用率；货物装上车船或在货场、仓库堆码要稳固，减少货损。

上述原则都是一些基本性要求，但落实起来面广、难度很大，也不是装卸搬运作业自身所能解决的，应当从物流系统的整体上统筹规划，合理安排，各个环节紧密配合，才有助于这些原则落实。

4）装卸搬运设施和设备

装卸搬运设施和设备是进行装卸搬运作业的劳动工具或物质基础，其技术水平是装卸搬运作业现代化的重要标志之一。装卸搬运设施主要包括存仓、漏斗、装车隧洞、卸车栈桥、高路基、装卸线、固定站台、活动站台、照明、动力、维修、工休设施、防疫、计量检验、保洁设施等。装卸搬运设备的制造已经产业化，西方和日本一般称为搬运机械制造业，我国称为超重运输机械制造业，都在机械工业上占有相当的比重，为装卸搬运作业提供各种机械设备。

为便于管理，通常按其用途和结构进行分类。按装卸机械的用途主要分为单件作业用设备、集装作业设备和散装作业用设备三大类。按结构则分为起重机械、工业车辆、专用机械三大类。

5）装卸搬运合理化

装卸搬运只能改变劳动对象的空间位置，而不能改变劳动对象的性质和形态，不能增加劳动对象的使用价值。但装卸搬运必然要有劳动消耗，包括活劳动消耗和物化劳动消耗。这种劳动消耗要以价值形态追加到装卸搬运对象的价值中去，从而增加了产品和物流成本。因此，应科学地、合理地组织装卸搬运过程，尽量减少用于装卸搬运的劳动消耗。

（1）减少装卸次数。装卸次数是指在产品生产和流通过程中，发生装卸作业的总次数。合理装卸的主要内容之一，就是尽量减少装卸次数。减少装卸次数就意味着减少装卸作业量，从而减少装卸劳动，节省装卸费用。同时，减少装卸次数，还能减少货物损耗，加快物流速度、减少场地占用和装卸事故。

影响装卸次数的因素很多，主要是物流设施和设备、作业组织与高度两个方面。因此，完善物流设施、设备，提高作业组织效率显得十分重要。

（2）缩短搬运距离。从合理搬运的角度看，其搬运距离应该越短越好。所以，缩短搬运距离，成为人们实现搬运合理化的主要目标。其效果是节省劳动消耗、缩短搬运时间、减少搬运中的损耗。

（3）提高装卸活性。装卸活性是指货物的存放状态对装卸搬运作用的方便（或难易）程度，称为货物的“活性”，也称装卸活性。活性可用“活性指数”进行定量的衡量。装卸搬运的工序、工步应设计得使货物的活性指数逐步提高，则称“步步活化”。通过合理设计工序、工步以做到步步活化作业的同时，还要采取相应措施和方法尽量节省劳力，降低能耗。

（4）实现省力化。随着生产力的发展和科学的进步，装卸搬运化程度有了很大的提高，少数工厂和仓库向着装卸搬运自动化迈进。实现装卸搬运省力化，我国在许多方面积累了很多经验，如利用物体本身的重力、缩小垂直位移、减轻搬运阻力和文明装卸等。

3.3.3 流通加工

1）流通加工的类型

流通加工是为了提高物流速度和物品的利用率，在物品进入流通领域后，按客户的要求进行的加工活动，即在物品从生产者向消费者流动的过程中，为了促进销售，维持产品质量，实现物流的高效率所采取的使物品发生物理和化学变化的功能。流通加工主要包括以下几种：

（1）为弥补生产领域加工不足的深加工。有许多产品在生产领域的加工只能到一定程度，例如，钢铁厂的大规模生产只能按标准规定的规格生产，以使产品具有较强的通用性，生产具有较高的效率和效益；木材只能加工到圆木、板、方材这个程度，进一步的下料、切裁、处理等加工则由流通加工完成。这种流通加工实际是生产的延续，是生产加工的深化。

（2）为满足需求多样化进行的服务性加工。为了满足客户对产品多样化的需要，同时又保证高效率的社会化大生产，可将生产出来的标准产品进行多样化的改制加工。例如，对钢材卷板的舒展、剪切加工；平板玻璃按需要规格的开片加工；木材改制成枕木、方材、板材加工等。

（3）为保护产品所进行的加工。在物流过程中，直到用户投入使用前都存在对产品的保护问题，防止产品在运输、储存、装卸、搬运和包装等过程中遭受损失，保证使用价值能顺利实现，主要采取稳固、改装、冷冻、保鲜、涂油等方式。

（4）提高物流效率、方便物流的加工。有一些产品本身的形态使之难以进行物流操作，例如，鲜鱼的装卸、储存操作困难；过大设备的搬运、装卸困难；气体运输、装卸困难等。进行流通加工，可以使物流各环节易于操作，例如，鲜鱼冷冻、过大设备解体和气体液化等。

（5）为促进销售的流通加工。流通加工可以从若干方面起到促进销售的作用。例如，将过大包装或散装物（这是提高物理效率所要求的）分装成适合一次销售的小包装的分装加工；将原以保护产品为主的运输包装改换成以促进销售为主的装潢性包装，以起到吸引消费者、指导消费的作用；将零配件组装成用具、车辆以便直接销售；将蔬菜、肉类洗净切块以满足消费者要求等。

此外，流通加工还包括为提高原材料利用率的流通加工、衔接不同运输方式的流通加工和以追求更高利润为目的的流通加工。

2）流通加工的作用

流通加工在现代物流中的地位虽不能与运输、仓储等主要功能要素相比拟，但它能起到运输、仓储等主要要素无法起到的作用。流通加工是一种低投入、高产出的加工方式，往往通过这种简单的加工解决了大问题。实践证明，有的流通加工通过改变装潢便使商品档次跃升而充分实现其价值，有的流通加工可使产品利用率一下子提高了20%～50%。所以流通加工是物流企业的重要利润源，它是物流中的必不可少的一个环节，属于增值服务范围。流通加工的具体作用主要体现在以下几个方面：

（1）量材使用，提高原材料利用率。流通加工的一种形式就是下料加工，利用流通加工环节进行集中下料，是将从生产方运来的简单规格产品，按照用户的不同规格需求进行下料。例如，将钢板进行剪板、切裁；钢筋或圆钢裁制成毛坯；木材加工成各种长度及大小的木板等。这种流通加工可以做到优材优用、量材而用、合理套裁、减少浪费、集中下料，有很好的技术经济效果。

（2）初级加工，方便用户。用量小或临时需要的使用单位，缺乏进行高效率初级加工的能力，给某些产品的使用造成了极大的困难。依靠流通加工可使使用单位省去进行初级加工的投资、设备及人力，从而搞活供应，方便用户。目前发展较快的初级加工有：将水泥加工成生混凝土，将原木或板方材加工成门窗，冷拉钢筋及冲制异型零件，钢板预处理、整形、打孔等加工。

（3）提高加工效率及利用效率。建立集中加工点，可以采用效率高、技术先进、加工量大的专门机具和设备。这样做的好处是提高了加工质量，同时提高了设备利用效率和加工效率，降低了加工费用及原材料成本。例如，一般的使用部门在对钢板下料时，采用气割的方法流出较大的加工余量，不但出材率低，而且由于热加工容易改变钢的组织，加工质量也不好，集中加工则可设置高效率的剪切设备，在一定程度上弥补了上述缺点。

（4）充分发挥运输手段的最高效率。流通加工环节将实物的流通分成两个阶段。一般来说流通加工环节设置在消费地，因此，从生产厂到流通加工这第一阶段输送距离长，而从流通加工到消费环节的第二阶段距离短。这样可以在生产地和流通加工地的长途运输中利用大能量运输工具，如火车、轮船等进行少规格、大批量的运输，有利于提高装卸效率。而在直达用户的二次运输或配送时，由于是经过加工过的多规格、小批量产品，可采用机动灵活的小型车辆运输，实现运输工具的合理选用，提高物流效率。

（5）改变功能，提高效益。在流通过程中进行一些改变或增加产品某些功能的简单加工，其目的除上述几点外还有提高产品销售的经济效益。这种加工虽然简单，但可以改变产品的功能，扩大销售，提高销售的价格，增加物流效益。例如，对洋娃娃、玩具、时装、轻工纺织品、工艺美术品等进行简单的装潢加工，改变产品的外观功能，仅此一项就可使产品售价提高 20% 以上。

所以，在流通领域中，流通加工可以成为高附加值的活动。这种高附加值的形成，主要因满足用户的需要，提高服务功能而取得的，是贯彻物流战略思想的表现，是一种低投入、高产出的加工形式。

【小知识 3-6】

阿迪达斯公司在美国有一家超级市场，设立了组合式鞋店，摆放着的不是做好了的鞋，而是做鞋用的半成品。这些半成品花色多样，有 6 种鞋跟、8 种鞋底，均为塑料制造的，鞋面的颜色以黑、白为主，搭带的颜色有 80 余种，款式有百余种。客户进入商店可任意挑选自己所喜欢的各个部位，交给职员当场进行组合。只要 10 分钟，一双崭新的鞋便唾手可得。这家鞋店昼夜营业，职员技术熟练，鞋子的售价与成批制造的价格差不多，有的还稍便宜些，所以客户络绎不绝，销售金额是邻近鞋店的 10 倍。

3）流通加工的合理化

流通加工合理化是指避免各种不合理加工，实现流通加工的最优配置。为避免各种不合理现象，对是否设置流通加工环节，在什么地点设置，选择什么类型的加工，采用什么样的技术装备等，需要作出正确选择。实现流通加工合理化主要应考虑以下几个方面：

（1）加工和配送结合。这是将流通加工设置在配送点中，一方面按配送的需要进行加工；另一方面，加工又是配送业务流程中分货、拣货、配货的一环，加工后的产品直接投入配货作业，这就无需单独设置一个加工的中间环节，使流通加工有别于独立的生产，从而使流通加工与中转流通巧妙结合在一起。同时，由于配送之前有加工，可使配送服务水平大大提高。

（2）加工和配套结合。在对配套要求较高的流通中，配套的主体来自各个生产单位，但是，完全配套有时无法全部依靠现有的生产单位，进行适当的流通加工，可以有效地促成配套，大大提高流通桥梁与纽带的能力。

（3）加工和合理运输结合。利用流通加工，在支线运输转干线运输或干线运输转支线运输这本来就必须停顿的环节，按干线或支线运输合理的要求进行适当加工，从而大大提高运输及运输转载水平。

（4）加工和合理商流相结合。通过加工有效促进销售，使商流合理化，也是流通加工合理化的考虑方向之一。通过简单地改变包装加工，方便购买，通过组装加工解除用户使用前进行组装、调试的难处，都是有效促进商流的例子。

（5）加工和节约相结合。节约能源、节约设备、节约人力和减少耗费是流通加工合理化重要的考虑因素，也是目前我国设置流通加工，考虑其合理化的较普遍形式。

对于流通加工合理化的最终判断，要看其是否能实现社会和企业本身的两个效益，而且是否取得了最优效益。流通企业更应该树立社会效益第一的观念，以实现产品生产的最终利益为原则。只有在生产流通过程中以补充、完善为己任的前提下，企业才有生存的价值。如果只是追求企业的微观效益，不适当地进行加工，甚至与生产企业争利，这就是有悖于流通加工的初衷，或者其本身已不属于流通加工范畴。

3.4 物流节点与物流中心

3.4.1 物流节点

1）物流节点的功能

（1）衔接功能。物流节点将各个物流线路联结成一个系统，使各个线路通过节点变得更为贯通而不是互不相干，这种作用称为衔接作用。物流节点的衔接作用可以通过多种方法实现，主要有：通过转换运输方式衔接不同运输手段；通过加工，衔接干线物流及配送物流；通过储存衔接不同时间的供应物流和需求物流；通过集装箱、托盘等集装处理衔接整个“门到门”运输，使其成为一体。

（2）信息功能。物流节点是整个物流系统或与节点相接的物流线路信息传递、收集、处理、发送的集中地。这种信息作用在现代物流系统中起着非常重要的作用，也是复杂物流单元能联结成有机整体的重要保证。

（3）管理功能。物流系统的管理设施和指挥机构往往集中设置于物流节点，实际上，物流节点大都是集管理、指挥、调度、信息传输、衔接及货物处理于一体的物流综合设施。整个物流系统运转的有序化和正常化，整个物流系统的效率水平取决于物流节点的管理职能实现的情况。

2）物流节点的作用

物流节点对优化整个物流网络起着重要作用。从发展来看，它不仅执行一般的物流职能，而且越来越多地执行指挥调度、信息传输等神经中枢的职能，是整个物流网络的灵魂所在，因而更加受到人们的重视，所以，在有的场合也称之为物流据点，对于特别执行中枢功能的又称之为物流中枢或物流枢纽。

3.4.2　物流中心

物流中心是指组织、衔接、调节和管理物流活动的据点，分为物流据点、流通中心、配送中心、集配中心等。物流中心的概念有广义和狭义的区分，广义的物流中心包括：港湾、货运站、运输仓库、公共流通商品集散中心，企业自身拥有的物流设施等等。而狭义的物流中心则排除了铁路货运站、港湾设施、机场设施和道路等物流基础设施部分，专指为有效地保证商品流通而建立的物流综合管理、控制、调配的机构。显然，狭义物流中心的概念侧重的是物流的管理和效能的行为。

物流中心的种类很多，按其主要功能上的差异，可分为：集货中心、分货中心、配货中心、转运中心、储调中心和加工中心等。

1）物流中心的布局形式

（1）辐射型。这种类型的物流中心位于许多用户的一个居中位置，货物从中心向各方向用户运送，形成辐射状。物流中心所处的位置应根据用户的需求量（用户相对稳定）与物流中心的距离来决定。只有在用户相对集中的经济区域，并且各用户对货物只起吸收作用时，或者是主干输送线路上的转运站，当货物到达物流中心后，采取终端输送或配送形式将货物分送到各用户时，辐射型才具有优势。

（2）吸收型。吸收型与辐射型相对应。吸收型的物流中心位于许多货主的某一居中位置，货物从各个货主向该中心运送，形成中心对各货主的吸收。因此，这种物流中心大多属于集货中心。

（3）聚集型。它类似于吸收型，但处于中心位置的不是物流中心，而是一个生产企业密集的经济区域，四周分散的是物流中心。

（4）扇形型。货物从物流中心向一个方向运送，属于单向辐射，形状像扇子一样，称之为扇形型。这种布局类型形成的特点是货物有一定的流向，物流中心可能位于干线中途或终端，物流中心的辐射方向与货物在干线上的运动方向一致，这样就可避免逆向运输。

2）物流中心规划

物流中心是一个系统工程，应从物流系统规划、信息系统规划、运营系统规划等三个方面进行规划。物流系统规划包括设施布置设计、物流设备规划设计和作业规划设计；信息系统规划也就是对物流中心信息管理与决策支持系统的规划；运营系统规划包括组织机构、人员配备、作业标准和规范的设计。通过系统规划，实现物流中心的高效化、信息化、标准化和制度化。物流中心的规划建设可分为以下 5 个主要阶段：

（1）筹建准备阶段。筹建准备阶段首先应该明确建设物流中心的任务、目标以及有关的背景条件。当然，一个物流中心的成立可能有多方面目标，但需分清主次以便设计时更好地体现既定方针。在对物流中心建设的必要性和可行性有了初步结论后，就应该建立筹建小组（或委员会）进行具体规划，为了避免片面性，筹建小组应该吸收多方面成员参加，包括本公司、物流设备制造厂、土建部门的人员，以及具有一定经验的物流专家和顾问。

筹建小组应根据企业经营决策的基本方针，进一步确认物流中心建设的必要性。例如物流中心的设置地点，物流中心的规模以及物流中心的服务水平基本标准，配送系统的背景条件等。

（2）系统规划阶段。

①基本流程设计。

将物流中心的作业流程如进货、保管、流通加工、拣取、分货、配货等作业按顺序做成流程图，而且初步设定各作业环节的相关作业方法。如进货环节是用铁路专用线或卡车进货，还是用人力或机械进货，机械进货又要考虑用传送带还是叉车，再根据卸货点到仓库的距离，确定搬运作业方法，在库内与保管设施相适应的作业方法等。

②物流中心的要素和能力设计。

根据物流中心各作业环节的功能要求，选定各作业环节的设备类型，并根据设定条件，初步确定各设备应具备的能力。

③运营系统设计。

运营系统设计包括：作业程序与标准；管理方法和各项规章制度；对各种票据处理及各种作业指示图；设备的维修制度与系统异常事故的对策设计以及其他有关物流中心的业务规划与设计等。

④平面布置。

确定各业务要素所需要的占地面积及其相互关系，考虑到物流量、搬运手段、货物状态等因素，做成位置相关图。在平面设计中还要考虑到将来可能发生的变化，要留有余地。

⑤建筑规划。

在位置相关图的基础上进行建筑规划。既要确定建筑物的类型，采用平面或多层建筑，还应对车辆的行驶路线、停车场地等因素进行规划。最后结合有关法规限制与周围环境决定建筑物的最终形态与配置等。

⑥制订进度计划。

对项目的基本流程设计、详细设计、土建、机器的订货与安装、系统试运转、人员培训等都要制定初步的进度计划。

⑦建设成本的概算。

以基本设计为基础，对于设计研制费、建设费、试运转费、正式运转后所需作业人员的劳务费等做出费用概算。

(3) 方案评估阶段。在基本设计阶段往往产生几个可行的系统方案，应该根据各方案的特点，采用各种系统评价方法或计算机仿真的方法，对各方案进行比较和评估，从中选择一个最优的方案进行详细设计。

(4) 详细设计阶段。对所使用的设备类型、能力等做出规定以及决定作业场所，详细配置办公及信息系统的设施规格与数量，制定设计施工计划等。包括：

①设备制造厂的选定。

设备制造厂的选定一般通过投标竞争的方式选择。选定制造厂后，应和制造厂一起对基本设计的指导思想进行认定，取得共识，并考虑和采纳厂方的新方案和意见，制定下一步的计划。

②详细设计。

在详细设计阶段要编制具体的实施条目和有关设备形式的详细计划。如装卸、搬运、保管所用的机械和辅助机械的型号和规格；运输车辆的类型、规格；装卸搬运用的容器形状和尺寸；物流中心详细的平面布置与机械设备的配置方案；办公与信息系统的有关设施规格、数量等。

（5）系统实施阶段。为了保证系统的统一性和系统目标与功能的完整性，应对参与设计施工各方所设计的内容从性能、操作、安全性、可靠性、可维护性等方面进行评价和审查，在确定承包工厂前应深入现场，对该厂生产环境，质量管理体制以致外协件管理体制等进行考察。如发现问题应提出改善要求。在设备制造期间也需进行现场了解，对质量和交货日期等进行检查。

3.4.3　物流中心的选址

选择物流中心地址，是物流网络规划的重要组成部分，物流中心地址的选择应从以下几个方面进行分析和考虑。

1）经济环境因素

（1）货流量的大小。物流中心设立的根本目的是降低社会物流成本，如果没有足够的货流量，物流中心的规模效益便不能发挥。所以物流中心的建设一定要以足够的货流量为条件。

（2）货物的流向。货物的流向决定着物流中心的工作内容和设施配备。对于供应物流来说，物流中心主要为生产企业提供原材料、零部件，应当选择靠近生产企业的地点，便于降低生产企业的库存，随时为生产企业提供服务。同时还可以为生产企业提供暂存或发运工作。对于销向物流来说，物流中心的主要职能是将产品集结、分拣，配送到门店或用户手上，故应选择靠近客户的地方。

（3）城市的扩张与发展。城市物流中心的选择，既要考虑城市扩张的速度和方向，又要考虑节省短驳费用和减少装卸次数。中储的许多仓库20世纪70年代以前处于城乡结合部，对城市交通产生压力较小，但随着城市的发展，这些仓库大多处于闹市区，大型货车的进出受到管制，专用线的使用也受到限制，不得不选择外迁。大凡道路通达之后，立即就有住宅和工商企业兴起，城市实际上是沿着道路在发展和迁徙。物流中心也不是固守一地的。

（4）交通条件。对于综合型物流中心，一定要选择在两种以上运输方式的交汇点。对于港口物流中心，还要选择内河运输与海运的交汇点。对于城市物流中心，要选择干线公路或高速公路与城市交通网络的交汇点，还要拥有铁路专用线或靠近铁路货运编组站。

2）自然环境因素

（1）地理因素。物流中心的大小应该与市镇的规模相适应。地形对仓库基建投资的影响也很大。仓库设置在地形高的地段，容易保持物资干燥，减少物资保管费用。临近河海地区必须注意当地水位，不得有地下水上溢。另外，由于物流中心作业比较繁忙，容易产生许多噪音，所以应远离闹市或居民区。应考虑物流中心周边不应产生腐蚀性粉尘和辐射热的工厂，至少应处于这些企业的上风方向。还应与易发生火灾的单位保持一定的安全距离，如油库、加油站、化工厂等。

（2）气候因素。物流中心规划应详细了解当地的气候条件，例如温度、降雨量、风向、风力、地震、山洪、泥石流等。

3）政策环境因素

政策环境条件也是选择物流中心地址的重点之一，如果有政府政策的支持，则更有助于物流业者的发展。政策环境条件包括企业优惠措施（土地提供、减税）、城市规划（土地开发、道路建设计划）、地区产业政策等。目前，许多城市建立了现代物流园区，其中除了提供物流用地外，也有关于税赋方面的减免，有助于降低物流企业的运营成本。

3.5 仓库与配送中心业务管理

3.5.1 仓库管理

1）仓库的概念和功能

仓库是保管、储存物品的建筑物和场所的总称，一般是指以库房、货运及其他设施或装置为劳动手段的，对商品、货物、物资进行收进、整理、存储、保管和分发等工作的场所。一般来说，仓库具有以下功能：

（1）储存和保管的功能。这是仓库的最基本功能，是指仓库应具有必要的空间用于容纳物品，以及使物品在储存过程中不丢失、不变质、不损坏。

（2）调节供需的功能。从生产和消费两方面看，其连续性的规律因不同产品而不同，因此，生产节奏和消费节奏不太可能完全一致，这就需要仓库的储存作为平衡环节加以调控。

（3）调节货物运输能力的功能。各种运输工具的运量相差很大，船舶运量大，海运一般在万吨以上，汽车运量最小。在码头和车站进行不同运输方式转运时，这种运力不匹配问题必须通过仓库进行调节和衔接。

（4）配送和流通加工的功能。现代仓库不仅具备储存保管货物的设施，而且增加了分拣、配送、捆包、流通加工、信息处理等设施，这样，现代仓库具有配送和流通加工的功能。

2）仓库的分类

仓库是物流系统的基础设施，按其营运形态、保管形态、建筑形态和功能等可划分为不同的类型。

（1）根据营运形态分为自用仓库、营业仓库和公用仓库。

自用仓库是各生产或流通企业，为了本企业物流业务的需要而修建的附属仓库。这类仓库只储存本企业的原材料、燃料、产品或商品，一般工厂、企业、商店的仓库以及部队的后勤仓库，多属于这一类。

营业仓库是专门为了经营储运业务而修建的仓库，它面向社会服务或者以一个部门的物流业务为主，并且兼营其他部门的物流业务，例如商业、物资、外贸等系统的储运公司的仓库等。营业仓库由仓库所有人独立经营或者由分工的仓库管理部门独立核算经营。

公用仓库属于公共服务的配套设施，为社会物流服务的公共仓库，例如铁路车站的货场仓库、港口的码头仓库、公路货场的货栈仓库等。

（2）根据保管形态分为普通仓库、保温仓库、特种仓库和水上仓库。

普通仓库是常温下的一般仓库，用于存放一般性物资，对于仓库没有特殊的要求，只要求具有一般通用的库房和堆场，用于存放普通货物，例如一般的金属材料仓库、机电产品仓库等。

保温仓库是用于储存对湿度、温度有特殊要求货物（如粮食、水果、肉类等）的仓库，包括恒温、恒湿和冷藏库等。这类仓库在建筑上要有隔热、防寒和密封等功能，并配备专门的设备，例如空调、制冷机等。

特种仓库是用来储存危险品的仓库，例如石油库、化学危险品库等，以及专门用于储藏粮食的粮仓等。特种仓库的储藏物单一，保管方法一致，但需要特殊的保管条件。

水上仓库是漂浮在水面的储藏货物的趸船、囤船、浮驳或者其他水上建筑，或者在划定水面保管木材的特定水域，沉浸在水下保管物资的水域。

(3) 根据功能分为储存仓库、流通仓库、配送中心及保税仓库（保税货场）。

储存仓库主要对货物进行保管，以解决生产和消费的不均衡，例如季节生产的大米存储到第二年卖。常年生产的化肥，要想在春、秋季节集中供应也只有通过仓储来解决。

流通仓库除具有保管功能外，还能进行流通加工、简单加工、包装、理货以及配送功能，具有周转快、高附加值、时间性弱的特点，从而减少在联结生产和消费的流通过程中商品因停滞而花费的费用。

配送中心是作为向市场或直接向消费者配送商品的仓库。作为配送中心的仓库往往具有存货种类众多、存货量较少的现象，通常要进行商品包装拆除、配货组合等作业，一般还开展配送业务。

保税仓库（保税货场）是经海关批准，在海关的监督下，专供存放未办理关税手续而入境或过境货物的场所。也就是说，保税仓库是获得海关许可的，能长期储存外国货物的本国国土上的仓库；同样，保税货场是获得海关许可的，能装卸或搬运外国货物并暂时存放的场所。

3）仓库业务管理

仓库业务管理包括商品从入库到出库之间的装卸、搬运、仓库内部布局、储存养护和流通加工等一切与商品实务操作、设备、人力资源相关的业务。

(1) 货物入库管理。

入库的整个过程包括货物接运、验收和办理入库手续。入库管理的任务是：要确保及时准确地从交通运输部门提取入库货物；保证货物按规定的程序和手续进行数量和质量的检验；将货物移动到合适位置，最后更新仓库的储存记录，使之反映货物的接收及其在仓库中的位置。

(2) 货物储存和保管。

货物在储存状态中的业务内容包括货位调整、搬运、库存数量清点、库存跟踪和货物维护等功能。影响货物储存和保管的因素很多，主要有货物自身的理化性质、储存的自然环境和储存期长短。货物自身具有的理化性质是货物发生质变和数量损耗的根本原因，它在很大程度上决定了货物的保管条件和方法；同时货物的理化性质还是决定仓库平面布局、库内设置、保管环境和码垛方式的重要因素。

(3) 拣货与货物出库。

出库是指根据业务部门开出的商品出库凭证，经过货物出库前的准备、凭证核对、备料、复核、点交、清理到发运为止的整个作业过程。

【小知识 3-7】

货物合理化保管原则：①面向通道保管原则；②高层堆码原则；③先进先出原则；④回转对应保管原则；⑤同一性原则；⑥类似性原则；⑦重量性原则；⑧形状特性原则；⑨位置标志原则；⑩网络化管理原则。

3.5.2 配送及配送中心概述

1）配送的概念

配送是一种特殊的物流活动，它是企业物流管理中重要的增值方面。配送管理是按用户要求，编制最佳的配送作业计划，运用合理的拣货策略，选择最优化的配送线路，以合理的方式送交客户，实现商品最终配置的经济活动。

关于配送的概念并没有统一的说法，有的从功能上给出定义，有的则包括作业过程，有的甚至还对作业范围和作业地点进行了规定。本书引用国家《物流术语》中对配送的定义："在经济合理区域范围内，根据客户的要求，对物资进行拣选、加工、分割、组配、包装等作业，并按时送达指定地点的物流活动。"从配送的定义可以看出，配送是一种完善的、高级的输送活动。它不是简单地将消费者订购的商品送到各个消费者手中，而是按照各个消费者的要求，在备货和配货的基础上，以确定的组织和明确的供货渠道，并在相关的制度约束下，定时、定点、定量地进行送货的。因此备货、送货是现代化物流配送的基本特点。

【小思考 3-3】

配送与运输有如何区别？

答：日本1991年出版的《物流手册》的表述：生产厂到配送中心之间物品空间移动叫"运输"，从配送中心到顾客之间的物品空间移动叫"配送"。

2）配送的特点

（1）"配"与"送"有机结合。配送的目的是送，配是为送服务的，是按送的要求配。这是配送与一般送货的区别，一般送货只是将客户自行取货改为主动送货上门，功能上没本质区别，而配送不仅要实现送货服务，更强调在送货时满足客户多方面的要求，做到与客户的生产和销售"无缝链接"，把配送变成客户内部生产经营的一部分。

（2）以客户需求为出发点。根据客户的要求进行配货和送货，客户的要求包括配送品种、数量、送达时间、地点、安全要求、经济性、方便等多个方面。即使是组织内部配送，也应把需要配送的部门当做客户，根据他们的要求配送。

（3）在经济合理的范围内进行。经济合理就是既要满足客户的需要，又要考虑配送活动的经济效益。一般来说，配送的物资批量小，批次多，如果进行远距离运输，则相对费用就高，而且造成运力浪费，因而配送不宜在大范围内进行。

3）配送的种类

（1）按配送机构的不同分类。

①配送中心配送。

配送中心配送是指能通过配送中心这一专门的配送组织机构来完成配送业务，配送中心是专门从事商品配送的流通机构，通常具有较大规模的储存、分拣及配送系统和设施，而且需要建立较大的商品储备，风险和投资都比较大，其设施和工艺流程是根据配送活动的特点和要求专门设计和建设的。因此，其专业化、现代化程度高。

②仓库配送。

在物流服务社会化程度较低，配送业务发展的初期，大多数配送活动是以传统仓库为依托的，并在此基础上形成了仓库配送。

③生产企业配送。

生产企业配送通常是以生产企业成品库为依托来开展配送活动，其客户对产品需求量较大，对品种、规格和质量的要求相对稳定。

（2）按配送商品种类及数量不同分类。

① 少品种、大批量配送。

少品种、大批量的配送方式是由于配送的商品品种少，所以配送机构内部的组织、策划等管理工作较为简单，而且配送数量大，易于配载和提高车辆使用效率。多数可以采取直接方式，因此配送成本较低。这种方式常见于为生产企业配送和批发商配送。

② 多品种、小批量配送（配套（成套）型配送）。

配套（成套）型配送是按顾客的要求，将其所需要的多种商品（配套产品）配备齐全后直接运送到生产企业、建设工地或其他顾客。例如，对生产制造企业生产的某一台产品或某一个部件，将其所需要的全部零件配齐，再按照生产计划的要求在一定时间送达指定地点，以使生产企业即时装配。这种配送方式强化了物流的服务功能，有利于生产企业实行“准时制”生产。

（3）按配送时间及数量分类

① 定时配送。

定时配送就是按事先约定的时间间隔进行配送，每次配送的品种及数量可预先计划，也可以临时根据客户的需求进行调整。这种方式由于时间固定，双方均易于安排作业计划。但也可能由于配送品种和数量的临时性变化，增加管理和作业的难度。

② 定量配送。

定量配送就是按规定的批量在一个指定的时间范围内进行配送。定量配送由于配送品种和数量相对固定，备货工作相对简单，而且时间没有严格限制，所以，可以将同一客户所需的商品拼凑整车，并且对配送线路进行合理优化，节约运力，降低配送成本。

③ 定时定量配送。

定时定量配送是按规定的时间、规定的商品品种和数量进行的配送。这种方式兼有定时配送和定量配送两种方式的特点，对配送企业的服务要求比较严格，管理和作业的难度较大。由于其配送计划性强，准确度较高，所以，相对来说比较适合于生产和销售稳定、产品批量较大的生产制造企业或大型连锁商场的部分商品的配送。

④ 即时配送。

即时配送是根据客户提出的时间要求和商品品种、数量要求及时地将商品送达指定的地点。即时配送可以满足用户的临时性急需，对配送速度、时间要求相当高。因此，通常只有配送设施完备，具有较高管理和服务水平及作业组织能力和应变能力的专业化配送机构才能开展即时配送业务。完善而稳定的即时配送服务可以使客户保持较低的库存水平，真正实现“准时制”生产和经营。

⑤ 定时定路线配送。

定时定线路配送是通过对客户分布状况的分析，设计出合理的配送运输路线，根据运输路线安排到达站点的时刻表，按照时刻表沿着规定的运行路线进行配送。这种配送方式一般由客户事先提出商品需求计划，然后按规定的时间，在确定的站点接收商品，易于有计划地安排运送和接货工作，比较适用于消费者集中的地区。

⑥共同配送。

共同配送是为了实现物流活动的效率化，由两个或两个以上的企业相互协作共同开展配送活动的一种形式。通过开展共同配送活动，可以解决诸如车辆装载效率低下，资金短缺无法建设配送中心及配送中心设施利用率低等问题。

4）配送中心的概念

（1）《物流术语》的定义：

“配送中心是从事配送业务的物流场所或组织，应符合下列要求：①主要为特定的用户服务；②配送功能健全；③完善的信息网络；④辐射范围小；⑤多品种、小批量；⑥以配送为主，储存为辅。”

（2）《物流手册》的定义：

“配送中心是从供应者手中接受多种大量的货物，进行倒装、分类、保管、流通加工和情报处理等作业，然后按照众多需要者的订货要求备齐货物，以令人满意的服务水平进行配送的设施。”

（3）《现代物流学》的定义：

“配送中心是从事货物配备（集货、加工、分货、拣选、配货）和组织对用户的送货，以高水平实现销售或供应的现代流通设施。”

【小知识 3-8】

日本《市场用语词典》解释：“配送中心是一种物流节点，它不以贮藏仓库这种单一形式出现，而是发挥配送职能的流通仓库，也称基地、据点或流通中心。配送中心的目的是降低运输成本，减少销售机会的损失，为此建立设施、设备并开展经营、管理活动。”

5）配送中心的分类

（1）专业配送中心。

这种配送中心有两种：一是配送对象、配送技术属于某一专业范畴，综合该专业的多种物资进行配送，例如多数制造业的销售配送中心。我国在无锡、石家庄、上海等地建的配送中心大多采用这一形式。二是以配送为专业化职能，基本不从事经营的服务型配送中心。

（2）柔性配送中心。

这种类型的配送中心不是向固定化、专业化方向发展，而是向能随时变化、对客户要求有较强适应性、不固定供需关系、不断发展配送客户的方向发展。

（3）供应配送中心。

供应配送中心即专门为某个或某些客户（例如联营商店、联合公司）组织供应的配送中心。比如，为大型连锁超市组织供应的配送中心，代替零件加工厂送货的零件配送中心。我国上海地区六家造船厂的钢板配送中心属于供应配送中心。

（4）销售配送中心。

销售配送中心即以销售经营为目的，以配送为手段的配送中心。主要有三种类型：①生产企业将产品直接销售给消费者的配送中心。在国外，这种类型的配送中心很多。

②流通企业建立的配送中心。作为本身经营的一种方式，流通企业建立配送中心以扩大销售。我国目前拟建的配送中心大多属于这种类型。③流通企业和生产企业联合的协作型配送中心。比较起来看，国外和我国配送中心的发展趋势，都是向协作型配送中心的方向发展。

（5）城市配送中心。

城市配送中心即以城市作为配送区域的配送中心。这种配送中心可直接配送到最终客户。且采用汽车进行配送。所以，这种配送中心往往和零售经营相结合，由于运距短，反应能力强，因而从事多品种、小批量、多客户的配送较有优势。日本的“仙台批发商共同配送中心”属于这种类型。我国已建的“北京食品配送中心”也属于这种类型。

（6）区域配送中心。

区域配送中心即拥有比较强的辐射和库存能力，向省（州）际、全国乃至国际范围的客户配送货物的配送中心。这种配送中心规模较大，往往是既配送给下一级的城市配送中心，也配送给营业所、商店、批发商和企业客户。虽然也从事零星的配送，但不是其主体形式，这种配送中心更像大型的物流中心。这种类型的配送中心在国外十分普遍，如日本的“阪神配送中心”，美国的“沃尔玛公司配送中心”、“蒙克斯帕配送中心”等就属于这种类型。

（7）储存型配送中心。

储存型配送中心即有很强储存能力的配送中心。平常利用巨大的仓库进行大量货物的储存，在客户需要的时候进行配送。我国目前拟建的配送中心，都采用集中库存形式，库存量较大，多为储存型。瑞士 Ciba-Geigy 公司的配送中心拥有世界上规模居于前列的储存库，可储存 4 万个托盘；美国赫马克配送中心拥有一个有 163 000 个货位的储存区，存储量非常大。

（8）流通型配送中心。

流通型配送中心即基本上没有长期储存功能，仅以暂存或随进随出方式进行配货、送货的配送中心。这种配送中心的典型方式是：大量货物整体购进并按一定批量送出，采用大型分货机，进货时直接进入分货机传送带，分送到各客户货位或直接分送到配送用的汽车上，货物在配送中心里仅作少许停滞。

（9）加工配送中心。

加工配送中心即具有加工功能的配送中心。如我国上海六家船厂联建的船板处理配送中心等。

6）配送中心的主要作业活动

（1）拣选。

拣选是配送中心作业活动中的核心内容。所谓拣选就是按订单或出库单的要求，从储存场所选出物品，并放置在指定地点的作业。由于配送中心所处理的商品种类繁多，而且要面对众多的服务客户，因此，要在短时间内，高效率、准确地完成上百种甚至更多种商品的拣选，就变成一项复杂的工作。拣选工作又是难以采用机械完成的工作，主要依靠人工作业。为了达到高效、准确的要求，必须有一套科学的拣选方法，同时，要在信息系统的支援下，提高拣选作业效率和拣选的正确性。

（2）分拣。

配送中心的最终任务是按照客户订单要求及时将商品送达到客户手中。配送中心面对众多客户提供配送服务，因此，集中拣选出来的商品要按店铺、配送车辆、路线等分别分组码放在指定的场所。

分拣作业还存在于货物上架之前，例如将入库的货物按照入出库的先后顺序进行分别码放，按照不同的客户分别码放，为提高下道作业效率进行合理分组码放等。

(3) 流通加工。

配送中心流通加工的内容与服务对象有关，例如，为消费品零售商提供服务的配送中心从事的主要流通加工活动有贴标签、包装、组装、服装检针和整烫、蔬菜加工、半成品加工等；为生产企业从事配送服务的配送中心的流通加工活动有卷板剪裁、木材加工等。

(4) 保管。

配送中心保管的商品一部分是为了从事正常的配送活动保有的存货，库存量比较少；另一部分是集中批量采购形成的库存，具有储存的性质；也有供应商存放在配送中心准备随时满足顾客订货需要的存货。

(5) 配送。

配送是配送中心的核心功能，也是配送中心最终要完成的工作。

(6) 订单处理。

订单处理是指接收订货信息、核对库存、制作各种票据，按照订货要求做好相应的作业准备工作。

(7) 信息。

配送中心作为连接供应者和需求者的中介者，要同双方保持信息上的沟通。随着配送时效性的增强，信息的传递、处理速度必须加快，为此，配送中心必须构建高效率的信息处理和传递系统。此外，配送中心内部的作业活动的效率化同样也离不开信息的支持。

3.5.3 配送中心业务管理

配送中心业务管理的两个主要目标：一是降低企业的物流总成本；二是缩短补货时间，提供更好的服务。

1) 配货管理

配货是将配送中心存入的多种类产品，按多个用户的多种订货要求取出，并分放在指定货位，完成给各用户配送之前的货物准备工作。配货是一件很复杂的、工作量很大的活动，尤其在用户多，所需品种规格多、需求批量小、需求频度又很高时，这就要求必须在很短时间内快速、准确地以最低的成本完成配货工作。因此，如何高效率完成配货，在某种程度上决定着配送中心的服务质量和经济效益。

2) 送货管理

送货的实施虽然在配送中心之外的线路上进行，但是，送货的决策、计划、组织、管理、指挥是在配送中心中完成的。送货管理的主要工作包括：制定送货计划；配送路线规划；车辆配装；车辆管理。送货管理的重点是正确选择运输工具和合理选择运输路线。

3) 库存控制管理

配送中心是配送系统集中库存所在地，在保证配送服务的前提下，控制库存数量和保证库存物质量是库存控制的两项主要工作。

4）客户管理

配送中心执行对用户的配送计划，为保证服务水平，需要有诸如用户信息、用户反馈、用户联络等用户管理工作。

本章小结

运输一般分为输送和配送。运输是物流的主要功能要素之一。运输业务的管理是企业对物品运输过程的管理，包括对物品的发送、接运、中转和安全运输的管理，以达到提高效率、降低成本的目的。

采购是指通过商品交换和物流手段从资源市场取得资源的过程。采购方式包括招标采购、集中采购、分散采购等。常用的库存控制方法是 ABC 分类管理方法。

包装的种类多样；装卸搬运的基本目标是提高装卸搬运作业的效率和经济效益；流通加工是为了提高物流速度和物品的利用率，在物品进入流通领域后，按客户的要求进行的加工活动。

物流节点的功能包括衔接功能、信息功能和管理功能。物流中心是指组织、衔接、调节和管理物流活动的据点，分为物流据点、流通中心、配送中心、集配中心等。选择物流中心地址，是物流网络规划的重要组成部分。

仓库是物流系统的基础设施。配送是按用户订货的要求，在配送中心或物流节点进行货物配备，并以最合理的方式送交用户的经济活动。配送中心业务管理的两个主要目标：一是降低企业的物流总成本；二是缩短补货时间，提供更好的服务。

核心概念

流通加工　物流中心　物流节点　配送　配送中心

基本训练

1. 填空题

(1) 有五种基本的运输方式，它们分别是(　　)、(　　)、(　　)、(　　)和(　　)。

(2) 配送按照配送时间及数量分类，分为(　　)、(　　)、(　　)、(　　)、(　　)和(　　)。

2. 选择题

(1) 以下(　　)不是水路运输的特点。

A. 能够运输量极大的货物，运费低，节能

B. 适合长距离运输

C. 易受天气的影响，运行时间不能保证

D. 运输速度快

(2) 以下对航空运输方式描述错误的是(　　)。

A. 运输速度快

B. 运输的高成本

C. 溢价运输服务公司采用航空运输方式较多

D. 可以进行大批量运输

3. 简答题

(1) 目前我国存在的不合理运输形式主要有哪些？

(2) 实现流通加工合理化主要考虑哪些因素？

(3) 配送的功能和作用。

(4) 配送中心的作业流程。

观念应用

● 案例分析

全日食株式会社目前在日本拥有2 000家自愿加盟的连锁店，其中绝大部分是中、小型的超市。全日食株式会社在日本共有13个配送中心，每天出货量约1万箱。其中一个配送中心位于日本东京，负责东京5个县的570个加盟店的配送商品工作。

东京的配送中心，推行零库存政策，要求信息精确管理，以达到进货、出货的精确性。该配送中心对单店一个星期配送3次，有35部配送卡车，员工70位，其中一半是临时工。该配送中心在每天早晨9：30分以前就把所有的货物送到各家加盟店了，所以在9：30之后进入该配送中心，就会发现那是一个整洁、空荡的大仓库。

为了节省时间，该配送中心，在进货的同时就开始验货。而且切实运用信息管理，充分利用POS机上收集的资料，算出最适合的进货数量、项目等。18年前引入全日食连锁店体系的信息管理系统，对该连锁体系贡献巨大。例如，几年前，一次电脑出故障，停了一天，结果动用了236个人来应付此状况，由此可见，信息系统所节省的人力成本是多么可观。

总之，全日食连锁体系在加盟体系的竞争力充实之后，就开始整合，成立配送中心，加盟店每天需要的商品，都是用电子订货系统EOS向总部订货，由配送中心统一配送，目前他们的配送中心能够达到“零库存”管理，即所谓的通过型的配送中心，切实提高了物流的效率。

因为在零售和物流方面的成功，全日食株式会社能突破既有限制，使销售上的毛利提高到20%至26%。

在全日食的经营体系中，其相当重要且成功之处就是运用POS资料来妥善指导各加盟店，并且建立生鲜、干货分别处理的配送中心。由于其总部指导者拥有对销售分析的第一手信息，就能够用调查数据去指导各加盟店，并且在物流上，做到生鲜品的低温保鲜配送，以及零库存的生鲜配送。

资料来源　彭扬．现代物流学案例与习题［M］．北京：中国物资出版社，2010.

问题：

信息对配送运作有何重要性？全日食配送中心是如何利用信息系统进行工作的？

● 单元实训

1. 实训项目：配送路线与车辆的合理化调度。

2. 实训目的：通过实地观测感知“配送路线安排与车辆调度”对企业的重要性。

3. 实训要求：到物流企业实践，收集车辆调度方面的相关资料，了解并分析企业实际做法。

4. 实训环节：(1) 实训场所选择，本市具有一定规模的物流公司。(2) 实训准备工作，复习本章有关内容，提出问题，设计好参观目标和调查内容。(3) 实训步骤如下：①参观了解该公司规模及主要业务流程。②收集该公司车辆调度的相关资料。③分析该公司车辆调度安排的成功原因。④分析该公司车辆调度安排上的不足，给出合理化建议。

5. 实训结果：完成实践报告。

第4章　电子商务与物流的关系

学习目标

通过本章学习，应该达到以下目标：

知识目标：理解电子商务与物流的关系，掌握电子商务环境下物流业的发展趋势。

技能目标：明确电子商务对物流活动的影响、物流对电子商务的影响；掌握电子商务形式下物流的特点。

能力目标：提高对电子商务环境下物流业发展趋势的认识，基本具备制定相关策略的能力。

引　例

国家邮政局监测显示，天猫商城、京东、苏宁易购等主要电商在2013年11月11日全天共产生订单快递物流量约1.8亿件，全天各快递企业共处理6 000多万件快件，是上年“双十一”最高峰3 500万件的1.7倍。

当这批上亿件的快件短时间内涌入快递系统时，快递企业所承受的巨大压力可想而知。位于广州市越秀区先烈南路的申通速递某站点，快件堆积了一半的场地，并且还在增加。站点吴姓负责人介绍，在经历上一次“双十一”的震撼场面后，该站点随即搬迁到现在的地址，面积也从100平方米扩容到600平方米。12日晚间正是“双十一”收件的最高峰，面对估计2万件左右的快件量，该站点提前调集了10辆卡车，以备站点到分拨中心之间的快件运输。

从2009年第一次的“双十一”促销到现在，快递业已经历了一次次跨越式的发展。从硬件设施配备上来看，各家快递企业大规模升级扩容在所难免。韵达速递在广东省的分拨中心从面积不到5万平方米发展到23万平方米；百世汇通开通佛山分拨中心、改建广州分拨中心、投入番禺分拨仓等，仅广东一地面积扩张就超过了1倍；圆通速递近年来不断添置全货机，目前已经拥有4架，计划未来10年内将发展成为拥有20架全货机的机队……

在人力和车辆配置上，各家快递企业亦是有翻几番的大手笔，并通过市场合作方式，在高峰时期调配充足的临时员工和运力。国家邮政局统计显示，2013年“双十一”前，各快递企业投资新建、改造分拨中心300余个，新增干线班车2 500台，新增航空日均运力800吨。

近几年以年均50% ~60%增长速度发展的电商，以“双十一”这样的极端方式迅速催熟快递行业。快递企业正尝试并推广与电商实现直接系统对接，以适应快件的短周期、高频度发送需求。

繁荣背后，亦有业内人士提出隐忧：“双十一”为快递行业带来盛宴的同时，也造就了其虚胖的体质。当电商增长速度放缓，红利消失之后，依靠密集劳动力野蛮生长的快递行业能否适应，将是继“双十一”之后的下一波考验。

资料来源　付航.1.8亿件包裹：“双十一”催快递业四年蝶变［EB/OL］.［2013-11-13］. http://news.xinhuanet.com/fortune/2013-11/13/c_118127695.htm.

电子商务与物流有着非常密切的关系，它是通过 Internet 进行商务活动的新模式，集商流、信息流、资金流、物流于一身。物流是电子商务发展的支点和基础，是电子商务的重要组成部分。反过来，电子商务将物流业提升到前所未有的高度，并促进物流技术的发展。大力发展现代物流，企业可以进一步降低交易成本，使得货物运输配送更快捷、高效，从而实现经济效益与社会效益的双丰收。

物流虽然包含在电子商务之中，但是人们对电子商务过程的认识却往往只局限于信息流、资金流的电子化、网络化，而忽略了物流的电子化过程。在电子商务中，物流系统的运作效率高低已成为电子商务成功与否的关键因素。本章着重阐述电子商务与物流的关系、电子商务环境下物流业的发展趋势和策略等内容。

4.1 电子商务与物流的关系

4.1.1 电子商务对物流活动的影响

由于电子商务与物流的关系密切，电子商务的兴起必然对物流活动产生极大的影响。这种影响是全方位的，从物流业的地位到物流组织模式，再到物流各作业、功能环节，都将在电子商务的影响下发生巨大的变化。

1）电子商务对物流业的影响

（1）物流业的地位大大提高

电子商务是一次高科技和信息化的革命。它把商务、广告、订货、购买、支付、认证等实物和事务处理虚拟化、信息化，使其变成脱离实体而能在计算机网络上处理的信息，又将信息处理电子化，强化了信息处理，弱化了实体处理。这必然导致产业大重组，原有的一些行业、企业将逐渐萎缩乃至消亡，同时也将扩大和新增一些行业、企业。

产业重组的结果，可能使得社会上的产业只剩下两类行业，一类是实业，包括制造业和物流业；另一类是信息业，包括服务、金融、信息处理业等。在实业中，物流企业将会逐渐得到强化。

物流企业逐渐做大做强，在电子商务环境下必须承担更重要的任务：既要把虚拟商店的货物送到用户手中，还要从生产企业及时进货入库。物流公司既是生产企业的仓库，又是用户的实物供应者。物流企业成了代表所有生产企业及供应商对用户的唯一最集中、最广泛的实物供应者，物流业成为社会生产链条中的领导者和协调者，为社会提供全方位的物流服务。由此可见，电子商务把物流业提升到了前所未有的高度，为其提供了空前的发展机遇。

（2）供应链管理的变化

①供应链短路化。供应链是指在生产和流通过程中，涉及将商品（或服务）提供给最终用户的上下游企业（同时包括最终用户）所形成的一个整体性功能的网络，即由物料获取、物料加工、成品送达这一过程所涉及的企业和企业部门组成的网络。在这一网络结构模式中，每一交易方既是其客户的供应商，又是其供应商的客户，它们既向上游交易方订购商品，又向下游交易方供应商品。

供应链管理则是指在商品供给的链条中，企业间就商品流通过程中发生的各种管理活动加强相互间的合作，改变原有分散的物流管理方式的一种新型物流体制。这种管理贯穿于供应商到客户的全过程。供应链管理的目的是通过“链”上各个企业之间的合作和分工，致力于整条“链”上的物流、信息流、资金流的合理化，从而提高整条“链”的竞争能力。在传统的供应链中，产品从生产企业到消费者手里要经过多层分销商，流程很长，由此造成了很多问题。现在，电子商务缩短了生产企业与最终用户之间在供应链上的距离，改变了传统市场的结构，企业可以通过自己的网站绕过传统的经销商与客户直接沟通。虽然目前很多非生产企业的电子商务网站继续充当着传统经销商的角色，但由于它们与生产企业和消费者都直接互联，只是一个虚拟的信息与组织中介，不需要设置多层实体分销网络（包括人员与店铺设施），也不需要存货，因此仍然降低了流通成本，缩短了流通时间，使物流路径变短。

②供应链中货物流动方向由“推动式”变成“拉动式”。传统的供应链因为供销之间的脱节，供应商很难得到及时准确的销售信息，所以只能对存货管理采用计划方法，存货的流动是“推动式”的。它有两个明显的缺点：第一是缺乏灵活性，销路好的商品，其存货几乎为零，销路不好的商品就严重积压；第二是运转周期长。

在电子商务环境下，供应链实现了一体化，供应商与零售商、消费者通过 Internet 连在一起，通过 POS、EOS 等终端，供应商可以及时且准确地掌握产品销售信息与顾客信息。此时，存货管理采用反应方法，按所获信息组织产品生产和对零售商供货，存货的流动变成“拉动式”，完全可以消除上述两个缺点，并实现销售方面的“零库存”。

③第三方物流成为物流业的主要组织形式。第三方物流将在电子商务环境下得到极大发展，这也是跨区域物流进一步发展的必然要求。电子商务的跨时域性与跨区域性，要求其物流活动也具有跨区域或国际化特征。按交易对象的不同，电子商务最常见的形式是 B2C 和 B2B。在 B2C 形式下，如 A 国的消费者在 B 国的网上商店用国际通用的信用卡购买了商品，若要将商品送到消费者手里，对于小件商品（如图书）可以采用邮购方式；对于大件商品，则通常由速递公司完成。目前，这些运输费用一般均由消费者承担，对于零散用户而言，流通费用显然过高。如在各国成立境外分公司和配送中心，利用第三方物流，由用户所在国配送中心将货物送到用户手里，则可大大降低流通费用，加快流通速度。在 B2B 形式下，大宗物品的跨国运输是极为繁杂的，如果第三方物流公司能提供一票到底、门到门的服务，则可大大简化交易，减少货物周转环节，降低物流费用。并且，网上商店一般都是新建的企业，不可能投资建设自己的全球配送网络，甚至全国配送网络都无法建成，所以它们对第三方物流的迫切要求是很容易理解的。

电子商务时代的物流重组离不开第三方物流的发展。在电子商务时代，物流业的地位将大大提高，而未来物流企业的形成就是以现在的第三方物流公司为雏形，第三方物流将发展成为整个社会生产企业和消费者的“第三方”。

（3）物流需求的新变化

电子商务的发展，网上商城、网上购物的出现，使物流服务的对象不仅仅是燃料、粮食、水泥等大宗物资。如今，由于需求多样化的拉动，出现了“多品种、小批量、多批次”的物流需求，物流对象也从以大宗物资为主体，向多样化和“轻、薄、短、小”的方向发展。同时，消费者也提出了低成本、高服务的要求，具体表现在：

①消费者的地区分布分散化。

②商品品种多样化。

③物流服务需求多功能化和社会化。

(4) 物流服务空间的拓展

①增加便利性的服务。如门到门服务，代安装、维护，自动订货，自动转账，订单跟踪等。

②加快反应速度的服务。如提高配送速度、减少物流环节、简化物流过程等。

③降低成本的服务。通过采用适用、投资少的物流技术和设备，或推行运筹学的管理技术、条形码技术、单品管理技术、信息技术等，提高物流的效益。

④延伸服务。物流服务空间向上可以延伸到市场调查、需求预测、采购、订单处理，向下可以延伸到配送、咨询、物流方案的选择与规划、货款回收与结算等。

⑤对物流时效性的要求变化。

总之，现代企业所强调的“品质经营”强调的是时效性，其核心在于服务的及时性。20 世纪 60 年代，物流竞争的焦点是降低成本，提供便宜的商品；20 世纪 80 年代，物流强调的是质量；现代物流强调的则是时间——快速的市场反应。

2) 电子商务对物流各作业环节的影响

(1) 采购

传统的采购过程极为复杂，采购员要完成寻找合适的供应商、检验产品、下订单、接取发货通知单和货物发票等一系列复杂繁琐的工作。而在电子商务环境下，企业的采购过程会变得简单、顺畅。

近年来，国际上一些大的公司已在专用增值网上使用 EDI，以降低采购过程中的劳务、印刷和邮寄费用。通常，公司可由此节约 5% ~ 10% 的采购成本。与专用增值网相比，大公司能够从 Internet 的更低传输成本中获得更多收益。Internet 也为中小型企业打开了一扇降低采购成本的大门。通过 Internet 采购，中小型企业可以接触到更大范围的供应厂商，因而能够降低采购成本。

(2) 配送

①配送业地位强化。在发展初期，配送业主要是通过促销手段的职能来发挥作用。有学者研究发现，供大于求的买方市场格局是配送业得以生存和发展的适宜环境，这说明在电子商务产生之前，配送存在的根本原因是为了服务于促销活动。配送建立在这样的层次上，地位并不高，发展也不太快。我国推行配送制的过程并不顺利，如试点城市之一的无锡市，物资配送的总金额在 1992 年和 1993 年分别达 8 亿元和 10 亿元，1995 年则降至 8 亿元，1996 年不足 8 亿元。

在电子商务时代，B2C 的物流支持都要靠配送来提供，B2B 的物流业务会逐渐外包给第三方物流，其供货方式也是配送制。没有配送，电子商务物流就无法实现，电子商务也就无法实现，电子商务的命运与配送业休戚相关。同时，电子商务让制造业与零售业实现了“零库存”，实际上是把库存转移给了配送中心，因此配送中心成为整个社会的仓库。由此可见，配送业的地位大大提高了。

实际上，对于电子商务交易方式本身来说，买方通过轻松点击鼠标完成了购买，卖方势必要把货物配送到家。所以，从某种程度上说，电子商务时代的物流方式就是配送方式。

②配送中心成为商流、信息流和物流的汇集中心。物流、商流和信息流原本是“三

流分立”的，而信息化、社会化和现代化的物流配送中心把三者有机地结合在一起。从事配送业务离不开“三流”，其中信息流最为重要。实际上，商流和物流都是在信息流的指令下运作的。畅通、准确、及时的信息才能从根本上保证商流和物流的高质量与高效率。

3）电子商务对物流各功能环节的影响

传统的物流以商流为中心，物流紧紧伴随着商流而运动。在电子商务模式下，物流以信息为中心，信息不仅决定了物流的运动方向，也决定物流的运作方式。实物库存用信息暂时代替，形成虚拟库存，通过 EDI 完成数据交换。网络对物流的实量控制是以整体物流来进行的。传统物流中虽然也使用计算机对物流进行实时控制，但这种控制往往是以单项物流的运作为主的。

（1）物流网络的变化

①物流网络信息化。物流网络信息化是物流信息化的必然结果，是电子商务下物流活动的主要特征之一。当前，互联网技术的普及为物流网络信息化提供了良好的外部环境。这里所说的网络信息化主要指以下两种情况：第一是物流配送系统的计算机网络，包括物流配送中心与供应商或制造商的联系要通过计算机网络，物流配送中心与顾客之间的联系也要通过计算机网络。第二是组织的网络信息化，即企业内部网（Intranet）。

②实体物流网络的变化。物流网络主要由线路和节点两部分组成，这两部分相互交织联结，就构成了物流网络。物流节点设施的设置，将决定我们如何进行存货、交付，以及如何组织运输能力。电子商务会使物流网络产生哪些变化呢？

首先，仓库数目将减少，库存集中化。配送与 JIT 的运用已使某些企业实现了零库存生产，由于物流业会成为制造业的仓库与用户的实物供应者，工厂、商场等都将会实现零库存，自然也不会再设仓库了。配送中心的库存将取代众多企业的零散库存。

其次，未来的物流节点的主要形式是配送中心。目前，按专业分工可将仓库分为两种类型：一类是以长期贮藏为主要功能的“保管仓库”；另一类是以货物的流转为主要功能的“流通仓库”。在未来的电子商务环境下，物流管理以时间为基础，货物流转速度更快，制造业都将实现“零库存”，加之仓库又为第三方物流企业所经营，这些都决定了“保管仓库”进一步减少，而“流通仓库”将发展成为配送中心。

最后，综合物流中心将与大型配送中心合二为一。物流中心被认为是各种不同运输方式的货站、货场、仓库、转运站等演变和进化而成的一种物流节点，主要功能是衔接不同运输方式。综合物流中心一般设在大城市，数目极少，而且主要衔接铁路与公路运输。结合运输来考虑，物流中心与配送中心都处于一次运输与二次运输的衔接点（物流中心衔接了不同运输方式，也同时衔接了一次运输与二次运输），都具有强大的货物集散功能，因此综合物流中心与大型配送中心很可能合二为一。

【小知识 4-1】

在当前的实践中，城市综合物流中心的筹建已经开始。城市综合物流中心将铁路货运站、铁路编组站、公路货运站，以及配送、仓储、信息设施集约在一起，其优势如下：可以减少必须经过大规模编组站进行编组的铁路运输方式，实现各城市综合物流中心之间的直达货物列车运行，使“一次运输”顺畅化；可以利用公路运输实现货物的集散，完成“二次运输”；可以实现配送中心的公用化、社会化，并使库存集中化。

（2）运输的变化

①运输分为一次运输与二次运输。物流网络由物流节点和运输线路共同组成，节点决定着线路。在传统商务环境下，由于各个仓库位置分散，物流的集中程度比较低，就使得运输也很分散，像铁路这种运量较大、较集中的运输方式，为了集中运量不得不采取编组而非直达方式（只有煤炭等几种大宗货物才可以采用直达方式）。

在电子商务环境下，库存能够集中起来，库存集中必然导致运输集中。随着城市综合物流中心的陆续建成，公路货站、铁路货站、铁路编组站被集成在一起，物流中心的物流量达到足够大，可以实现大规模的、城市之间的铁路直达运输。这就将运输划分成一次运输与二次运输。一次运输是指综合物流中心之间的运输；二次运输是指物流中心辐射范围内的运输。一次运输主要采用铁路运输，因为运输费率低，直达方式又使其速度大大提高。二次运输用来完成配送任务，它由当地运输组织（运输组织人员、运输范围、服务对象都在当地区域范围内）来完成。

②多式联运大发展。在电子商务环境下，多式联运将得到大发展，这是由以下原因导致的：第一，电子商务技术，尤其是外联网（Extranet）使企业联盟更加容易实现。运输企业之间通过联盟，可扩大多式联运经营。第二，多式联运方式为托运人提供了一票到底、门到门的服务方式，因为电子商务的本质特征之一就是简化交易过程，提高交易效率。在未来电子商务环境下，多式联运与其说是一种运输方式，不如说是一种组织方式或服务方式。它很可能成为运输企业所提供的首选服务方式。

（3）信息的变化

①信息流由闭环变为开环。原来的信息管理以物流企业的运输、保管、装卸、包装等功能环节为对象，以企业自身的物流管理为中心，与外界信息交换很少，是一种闭环管理模式。

现在和未来的物流企业注重供应链管理，以顾客服务为中心。它通过加强企业间合作，把产品生产、采购、库存、运输配送、产品销售等环节集成到一起，将生产企业、配送中心（物流中心）、分销商（零售点）网络等经营过程的各方面纳入一个紧密的供应链中。此时，信息不是在物流企业内闭环流动，信息的快速流动、交换和共享成为信息管理的新特征。

②信息诸模块功能的变化。在电子商务环境下，现代物流技术的应用使得传统物流管理信息系统的某些模块的功能发生了变化。

在采购方面，电子商务环境下，采购的范围扩大到全世界，可以利用网上产品目录和供应商供货清单生成需求和购货需求文档。

在运输方面，运用 GIS、GPS 和 RF 等技术，运输更加合理，路线更短，载货更多，而且运输由不可见变为可见。

在仓储方面，条码技术的使用可以快速、准确地采集信息，极大地提高了产品流通的效率，而且提高了库存管理的及时性和准确性。

在发货方面，以前公司的仓库管理系统互不联网，从而造成交叉运输、脱销及积压情况时有发生。而在电子商务环境下，各个仓库管理系统实现了信息共享，发货由公司中央仓库统筹规划，可以消除上述缺点。发货同时发送相关运输文件，收货人可以随时查询发货情况。

4）电子商务促进物流技术水平提高

所谓物流技术，是指完成物流任务所必须采用的最有效的方式方法。传统的物流技术概念主要是指物资运输技术或者物资流通技术，也就是说物流技术是各种流通物资从生产者转移给消费者时，实现各种流通形态的停顿与流动功能所需要的材料、机械、设施等硬件环境和计划、运用、评价等软件技术。

发达国家的学者们最先将零库存的概念引入了现代物流的范畴。在 20 世纪 60 年代中期，日本的一些公司实现配送设备的自动化，在消费者比较集中的地区建立了若干配送中心，这就必须储存大量物资。这种模式形成了从工厂到物流中心，再从物流中心到消费者的良性循环，节省了大量流通费用。但同时，物资的仓储费用又有了较大幅度的增加。在这种情况下，物流中心又采用了计划配送模式，即以销定产的仓储计划技术。随着社会消费的急剧增长和消费品种的迅速多样化，市场需求瞬息万变，物流中心很难预测某种产品的销量。在日本食品市场，每年大约有 15 000 种新产品面市，同时又有 14 000 种产品退出市场，即使目前销路最好的产品，在一年之内，也有 60% 多被挤出消费市场。这时，商品库存的积压就意味着巨大的商业风险。因此，人们开始寻求一种没有库存的商业系统，零库存物流技术也就应运而生了。

零库存商业系统的实施必须依托如下三个条件：首先，必须有一个能够准确、快速反应市场需求的信息系统；其次，必须有一个能够根据所获得的市场信息进行生产调节或者采购的快速柔性生产系统；最后，还必须有一个货物快速配送系统。

原始的办法是用人工进行的，一件产品的订购从下订单到交货，极限时间也需要2 ~ 3 天时间，现在看来，这仍然是一个难以忍受的漫长的等待期间。为达到零库存的目的，还必须建立大量的配送中心，同时建立一支庞大的信息、计划、采购、配送队伍。这些方法需要耗费大量的人力物力，需要投入大量的资金，而收效却并不明显。

零库存概念的提出，似乎使物流技术的发展遇到了难以逾越的障碍。但电子商务的出现，将以上的问题一下子都圆满地解决了，使物流技术进入了一个崭新的时代。

电子商务是一种新型的基于 Internet 技术所进行的企业与企业、企业与用户间的商业活动的形式。电子商务实现了在全世界范围内用 Internet 技术以电子方式进行物品与服务的交换。电子商务所完成的功能不仅仅是订货和支付，实际上，电子商务包括了从生产到消费的整个商务过程。电子商务包括企业内部网、企业内部网同 Internet 的连接、电子商务应用系统。在这里，企业内部网是生产部门，部分通道对 Internet 开放，提供客户访问接口，但涉及生产、管理等商业机密的部分则设置防火墙等安全措施，电子商务应用系统则是客户访问的入口，用户通过 Internet，可以在这个系统上查看产品目录，翻阅产品资料，还可以通过电子订单系统下单，通过电子支付系统结算。

随着电子商务的发展，企业不必再花费巨资进行产品信息采集了。企业既可以在网上发布电子公告，对用户进行调查，也可以将产品调查表放在企业主页或者某个知名站点上（尤其是某类产品的专业站点），让用户在网上即时填表或者下载后填表再返回。此外，企业还可以根据所掌握的客户资料，发送电子邮件。当信息系统通过网络采集到足够的产品信息后，企业决策层根据这些信息适时调整生产计划，适时推出适销对路的产品。产品一旦定型，客户就可以通过电子商务系统订货，即时反馈到企业，企业立即组织生产，最后通过配送系统即时送到用户手中。这样，企业就以极少的投入实现了产品的零库存生产过程。

【小思考4-1】

现代物流技术主要包括哪些内容?

答：现代物流技术主要包括条形码技术、射频技术、GPS/GIS 技术、EDI 技术等。

4.1.2 物流对电子商务的影响

随着电子商务的进一步推广与应用，物流对电子商务活动的影响日益明显。试想，在电子商务模式下，消费者网上浏览后，通过轻松点击鼠标完成了网上购物，但所购货物迟迟不能送到手中，甚至可能出现买电视机送茶叶的情况，其结果可想而知，消费者只能放弃电子商务，选择更为安全可靠的传统购物方式。

在电子商务模式下，一些电子出版物，如软件、电子图书等可以通过网络以电子数据的方式发送给购买者，但绝大多数商品仍要通过各种方式完成从供应商到购买者的物流过程。我国的许多网上商店由于解决不了物流问题，只好告诉购买者送货必须在一定的范围内，电子商务的跨地域优势受到了较大的限制。

当我们点击鼠标在网上订购商品后，便惬意地等待送货员的到来。此时你是否想过，我们订购的东西是怎样到达我们手中的呢？当有人通过一个电子商务平台，将物流运作各方连接在一起，尝试开展电子物流的时候，我们会慢慢意识到，没有一个高效的物流管理，电子商务不过是一句空话。

1）物流是电子商务的重要组成部分

电子商务下的任何一笔交易，同传统的交易活动一样，都包含各种“基本流”——商流（商品本身所有权的转移过程）、资金流（商品价值的实现过程）、物流（商品实体的时间和空间转移过程）、信息流（商品供求、价格、技术、质量、服务相关信息的交流过程）。在互联网时代，商流、资金流、信息流，都可以通过网上交易、网上结算、网上沟通，进行虚拟化的经济活动。然而，最终的资源配置，还是需要通过商品的实体转移来实现。一些电子出版物、信息咨询服务、软件等少数商品虽然可以直接通过网络传输的方式进行配送，然而绝大多数的商品仍然需要通过专用的运输装卸工具（火车、汽车、飞机、轮船、装卸机械等）来完成实体的位移。

随着计算机技术和网络技术的发展，电子技术作为中介工具被应用到生产、交换、消费过程中，人类进入了电子商务时代。然而，无论是传统交易方式，还是电子商务的交易方式，都改变不了“生产是中心，消费是目的，流通是桥梁”这样一种再生产模式。也就是说，不管商品交换的方式如何变换，物流——商品实体的转移（从商品供应者转移给商品消费者）的过程都不会被取消。因此，物流是电子商务必不可少的组成部分。

2）物流现代化是电子商务的基础

电子商务通过快捷、高效的信息处理手段可以比较容易地解决信息流（信息交换）、商流（所有权转移）和资金流（支付）的问题，而要将商品配送到消费者手中，只有通过现代化的物流系统才能以最快的速度完成。只有完成商品的空间转移（物流），才标志着电子商务活动的最终实现。因此，物流现代化是电子商务的基础，它提高了电子商务的效益和效率，扩大了电子商务的市场范围，保证了电子商务目标的实现。物流现代化包括物流技术现代化和物流管理现代化。物流技术现代化主要指条码技术、信息处理技术、安全装载技术等软技术和自动化仓库、运输专业化、装卸设备效率化等硬技术现代化。物流管理现代化是应用现代化的管理思想、理论和方法，有效地管理物流，实现基于电子商务供应链的集成。

3）物流是实施电子商务的根本保证

（1）物流保障生产

无论在传统的贸易方式下，还是在电子商务模式下，生产都是商品流通之本，而生产的顺利进行需要各类物流活动支持。生产的全过程从原材料的采购开始，便要求有相应的供应物流活动将所采购的材料运送到位，否则，生产就难以进行；在生产的各工艺流程之间，也需要原材料、半成品的物流过程，即所谓的生产物流，以实现生产的流动性；部分余料、可重复利用的物资的回收，需要所谓的回收物流；废弃物的处理则需要废弃物物流。可见，整个生产过程实际上就是系列化的物流活动。

合理化、现代化的物流，可以降低成本费用、优化库存结构、减少资金占压、缩短生产周期，保障现代化生产的高效进行。如果缺少现代化的物流，生产将难以顺利进行，无论电子商务是多么便捷的贸易形式，仍将会“无米下锅”。

（2）物流服务于商流

在商流活动中，商品所有权在购销合同签订的那一刻起，便由供方转移到需方，而商品实体并没有因此而移动。在传统的交易过程中，除了非实物交割的期货交易，一般的商流都必须伴随相应的物流活动，即按照需方（购方）的需求将商品实体由供方（卖方）以适当的方式、途径向需方（购方）转移。而在电子商务模式下，消费者通过网上购物，完成了商品所有权的交割过程，即商流过程。但电子商务的活动并未结束，只有商品和服务真正转移到消费者手中，商务活动才告以终结。

在整个电子商务的交易过程中，物流实际上是以商流的后续者和服务者的姿态出现的。没有现代化的物流，任何轻松的商流活动都会退化为一纸空文。

（3）物流是实现“以顾客为中心”理念的根本保证

电子商务的出现，在最大程度上方便了最终消费者。他们不必再跑到拥挤的商业街，一家又一家地挑选自己所需的商品，而只需坐在家里，通过互联网搜索、查看、挑选，就可以完成他们的购物过程。试想一下，如果他们所购的商品迟迟不能送到，或是商家所送商品并非自己所购，那消费者还会选择网上购物吗？网上购物的不安全性，一直是电子商务难以推广的重要原因。

物流是电子商务实现以“以顾客为中心”理念的最终保证，缺少了现代化的物流技术，电子商务给消费者带来的购物便捷等于零，消费者必然会转向他们认为更为安全的传统购物方式，那网上购物还有什么存在的必要？

所以，促进电子商务的发展，需要高效的现代物流。我们必须摒弃原有的“重信息流、商流和资金流的电子化，而忽视物流电子化”的观念，我国的物流业必须了解自我、找出差距、不断学习、不断完善，继续发展壮大，以进一步推广电子商务，并推动我国经济发展跨入新的时代。

4）物流是发展电子商务的关键

这就要从电子商务和传统商务的区别说起，为什么我们要大力发展电子商务呢？就是因为它是无国界商务活动，而既然做到了无国界，那物流自然是关键！

电子商务的瓶颈问题，是现在谈论比较多的一个问题。网络安全问题、网上结算问题虽然被很多人称之为“瓶颈”，但是实际上，现在的科学技术、管理和实践都已经证实，这些问题都构不成真正的瓶颈。应该说，唯一的不可回避的是物流瓶颈。电子商务的物流瓶颈在我国的主要表现是：在网上实现商流活动之后，缺少有效的社会物流配送系统对实物的转移提供低成本的、适时的、适量的转移服务。配送的成本过高、速度过慢是偶尔涉足电子商务的买方最为不满的问题。这也是我国电子商务落后的主要原因，因此要在我国更好地发展电子商务，规范物流、发展物流成为刻不容缓的事情。

5）物流是电子商务企业获取竞争优势的重要手段

电子商务企业的竞争对手既包括传统销售渠道的企业，也包括同类的电子商务企业。“价格、方便、信任”是电子商务企业竞争的三种基本武器。越来越多的案例表明，电子商务企业要在这三个方面获得优势，必须充分利用物流管理，通过构建良好的物流体系，加快送货速度、降低营运成本、获取顾客信任、提供良好的售后服务、抑制电子商务中的欺诈行为。

（1）物流是电子商务降低成本的重要手段

价格是电子商务与传统企业竞争的“杀手锏”。电子商务能够实现“无店铺销售”，相对于传统渠道销售，电子商务具有成本优势。但这种成本优势是否能够转化为价格优势，还需要取决于物流管理是否高效。如果物流成本过高，电子商务不仅难以战胜传统企业，甚至连盈利都困难；反之，如果物流管理良好，电子商务企业则有可能借助高效物流带来的成本优势进行促销。

（2）物流是完善电子商务便利性的保证

电子商务简化了顾客与企业之间信息流、商流和资金流的业务流程，为顾客找到和购买所需商品提供了极大的便利。但是如果线下物流系统不完善，导致顾客收货延迟，或者收错货，或者退换货困难，则会大大抵消电子商务线上交易的便利性。顾客也许只需要点一下鼠标就能完成网上订购，但如果商品到达手中却需要漫长的等待，收到商品之后还可能发现包装破损、商品丢失等情况，就很难让顾客感受电子商务的便利性，也难以吸引顾客进行第二次购买。因此，要真正让顾客感知电子商务的便利性，就必须提高物流服务的质量，包括送货速度、所送货物品种数量的准确性，以及提供给顾客良好的售后服务。

（3）物流是提高电子商务信任度的重要途径

信任是电子商务交易永恒的主题。随着电子商务的发展，网络交易欺诈现象也日益增多，如卖家以次充好、以假乱真等，不仅普通的消费者会在B2C和C2C网络交易中遇到风险，即使是企业在B2B的交易平台上也一样会遭遇骗局。由于缺乏信任，许多顾客不愿意通过电子商务购物和消费。因此，提高电子商务交易信任度既是电子商务发展的必要条件，也是电子商务企业赢得竞争优势的机会。

物流是电子商务中唯一与顾客直面接触的窗口，是增加顾客信任的重要途径。如果电子商务企业能够充分利用物流与顾客接触这一特点，建设好物流体系，则有可能大大增强顾客对企业的信任感，吸引顾客在网站重复购物。例如，美乐乐家具网通过建立完善的物流体系，增强客户黏性，提高了重复购买率。其仓库总投资超过100万元，采用自动化管理方式，始终保持高效率的发货状态，确保所有业务能保质保量地完成。在运输方面，美乐乐选用专线物流，家具都是由库房直接发到目的地，这样既可以节约时间，降低家具的损坏率，又可以减少运费。现在，美乐乐家具网与大约150个第三方城际运输公司开展合作，以便为客户提供更便捷的配送服务。

由于物流对于电子商务的上述作用，伴随着电子商务的发展，电子商务物流的概念也应运而生。在电子商务高速发展的过程中，有效的物流活动越来越显著地体现出其重要性，成为有形商品网上销售能否顺利进行的关键性因素。如果没有一个合理的、畅通有效的现代物流系统，电子商务系统的优势很难得到完全的发挥，电子商务企业也难以获得成功。换句话说，对于电子商务企业，谁做好了物流，谁就有可能得到更快、更好的发展。

物流与电子商务的关系极为密切。物流对电子商务的实现很重要，电子商务对物流的影响也极为巨大。物流在未来的发展与电子商务是密不可分的，可以这样理解这种关系：物流本身的矛盾促使其发展，而电子商务恰恰提供了解决这种矛盾的手段；反过来，电子商务本身矛盾的解决，也需要物流来提供手段，新经济模式要求新物流模式。

【小知识 4-2】

我国电子商务物流现状

物流是电子商务的要素之一。随着电子商务的进一步发展，物流对电子商务的作用日益突出。在欧美经济发达国家，物流的发展经历了数十年。在美国，其物流发展自 1915 年开始，至今已有近百年的历史。在以网络通信为基础的电子商务时代，其电子商务物流也应十分发达。在我国，物流起步晚、水平低。在电子商务时代的今天，能够支持电子商务活动的现代物流发展还存在诸多问题。

(1) 物流企业现状

根据我国现阶段物流企业的所有制性质和经营管理方式的不同，物流企业可分为两大类：一类是受控型物流企业。这类企业是指受中央政府或地方政府行政控制的国有企业或集体企业，具有行业性、地域性和传统性等特点。例如，我国粮油仓储企业、各地物资储运公司和外运公司等。这类企业只进行传统的货物运输，是属于传统的、业务单一的物流企业或运输企业，它们在我国经济建设的过程中曾发挥过十分重要的作用。随着电子商务物流的发展，这种传统单一性的企业已经开始显现出它们不适应市场经济发展的诸多问题，许多受控型物流企业已经开始尝试股份制改造或其他方式的重组。另一类是非受控型物流企业。这类企业是指由市场培育产生，按市场规律运作的各类私营企业、合资企业、外资企业以及股份制形式直接创立的新型物流企业。它们具有专业性强、自动化和信息化程度高、规模较小等特点。这类企业不仅经营货物运输，同时进行物流的策划、配送中心的规划、仓储管理、信息交流等增值业务，并通过公路、铁路、海运、空运、互联网等方式将产品和服务配送到世界各地，是现代电子商务物流模式的企业。

目前，我国电子商务物流企业在数量上已具有一定的规模。全国 700 余家连锁公司中，一些规模较大的连锁公司已经建立了自己的配送中心。国内介入物流业的上市公司也有近 40 家。与此同时，由于看好加入世贸组织后的中国物流市场，许多外国物流企业和运递业巨头也纷纷抢滩中国。例如，日本独资的物流公司——日本邮船继在中国上海设分公司后，又相继在天津、青岛、广州、大连等地设立物流分公司。现在，我国已经建有各类配送中心 1 000 多家，它们和外资物流企业一起参与我国物流市场的激烈竞争。

(2) 物流基础设施现状

物流基础设施主要包括公路、铁路、港口、机场以及网络通信基础等。截至 2012 年年底，我国公路总里程达 424 万公里，高速公路通车里程达 9.6 万公里；内河航道通航里程达12.5万公里，沿海和内河港口生产性泊位达3.2万个；全国拥有公路营运汽车1 340万辆、水上运输船舶17.9万艘。2012年，全国完成公路客运量、旅客周转量、公路货运量、货物周转量分别是1978年的23.8倍、35.4倍、21倍、170倍；水路货运量、货物周转量分别是1978年的9.7倍、21.5倍；港口完成货物吞吐量107.8亿吨，是1978年的38.5倍。截至2013年年底，我国共有定期航班航线2 876条，按重复距离计算的航线里程为634.22万公里，全行业完成货邮运输量561万吨。

网络通信发展迅速。2014年7月21日，中国互联网络信息中心（CNNIC）发布第34次《中国互联网络发展状况统计报告》，报告显示，截至2014年6月，中国网民规模达6.32亿，其中，手机网民规模5.27亿，互联网普及率达到46.9%。网民上网设备中，手机使用率达83.4%，首次超过传统PC整体80.9%的使用率，手机作为第一大上网终端的地位更加巩固。我国IPv4地址数量为3.30亿，拥有IPv6地址16 694块/32。我国域名总数为1 915万个，我国网站总数为273万个，.CN下网站数为127万个。国际出口带宽为3776909Mbps。

（3）物流企业管理能力和服务水平现状

我国的物流企业数量虽具有一定的规模，但能适应现代电子商务的物流企业数量仍很少、规模也小、服务意识和服务质量不尽如人意。除少数企业外，大多数物流企业技术装备和管理手段仍比较落后，服务网络和信息系统不健全，大大影响了物流服务的准确性和及时性。大多数物流企业还只是被动地按照用户的指令和要求，从事单一的运输、仓储和配送功能，很少能提供物流策划、组织及深入到企业生产领域进行供应链全过程的管理，物流增值少。物流企业的物流专业人才缺乏是造成物流企业服务水平不高的重要原因。更重要的是企业缺乏通晓现代物流运作和物流管理的复合型人才。目前，国内的物流高级人才主要是从海外留学回国的人员。人才的短缺主要是由于相应的培养体系不够成熟和不够健全。

（4）政府法律环境现状

目前已经出台的主要物流法律法规和政策有：2001年3月，原国家经贸委、铁道部、交通部、信息产业部、外经贸部、民航总局等6个部委联合发布了《关于加快我国现代物流发展的若干意见》，这是我国政府部门联合下发的第一个有关物流发展的政策性、指导性文件，为物流健康快速发展奠定了良好的政策基础。2002年6月，商务部发布《关于开展试点设立外商投资物流企业工作的有关问题的通知》，这是我国承诺加入WTO后三年逐步开放物流市场的一个实质性举措，标志着我国物流市场正式对外开放。2004年8月，国家发改委等9个部门联合下发了《关于促进我国物流业发展的意见》，这是我国政府首次明确物流产业地位及发展方向的纲领性文件。2005年8月，商务部颁布《关于加强流通法律工作的若干意见》，明确了今后一段时期市场法律工作的基本思路。2007年10月，交通运输部颁布了新的《公路水路交通实施〈中华人民共和国节约能源法〉办法》自2008年9月1日起执行。该办法改善了物流环境，推动了物流行业健康发展。2008年3月3日，商务部发布《商务部关于加快我国流通领域现代化物流发展的指导意见》对进一步推进我国现代物流业的发展具有指导性意义。2009年3月10日，国务院印发了《物流业调整和振兴规划》，这是我国出台的第一个物流业专项规划，也是第一次以国务院名义发布有关物流业的专题文件，对促进物流业的健康发展具有十分深远的意义。

此外，我国近几年还陆续出台了一些物流方面的法律法规，如国务院发布的《中华人民共和国海运条例》，全国人大修正通过的《中华人民共和国海关法》，原外经贸部颁布的《外商投资现代物流企业管理规定》，原铁道部颁布的《铁路货物运输管理条例》，交通部颁布的《国内水陆货物运输细则》，中国民航总局颁布的《中国民用航空国际运输规则》等。

已发布的国家现代物流标准有《物流术语》。此外还发布了《中国联运通用托盘外形尺寸及公差》、《中国联运托盘技术条件》、《中国联运通用托盘实验方法》等相关文件。这些法律法规和标准对规范我国的电子商务物流市场，推动我国的电子商务物流行业的健康发展具有重要的意义。

资料来源　舒昌．对我国电子商务物流发展的思考［J］．市场论坛，2014（4）．经编者整理补充．

4.2　电子商务环境下物流业的发展趋势与策略

4.2.1　发展趋势

1）电子商务环境下物流的特点

电子商务时代的来临，使物流具备了一系列新特点。

（1）信息化

在电子商务时代，物流信息化是电子商务发展的必然要求。物流信息化表现为物流信息的商品化、物流信息搜集的数据库化和代码化、物流信息处理的电子化和计算机化、物流信息传递的标准化和实时化、物流信息存储的数字化等。因此，条码技术、数据库技术、电子订货系统、电子数据交换、快速反应及有效客户信息反馈、企业资源计划等先进技术与管理策略在我国的物流业中将会得到普遍的应用。

（2）自动化

自动化的基础是信息化，自动化的核心是机电一体化，自动化的外在表现是无人化，自动化的效果是省力化。自动化还可以扩大物流作业能力、提高劳动生产率、减少物流作业的差错等。物流自动化的设施非常多，如条码/语音/射频自动识别系统、自动分拣系统、自动存取系统、自动导向车、货物自动跟踪系统等。这些设施在发达国家已普遍用于物流作业流程中，而在我国由于物流业起步晚，发展水平低，自动化技术的普及还需要相当长的时间。

（3）网络化

物流领域的网络化有两层含义：一是物流配送系统的计算机通信网络，包括物流配送中心与供应商或制造商的联系要通过计算机网络，另外与下游顾客之间的联系也要通过计算机网络通信，比如物流配送中心向供应商提出订单这个过程，就可以使用计算机通信方式，借助于增值网（value-added network，VAN）上的电子订货系统（EOS）和电子数据交换技术（EDI）来自动实现，物流配送中心通过计算机网络收集下游客户订货的过程也可以自动完成；二是组织的网络化，即所谓的组织内部网（Intranet）。比如，中国台湾的电脑业在20世纪90年代创造出的“全球运筹式产销模式”，这种模式的基本特点是按照客户订单组织生产，生产采取分散形式，即将全世界的电脑资源都利用起来，采取外包的形式将一台电脑的所有零部件、元器件、芯片外包给世界各地的制造商去生产，然后通过全球的物流网络将这些零部件、元器件和芯片发往同一个物流配送中心进行组装，由该物流配送中心将组装的电脑迅速发给订户。可见，物流的网络化成为电子商务下物流活动的主要特征。

(4) 智能化

这是物流自动化、信息化的一种高层次应用，物流作业过程中大量的运筹和决策，如库存水平的确定、运输（搬运）路径的选择、自动导向车的运行轨迹和作业控制、自动分拣机的运行、物流配送中心经营管理的决策支持等问题都需要借助于大量的知识才能解决。在物流自动化的进程中，物流智能化是不可回避的技术难题。好在专家系统、机器人等相关技术在国际上已经有比较成熟的研究成果。为了提高物流现代化的水平，物流的智能化已成为电子商务环境下物流发展的一个新趋势。

(5) 柔性化

柔性化本来是为实现“以顾客为中心”理念而在生产领域提出的，但要真正做到柔性化，即真正能根据消费者需求的变化来灵活调节生产工艺，没有配套的柔性化的物流系统是不可能达到目的的。在 20 世纪 90 年代，国际生产领域纷纷推出弹性制造系统（flexible manufacturing system，FMS）、计算机集成制造系统（computer integrated manufacturing system，CIMS）、制造资源系统（manufacturing requirement planning，MRP）、企业资源计划（enterprise resource planning，ERP）以及供应链管理的概念和技术，这些概念和技术的实质是要将生产、流通进行集成，根据终端的需求组织生产，安排物流活动。因此，柔性化的物流正是适应生产、流通与消费的需求而发展起来的一种新型物流模式。这就要求物流配送中心要根据消费需求“多品种、小批量、多批次、短周期”的特色，灵活组织和实施物流作业。

【小思考 4-2】

电子商务对物流业提出了哪些基础要求?

答：除了物流信息化、自动化、网络化、智能化和柔性化，还要求物流设施、商品包装的标准化及物流的社会化与共同化。

2) 电子商务环境下物流业的发展趋势

在电子商务时代，由于企业销售范围的扩大、商业销售方式及最终消费方式的改变，使得送货上门等业务成为一项极为重要的业务，促进了物流业的兴起。物流业能完整提供物流功能服务，主要包括仓储、运输、装卸搬运、配送、流通加工等。信息化、全球化、多功能化和一流的服务水平，已成为电子商务模式下物流企业追求的目标。

(1) 多功能化——物流业发展的方向

在电子商务时代，物流发展到集约化阶段，这种一体化配送中心（integration），不单单是提供仓储和运输服务，还必须开展配货、配送和各种提高附加值的流通加工服务项目，也可按客户的需要提供其他服务。现代供应链管理即通过从供应者到消费者供应链的运作，使物流达到最优化。企业追求全面的、系统的综合效果，而不是单一的、孤立的应用。作为一种战略概念，供应链也是一种产品，而且是可增值的产品，其目的不仅是降低成本，更重要的是提供用户期望以外的增值服务，以产生和保持竞争优势。从某种意义上讲，供应链是物流系统的充分延伸，是产品与信息从原料到最终消费者之间的增值服务。在经营形式上，采取合同型物流。这种配送中心与公用配送中心不同，它是通过签订合同，为一家或数家企业（客户）提供长期服务，而不是为所有客户服务。这种配送中心有由公用配送中心来进行管理的，也有自行管理的，但主要是提供服务。另外，其所有权可能属于生产厂家，只是交由专门的物流公司进行管理而已。

供应链系统物流完全适应了流通业经营理念的全面更新。以往商品经由制造、批发、仓储、零售各环节间的多层复杂途径，最终到消费者手里，而现代流通业已简化为由制造经配送中心直接送到各零售点。它使未来的产业分工更加精细，产销分工日趋专业化，大大提高了社会的整体生产力和经济效益，使流通业成为整个国民经济活动的中心。在这个阶段，产生了许多新技术，如准时制工作法（JIT）和销售时点信息管理系统（POS），商店将销售情况及时反馈给工厂的配送中心，有利于厂商按照市场需求调整生产，协同配送中心调整配送计划，使企业的经营效益迈上一个新台阶。

（2）一流的服务——物流企业的追求

在电子商务模式下，物流业是介于供货方和购货方之间的第三方，它以服务作为第一宗旨。从当前物流业的现状来看，物流企业不仅要为本地区服务，而且还要提供长距离的服务。因为客户不但希望得到很好的服务，而且希望服务点不是一处，而是多处。因此，如何提供更好的服务，便成了物流企业管理的中心课题。应该看到，配送中心离客户最近，联系最密切，商品都是通过它送到客户手中。美、日等国物流企业成功的要诀，就在于它们都十分重视客户服务的研究。

在服务观念上变革，由“推”到“拉”。配送中心应更多地考虑客户要我提供哪些服务，从这层意义上讲，它是“拉”（pull），而不是仅仅考虑“我能为客户提供哪些服务”，即“推”（push）。例如，有的配送中心最初提供的是区域性的物流服务，以后发展到提供长距离服务，而且能提供越来越多的服务项目。又如，配送中心派人到生产厂家“驻点”，直接为客户发货。越来越多的生产厂家把所有物流工作全部委托配送中心去做，从这个角度来看，配送中心的工作已延伸到生产领域中了。如何满足客户的需要把货物送到客户手中，就要看配送中心的作业水平了。配送中心不仅与生产厂家保持紧密的伙伴关系，而且直接与客户联系，能及时了解客户的需求信息，并沟通厂商和客户双方，起着桥梁作用。例如，美国普雷兹集团公司（APC）是一个以运输和配送为主的庞大公司，不仅为货主提供优质的运输服务，而且还提供仓储、进出口贸易等一系列服务项目，可以为货主企业提供生产经营发展流程设计和全方位系统服务。优质和系统的服务使物流企业与货主企业结成战略伙伴关系（或称策略联盟），一方面有助于货主企业的产品迅速进入市场，提高竞争力，另一方面保证了物流企业有稳定的资源，对物流企业而言，服务质量和服务水平正逐渐成为比价格更为重要的选择因素。

（3）信息化——现代物流业的必由之路

在电子商务时代，要提供最佳的服务，物流系统必须要有良好的信息处理和传输系统。美国洛杉矶西海报关公司与码头、机场、海关信息联网，当货物从世界各地起运，客户便可以从该公司获得到达时间和到泊（岸）准确位置的信息，通知收货人与各仓储、运输公司等做好准备，使商品在几乎不停留的情况下快速流动，直达目的地。又如，美国干货储藏公司（D. S. C）有 200 多家客户，每天接受大量的订单，需要性能良好的信息处理系统提供支持。为此，该公司将大量的表格予以电子化、程序化，大量的信息可迅速输入、传输，良好的信息系统保证了信息服务的及时性，赢得了客户的信赖。

在大型的配送公司里，往往建立了 ECR 和 JIT 系统。所谓 ECR（efficient customer response），即有效客户信息反馈。有了它，就可做到客户要什么就生产什么，而不是生产出东西等顾客来买。利用客户信息反馈这种有效手段，仓库中商品的周转次数可由每年的 20 次左右增加到 24 次，从而大大增加仓库的吞吐量。通过 JIT 系统，配送公司可从零售商店很快得到销售反馈信息。配送不仅实现了内部的信息网络化，而且增加了配送货物的跟踪信息，从而大大提高了物流企业的服务水平，降低了成本，增强了竞争力。

在电子商务环境下，商品与生产要素在全球范围内以空前的速度自由流动。电子数据交换技术与互联网技术的应用，使物流效率的提高更多地取决于信息管理技术，电子计算机的普遍应用提供了更多的需求和库存信息，提高了信息管理科学化水平，使产品流动更加容易和迅速。物流信息化，包括商品代码数据库的建立、运输网络合理化、销售网络系统化和物流中心管理电子化建设等，目前还有很多工作有待实施。可以说，没有现代化的信息管理，就没有现代化的物流。

（4）全球化——物流企业竞争的趋势

20 世纪 90 年代早期，由于电子商务的出现，加速了全球经济的一体化，致使物流企业的发展达到了多国化。它从许多不同的国家收集所需要资源，再加工后向各国出口，如前面提及的中国台湾电脑业。

全球化的物流模式，使企业面临着新的问题，例如，当北美自由贸易区协议达成后，其物流配送系统已不是仅仅从东部到西部的问题，还有从北部到南部的问题。这里面有仓库建设问题也有运输问题。又如，从加拿大到墨西哥，如何来运送货物，又如何设计合适的配送中心，还有如何提供良好服务的问题。另外，当牵涉合作伙伴的贸易问题时，将面临素质较高的管理人员难寻的困扰。例如，日本企业在美国开设了很多分公司，由于两国存在着不小的文化差异，势必会遇到管理上的麻烦。

还有一个信息共享问题。很多企业有不少内部秘密，物流企业很难与之打交道，因此，如何建立信息处理系统，以及时获得必要的信息，对物流企业来说是个难题。同时，在将来的物流系统中，能否做到尽快将货物送到客户手里，是提供优质服务的关键之一。客户要求发出订单后，第二天就能收到货物，而不是口头上说“可能何时拿到货物”。同时，客户还在考虑“所花费用与所得到的服务是否相称，是否合适”。

经济全球化的趋势，使物流企业和生产企业更紧密地联系在一起，形成了社会大分工。生产厂商集中精力制造产品、降低成本、创造价值；物流企业则花费大量时间，精心从事物流服务。物流企业能更好地满足生产企业的物流需求。例如，在配送中心里，对进口商品的代理报关业务、暂时储存、搬运和配送，必要的流通加工，从商品进口到送交消费者手中实现了一条龙服务。

4.2.2 发展策略

虽然说我国电子商务物流具有很好的发展前景，但机遇和挑战同在。我国加入 WTO 以来，外国物流企业涌入中国市场，给我国的物流业带来很大的竞争压力。能否形成完善的社会电子化物流体系将直接关系到我国物流业在国际竞争中的成败，进而也会影响到我国企业在产品的价格、交货、服务等方面是否拥有竞争优势。为此，必须制定可行措施和有力对策，缩小与发展达国家物流业之间的差距，满足我国电子商务发展的需要。

1）必须提高全社会对电子商务物流的认识

要把电子商务与电子商务物流放在一起进行宣传，加快完善物流法律法规，开放物流业市场。通过调整区域性和部门性的法规，制定一部全国性的物流法，由商务部具体实施，并建立与交通、通信、海关等相关部门的协调机制，从而统一全国的物流市场，使物流企业在法律环境下平等竞争、有序经营、规范管理。与此同时，开放物流市场，引入外资物流企业资本、技术和管理经验，加快与国际物流市场接轨。电子商务是商业领域内的一次革命，而电子商务物流则是物流领域内的一次革命。要改变过去那种重商流、轻物流的思想，把物流提升到竞争战略的地位，注重社会电子化物流系统的发展。

2）国家与企业共同参与，共建电子化物流系统

形成全社会的电子化物流系统，需要政府和企业共同出资，政府要在高速公路、铁路、港口、机场、信息网络等基础设施建设方面投入大量资金，以保证交通流和信息流的通畅，形成一个覆盖全社会的交通网络和信息网络，为发展电子商务物流提供良好的社会环境。各地方政府应统筹规划，正确引导各物流企业加强物流中心的建设和科学布局，包括物流仓库、配送中心、通信网络基础等。只有科学合理地布局物流中心，才能提高物流速度和物流效率。例如，我国大型物流企业——中国储运，在北京、上海、天津、江苏、浙江、山东、湖北、湖南、广东、四川、云南、河北、河南、陕西、辽宁、吉林、黑龙江等地设立了 70 余家物流配送中心和经营实体。这是我国物流企业在继承原有基础设施并进行重新合理布局的典型之一。物流企业通过投资开发现代物流技术，建立完善的信息网络和物流网络，可以为客户提供快捷的服务，提高竞争力。通过吸引更多的制造企业和商业企业上网，通过上网提高企业的竞争力和盈利水平，促进电子商务的发展，从而促进电子商务物流的发展。总之，建立物流企业要立足于高科技、高起点，建立的网络站点要有高水平、先进的储运设施、包装和装卸设备等。

3）结合我国的实际情况，加强电子商务物流人才的培养

积极吸取外国物流管理研究的成果，向电子商务物流发达的国家学习，鼓励理论界和实务界研究电子商务物流中的难题，少走弯路，加快我国电子商务物流的发展步伐。大力发展物流业，人才是关键。培养物流人才可以通过政府、院校、企业三方共同努力来实现。政府可以制定相关政策，鼓励、支持大专院校、科研机构面向全国培训师资，聘请国内外专家授课和到国外实地考察等来满足我国中长期对物流人才的需求。另外还可通过国家劳动部门、人事部门组织对具有相关专业知识的人员加强短期培训，来满足我国近期对物流人才的需求。电子商务物流人才是一种复合型的高级人才，这种人才既懂电子商务，又懂物流；既懂技术，又懂管理。加强对电子商务人才的培养力度，建立完善的电子商务物流培训和认证体系，实现高校教育与社会培训相结合，在引进电子商务物流人才的同时把有潜力的人才派出去学习深造。

4）第三方物流发展电子商务

电子商务是未来的发展趋势，而电子商务发展的关键就在于物流。第三方物流发展电子商务有自己得天独厚的优势：第三方物流企业的物流设施力量雄厚，有一定的管理人才和管理经验，有遍布全国的物流渠道和物流网络，适应性强，能根据客观需要提高物流技术力量，完成各项物流任务。电子商务集信息流、商流、资金流、物流于一身，第三方物流也一样。第三方物流企业具有物流网络上的优势，在达到一定规模后，随着其业务沿着

主营业务向供应链上游或下游延伸，第三方物流企业转而进入网上购物的经营。因此，第三方物流完全有能力向更广阔的领域延伸，自行组建电子商务网站，突破时间、空间、地域的限制，向供应商采购商品，向用户销售商品和配送商品，实行营业性交易。

5）组建物流联盟，共建企业的电子商务物流系统

对于已经开展普通商务的公司，可以建立基于 Internet 的电子商务销售系统，同时可以利用原有的物流资源，合理地规划布局组建配送中心，来承担电子商务的物流业务。并且，配送中心的功能应有所变化，应该包括货物存储、运输、包装、流通加工、商品展示、销售等。

拥有完整流通渠道的制造商或经销商开展电子商务，比专业物流企业更具备优势。从专业分工的角度看，制造商的核心任务是商品开发、设计和制造，但越来越多的制造商不仅有庞大的销售网络，而且还有覆盖整个销售区域的物流配送网。制造企业的物流设施普遍比专业物流企业的物流设施先进，这些制造企业完全可以利用现有的物流网络和设施发展电子商务。对这些企业来讲，比投资更为重要的是物流系统的设计和物流资源的合理规划。而批发商和零售商应该比制造商更具有组织物流的优势，因为它们的主业就是流通。因此，组建物流联盟是合理发挥生产企业和专业物流企业自身优势的一条捷径，在生产企业已有的物流设备的基础上，结合专业物流企业的物流理念和制度安排，共同建立企业的电子商务物流系统。

6）提高科学的物流管理水平

（1）国家有关部门加快制定并完善物流行业标准

制定行业标准应根据国内实际情况并结合国际标准来进行。行业标准的制定和推广将有利于全国物流企业科学管理、快速配送传递、对内和对外合作联运及结算、查询、监测等商务活动的开展。

（2）提高物流企业的管理水平

物流企业需要较高层次的物流专业管理人员才能提高企业的管理水平。物流企业应经常培训自己的管理人员，以便使他们实时更新管理理论知识，积累新的管理经验，为企业创造更大的效益。同时，物流企业也可以与国外具有先进物流管理经验的企业加强合作和交流，以提高自身的物流管理水平。

电子商务作为一种商务活动过程，必将给现代物流业带来一场史无前例的革命，对现代物流业务管理活动产生巨大而深远的影响。对此，我们必须采取相应的对策，在促进现代物流业发展的同时促进电子商务的发展。

【小知识 4-3】

目前最紧缺的物流人才主要有三类。第一类是宏观管理人才。例如政府机构里制定政策和规划的人才，包括相应的教学、科研、培训等方面的人才，其中物流专业师资最为缺乏。第二类是各类企业的物流管理人才。除了物流企业需要这类人才，许多非物流企业也需要这类人才从事物流工作。这是物流人才中需求量最大的一块。第三类是物流企业的管理人才。他们是物流企业的实际管理者，包括仓储企业、运输企业等的管理人才。

4.3　电子商务物流案例分析

电子商务已风靡全球，有些公司已利用它取得了很好的成效，在此方面首推戴尔（Dell）公司。该公司在商用 PC 市场上已成为第一大供应商，其销售额以每年 40% 的增长率递增，是行业平均增长率的两倍。

在美国，电子商务的提出最终是为了解决信息流、商流和资金流处理上的繁琐所导致的物流过程的延迟问题，进一步提高现代物流的速度。可见，美国在定义电子商务概念之初，就有强大的物流背景支持，只需将电子商务与物流很好地衔接，并非电子商务过程不需要物流的电子化。对于 Dell 公司卓越成绩的取得，其总裁迈克尔·戴尔认为应归功于物流电子商务化的巧妙运用。

1）Dell 的电子商务化物流

Dell 是通过国际互联网和企业内部网进行销售的。在日常的经营中，Dell 仅保持两个星期的库存（行业标准超过 60 天），其存货一年可周转 30 次以上。基于此，Dell 的毛利率和资本回报率也是相当高的，分别是 21% 和 106% 。这些都是 Dell 实施电子商务化物流后取得的成果。Dell 的电子商务化物流运作流程如下：

（1）订单处理

消费者可以拨打 800 免费电话，也可以通过 Dell 的网上商店进行订货。Dell 首先检查订单项目是否填写齐全，然后检查订单的付款条件，并按付款条件将订单分类。采用信用卡支付方式的订单将被优先满足，其他付款方式则需要更长时间得到付款确认。只有确认支付完款项的订单才会立即自动发出。零部件的订货将转入生产数据库中，订单也随即转到生产部门进行下一步作业。订货后，用户可以对产品的生产过程、发货日期甚至运输公司的发货状况等进行跟踪。

（2）预生产

Dell 在正式开始生产之前，需要等待零部件的到货，称为预生产。预生产的时间因消费者所订系统的不同而不同，主要取决于供应商的仓库中是否有现成的零部件。

2）电子商务化物流给 Dell 带来的好处及隐患

使用电子商务化物流后，一方面，Dell 可以先拿到用户的预付款和运费；另一方面，Dell 在货运公司将货运到后才与其结算运费。也就是说，Dell 既占压用户的流动资金，又占压物流公司的流动资金；Dell 的竞争对手一般保持着几个月的库存，但 Dell 的按单生产没有库存风险，使其具有只保持几天库存的水平，这些因素使 Dell 的年均利润率超过对手的 50% 。

但无论采用何种销售方式，首先必须对用户有好处，Dell 的电子商务型直销方式对用户的好处包括：一是可以满足个性化的用户需求；二是 Dell 精简的生产、销售、物流过程可以省去一些中间成本，因此使价格较低；三是用户可以享受到完善的售后服务，包括物流、配送等服务。

决定 Dell 直销系统成功与否的关键之一是要建立一个覆盖面较广、反应迅速、成本适当的物流网络和系统。如果 Dell 按照承诺将所有的订货都直接从工厂送货上门，就会带来以下两个问题：

(1) 物流成本过高

如果用户分布的区域很广，订货量又少，则这种系统因库存降低减少的库存费用将无法弥补因送货不经济导致的运输及其他相关成本的上升。因此，在某些重要的销售市场设立区域配送中心是必要的，但这可能使库存成本上升。

(2) 交货期过长

在传统的销售渠道下，消费者面对现货；在 Dell 的销售方式下，用户面对的是期货。消费者看在名牌企业的份上还可能这样去等待，但这并不是消费者期望的事情。像 Dell 这样依赖准确的需求预测、电话订货或网上订货，然后再组织生产和配送的模式，实际上蕴藏着较大的市场、生产及物流风险。

3）电子商务的生命力是增值性物流服务

电子商务的物流需求不仅仅是门到门运输、免费送货上门，因为电子商务需要的不是普通的运输和仓储服务，它需要的是物流服务，除了传统的物流服务外，电子商务还需要增值性的物流服务。增值性的物流服务包括以下两层含义和内容：

(1) 延伸服务

物流产业在今天能够发展得如此迅猛，是因为它的核心是成本的降低，但它的额外服务更令企业界赞不绝口。因此，物流服务向上可以延伸到市场调查与预测、采购及订单处理，向下可以延伸到配送、物流咨询、物流方案的选择与规划、库存控制决策建议、货款回收与结算、教育与培训、物流系统设计与规划方案的制订等。

(2) 降低成本，即发掘第三利润源泉的服务

电子商务发展的前期，物流成本居高不下，有些企业可能会因为根本承受不了这种高成本而退出电子商务领域，或者是选择性地将电子商务的物流服务外包出去，这是很自然的事情。发展电子商务，一开始就应该寻找能够降低物流成本的物流方案。企业可以考虑的方案包括：采用第三方物流；电子商务经营者之间或电子商务经营者与普通商务经营者联合，采取物流共同化计划；具有一定销售量的电子商务企业，可以适度投资物流技术和设施设备，或推行物流管理技术（如运筹学中的管理技术、单品管理技术、条码技术和其他信息技术等），提高物流的效率和效益，降低物流成本。

Dell 为我们提供了一个电子商务化物流的优秀范例。目前，能否提供电子商务化物流增值服务已经成为衡量一个企业物流是否真正具有竞争力的标准。

本章小结

物流与电子商务的关系极为密切。电子商务对物流的影响体现在对物流业的地位、物流组织模式、物流作业环节等方面的影响。物流是电子商务的重要组成部分，物流现代化是电子商务的基础，物流是实施电子商务的根本保证。电子商务环境下物流具有信息化、自动化、网络化、智能化、柔性化、标准化、社会化和共同化的特点。物流对电子商务的实现很重要，电子商务对物流的影响也极为深远。

电子商务环境下物流业的发展趋势将呈现多功能化、信息化、全球化等特征。当前，需提高全社会对电子商务物流的认识，结合我国的实际情况，通过加强电子商务物流人才的培养、第三方物流发展电子商务、组建物流联盟、提高物流管理水平等方式来进一步发展电子商务环境下的物流业。

核心概念

物流技术　物流网络信息化

基本训练

● 知识题

1. 选择题

(1) 下列属于电子商务环境下物流特点的是(　　)。

A. 自动化　　B. 智能化　　C. 标准化　　D. 网络化

(2) 电子商务对物流业产生的影响体现在(　　)。

A. 供应链中货物流动方向由“拉动式”变成“推动式”

B. 供应链变长

C. 物流企业会越来越强化

D. 供应链变短

2. 判断题

(1) 物流是电子商务的组成部分。　　(　　)

(2) 物流服务向下可以延伸到市场调查与预测、采购及订单处理。　　(　　)

(3) “三流分立”指的是资金流、物流、信息流。　　(　　)

3. 简答题

(1) 简述电子商务与物流的关系。

(2) 电子商务环境下物流的特点是什么?

(3) 简述电子商务环境下物流业的发展趋势和策略。

● 技能题

利用互联网搜索并总结当前电子商务物流存在的问题，试回答应该采取哪些措施和对策?

观念应用

● 案例分析

1. 阅读下列案例，回答后面的问题。

海尔集团没有料到，其推出的“网上定制”冰箱业务竟然如此大受欢迎，仅 1 个月时间，公司就从网上接到了多达 100 多万台的订单。“网上定制”，就是消费者需要的冰箱由消费者自己来设计，企业则根据消费者提出的设计要求来定做的一种特制冰箱。比如，消费者可根据自己家具的颜色或自己的喜好，定制自己喜欢的外观色彩或内置设计的冰箱。这对生产厂家意味着什么? 业内人士说，过去的“我生产你购买”变成了现在的“你设计我生产”。虽然这两种方式都是生产冰箱，但前者是典型的制造业，后者则有了服务业的内涵。这当然是一种创新。在这种创新意识下面，透露出海尔从过去看重制造业转而重视制造业与服务业的结合。在一些发达国家，个性化家电已逐步流行，从 20 世纪 80 年代末就开始逐步淘汰少品种大批量的家电生产方式，在生产布局、技术工艺管理、组织流程上实行“柔性化”，进行小批量生产，一条生产线可以同时生产几十种型号不同的产品，以满足不同消费者的个性化需求。海尔的这种创新意识其深层次的背景则是，随着新经济时代的到来，这种个性化的需求愈加突出。海尔集团首席执行官张瑞敏认为，在新经济时代，企业面对的是千千万万的消费个体，或者说是“一对一”的消费者，他们会提出无数个性化的需求，企业要做的就是随时满足千千万万个不同的个性需求。能够满足这种需求，你就会在新经济中掌握主动，否则，你将被淘汰。“定制冰箱”给海尔带来了很多的麻烦，从设计系统、模具制造系统、生产系统、配送系统、支付系统、服务系统，都比生产普通冰箱的要求高得多。但海尔表示，公司愿意迎接这种创新。海尔称，公司对于这种创新有着充分准备，甚至在数年前就进行了观念和技术上的磨炼和储备。海尔在数年前就提出了市场细分的理念，从不同的个性化需求角度出发，超前设计储备了数量达几千种不同类型的冰箱产品。张瑞敏说，海尔的未来取决于我们现在的认识和行动。与超前设计储备同步的是其数年前在世界各地设立的十多家设计中心或分部，这些机构实现了整合世界范围内的设计资源和智力资源的目标，使海尔成为中国同行唯一能够设计生产欧、亚、美、日等全球4种主流冰箱产品的企业。同时，海尔依靠遍布世界各地的15条先进的冰箱生产线，为海尔冰箱的个性化生产奠定了基础。特别是实施业务流程再造以来，海尔在全国各地建立起了庞大的物流网络系统，在设计、科研、生产和配送服务上都具备了满足用户个性化定制冰箱需求的能力，从而使海尔实现了从量的积累到质的飞跃的过程。海尔表示，只要用户提出定制冰箱要求，在一周时间内就可投入生产。

资料来源　中国交通运输协会．物流案例与实践应试指南［M］．2版．北京：电子工业出版社，2011.

问题：

（1）你认为，海尔的“网上定制”会给企业带来什么好处？

（2）结合案例，谈谈电子商务对物流的影响。

（3）企业在实施电子商务物流时应该注意哪些问题？

2. 阅读下列案例，回答后面的问题。

芜湖港（证券代码：600575）日前发布公告，拟以4.45亿元的价格，收购控股股东淮南矿业集团持有的淮矿电力燃料有限责任公司全部股权，此次交易增值率仅为7.6%。此外，芜湖港拟将名称变更为“安徽皖江物流（集团）股份有限公司”，证券简称拟变更为“皖江物流”，股票代码不变。芜湖港表示，收购淮矿电力燃料有限责任公司交易有利于公司整合资源，进一步完善公司煤炭综合物流的业务链条，促进公司配煤业务的快速发展并增强公司持续盈利能力。

芜湖港同时发布公告，拟出资2亿元设立全资子公司安徽皖江物流大宗商品电子商务有限责任公司，新公司将适时收购芜湖港旗下淮矿现代物流持有的斯迪尔公司、仓储公司、联运公司、信息技术公司全部股权，当前由淮矿现代物流负责的“平台+基地”业务将转入新设公司运营。芜湖港表示，新设专门从事电商业务管理的全资子公司，主要为了保障大宗商品电商物流业务的独立性、权威性，实现电商业务与传统商贸业务的风险隔离，使公司的经营及管理架构更加清晰。有分析指出，为避免单一业务带来的风险，芜湖港开始逐步由之前的物流贸易、铁路运输、港口装卸的模式，逐渐向大宗电商转型发展。

资料来源　汤荣汛．芜湖港欲更名“皖江物流”逐渐向大宗电商转型发展［EB/OL］．［2014-07-29］．http：//ah. anhuinews. com/system/2014/07/29/006499657. shtml.

问题：

（1）你认为，芜湖港更名为“皖江物流”有何意义？

（2）芜湖港发展电子商务业务有何优势与不足？

● 单元实训

调查你所在地的企业应用电子商务物流的情况，写出调查分析报告。

第 5 章　物流信息技术

学习目标

通过本章学习，应该达到以下目标：

知识目标：了解条形码技术、射频技术及 GPS、GIS、RS 技术的基本概念，掌握它们在物流活动中的应用，尤其是二维码在电子商务中的应用。初步了解射频识别系统的组成。

技能目标：学会结合 Internet，利用 GPS、GIS、RS 进行物流运输及车辆跟踪的技能。

能力目标：在物流活动中熟练使用条形码技术、射频技术及 GPS、GIS、RS 技术的能力，设计物流企业利用信息技术进行企业信息化方案的能力。

引　例

苏宁易购的二维码营销

近年来，随着智能手机迅速得到普及，越来越多的年轻人喜欢上便捷的网络购物方式，这些人群是商场的主要顾客群体，他们追求科技感和时尚感，接受新鲜事物能力强。二维码这种新兴的移动互联网营销工具，给苏宁易购的营销活动带来了事半功倍的效果。

那么，二维码是如何运用到苏宁易购的营销活动中的呢?

1. 促销宣传品

在苏宁易购店面的促销宣传单、DM 彩页、店内海报上印上二维码，顾客用安装扫码软件的智能手机一扫描就可以直接登录到苏宁易购网上商城。这样就延展了宣传的维度，从线下到线上，可以提升营销效果和顾客忠诚度。设计别致的创意二维码，不仅能够吸引更多拍摄，还能提升企业形象。

2. 户外广告

在地铁、公交、灯箱、包柱、电梯间、建筑外立面等户外媒体投放的广告，因空间有限以及对美观的要求，往往不能展现太多内容。通过增加二维码，并精心设置互动活动(比如拍摄获得优惠券)，来吸引更多消费者的参与，即时连接到手机网站，增强商客互动，可以大大提升营销效果。

3. 小型宣传品

会员卡、销售小票等小型宣传品可以成为二维码的载体，从而为商场做免费广告。在会员卡上增加二维码，会员通过手机拍摄可以连接到会员中心的网站，随时方便地查询积分信息；也可以连接到微博，发微博获赠优惠券或积分。在销售小票上增加二维码，可以扫描二维码，再通过支付宝支付，最后直接凭核销单店内取货。这一购物模式将为消费者在结账环节上节省不少时间。

二维码作为从线下到线上的一个入口，已得到越来越多的企业和商家的重视。如何将自己的二维码与别人的区分开来，就需要对二维码进行艺术化的设计，提高吸引力和辨识度。

资料来源　张育绮．二维码营销：智能手机引领的创新革命［M］．北京：中信出版社，2013.

物流信息技术是指现代信息技术在物流各个作业环节中的应用，是物流现代化极为重要的领域之一，尤其是飞速发展的计算机网络技术的应用使物流信息技术达到了新的水平。物流信息技术成为物流现代化的重要标志。

在现代物流活动中，由于计算机技术与网络技术的应用越来越普及，使得物流技术综合了许多现代信息技术，如自动识别技术（包括条形码技术）、射频技术、GPS、GIS 技术等。纵观当今国内外的物流发展现状及趋势，物流业的发展必须以这些实实在在的技术应用与改进为前提。

5.1 条形码技术

条形码（也可称为“条码”）技术，是条形码自动识别技术（Barcode Auto-identification Technology）的简称。条码技术是在当代信息技术基础上产生和发展起来的符号自动识别技术。它将符号编码、数据采集、自动识别、自动录入、存储信息等功能融为一体，能够有效解决物流过程中大量数据的采集与自动录入问题，条码技术在储运中的应用如图 5-1 所示。

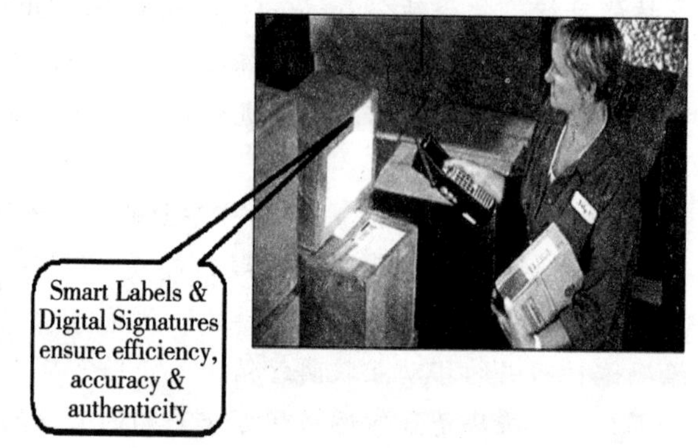

图 5-1 条形码的应用

5.1.1 条形码概述

条形码是由一组按特定规则排列的，由条、空及其对应字符组成的表示一定信息的符号。条形码的条、空组合部分称为条码符号，对应符号部分的一组阿拉伯数字称为条码代码。条码符号和条码代码相对应，表示的信息一致。条码符号用于条码识读设备扫描识读，条码代码供人识读。不同的码制，条形码符号的组成规则也不同。

1）条码的组成

一个完整的条码的组成次序为：静区（前）、起始符、数据符（中间分割符，主要用于 EAN 码）、校验符、终止符、静区（后），如图 5-2 所示。

图 5-2 条码的组成

①静区，指条码左右两端外侧与空的反射率相同的限定区域，它使阅读器进入准备阅读的状态，当两个条码的距离较近时，静区则有助于阅读器对它们加以区分。静区的宽度通常应不小于 6mm（或 10 倍模块宽度）。

②起始/终止符，指位于条码开始和结束的若干条与空，标志着条码的开始和结束，同时提供码制识别信息和阅读方向的信息。

③数据符，位于条码中间的条、空结构，它包含条码所表达的特定信息。构成条码的

基本单位是模块，模块是指条码中最窄的条或空，模块的宽度通常以 mm 或 mil（千分之一英寸）为单位。构成条码的一个条或空称为一个单元，一个单元包含的模块数是由编码方式决定的。有些码制中，如 EAN 码，所有单元由一个或多个模块组成；而另一些码制，如 39 码中，所有单元只有两种宽度，即宽单元和窄单元，其中的窄单元即为一个模块。

2）条码技术的特点

在信息输入技术中，采用的自动识别技术种类很多。条码作为一种图形识别技术与其他识别技术相比有如下特点：

①简单。条码符号制作容易，扫描操作简单易行。

②信息采集速度快。普通计算机的键盘录入速度是 200 字符/分钟，而利用条码扫描录入信息的速度是键盘录入的 20 倍。

③采集信息量大。利用条码扫描，依次可以采集几十位字符的信息，而且可以通过选择不同码制的条码增加字符密度，使采集的信息量成倍增加。

④可靠性高。键盘录入数据，误码率为三百分之一，利用光学字符识别技术，误码率约为万分之一。而采用条码扫描录入方式，误码率仅有百万分之一，首读率可达 98% 以上。

⑤灵活、实用。条码符号作为一种识别手段可以单独使用，也可以和有关设备组成识别系统实现自动化识别，还可和其他控制设备联系起来实现整个系统的自动化管理。同时，在没有自动识别设备时，也可实现手工键盘输入。

⑥自由度大。识别装置与条码标签相对位置的自由度要比光学字符识别（OCR）大得多。条码通常只在一维方向上表示信息，而同一条码符号上所表示的信息是连续的，这样即使是标签上的条码符号在条的方向上有部分残缺，仍可以从正常部分识读正确的信息。

⑦设备结构简单、成本低。条码符号识别设备的结构简单，操作容易，无需专门训练。与其他自动化识别技术相比较，推广应用条码技术所需费用较低。

【小知识 5-1】

我国条码技术的研究始于 20 世纪 70 年代，当时的主要工作是学习和跟踪世界先进技术。随着计算机应用技术的普及，20 世纪 80 年代末，条码技术在我国的邮电、仓储、图书管理及生产过程的自动控制等领域开始得到初步应用。1991 年 4 月，中国物品编码中心代表我国加入了国际物品编码协会（GS1），为全面开展我国的条码工作创造了有利条件。中国商品条码系统成员数量迅速增加，到 1996 年 12 月 31 日，我国已有 27 122 家企业申请注册了厂商代码。POS 系统的纷纷建立与形成，标志着我国条码工作进入了一个新的历史阶段。

5.1.2　商品条码

通用的商品条形码一般由前缀码、制造厂商代码、商品代码和校验码组成。前缀码是用来标识国家或地区的代码，赋码权在国际物品编码协会，如 00 ~ 09 代表美国、加拿大，45、49 代表日本，69 代表中国大陆，471 代表中国台湾地区，489 代表中国香港特别行政区。制造厂商代码的赋权在各个国家或地区的物品编码组织，中国由国家物品编码中心赋予制造厂商代码。商品代码是用来标识商品的代码，赋码权由产品生产企业自己行使。商品条形码最后用1位校验码来校验商品条形码中左起第1～12位数字代码的正确性。

1）商品编码原则

（1）唯一性

唯一性原则是商品编码的基本原则，也是最重要的一项原则。不同商品是靠不同的代码来识别的。假如把两种不同的商品用同一代码来标识，违反唯一性原则，就会导致商品管理信息系统的混乱，甚至给销售商或消费者造成经济损失。

①对同一商品项目的商品必须分配相同的商品标识代码。基本特征相同的商品视为同一商品项目，基本特征不同的商品视为不同的商品项目。商品的基本特征主要包括商品名称、商标、种类、规格、数量、包装类型等。但需要说明的是，不同行业的商品，其基本特征往往不尽相同，且不同的单个企业还可根据自身的管理需求，设置不同的基本特征项。例如，服装行业可以把服装的基本特征归纳为品种、款型、面料、颜色、规格等几项，而单个服装企业在确定究竟依据哪些基本特征项来为服装产品分配商品标识代码时，还可根据自身管理需求的特点，在此基础上增加附加特征项或做适当的修改，如增加“商标”为基本特征项，或只将品种、款型、面料作为基本属性，而不必考虑颜色、规格项。

应该特别注意，商品的基本特征项是划分商品所属类别的关键因素，往往对商品的定价起主导作用，因此它不同于为商品流通跟踪用所设置的附加信息项，诸如净重、面积、体积、生产日期、批号、保质期等。这些附加信息项与商品相关联，必须与商品标识代码一起出现才有意义。

②对不同商品项目的商品必须分配不同的商品标识代码。商品的基本特征一旦确定，只要商品的一项基本特征发生变化，就必须分配一个不同的商品标识代码。例如，某个服装企业将商标、品种、款型、面料、颜色作为服装的五个基本特征项，那么只要这五个基本特征项中的一项发生变化，就必须分配不同的商品标识代码来标识商品。

（2）稳定性

稳定性原则是指商品标识代码一旦分配，只要商品的基本特征没有发生变化，就应该保持不变。同一商品项目，无论是长期连续生产还是间断式生产，都必须采用相同的标识代码。即使该商品项目已经停产，其标识代码应至少在4年之内不能应用于其他商品项目上。即使商品已不在供应链中流通，由于要保存历史资料，需要在数据库中较长时期地保留它的商品标识代码，因此，在重新启用商品标识代码时，还需考虑此因素。

（3）无含义性

无含义性原则是指商品标识代码中的每一位数字不表示任何与商品有关的特定信息。有含义的编码，通常会导致编码容量的流失。厂商在编制商品项目代码时，最好使用无含义的流水号。对于一些商品，在流通过程中可能需要了解它的其他附加信息，如生产日期、有效期、批号及数量等，此时可以采用标识符来满足附加信息的标注要求。

2）标准码

由13位数字构成的条码称为标准码，标准码尺寸为：37.29mm×26.26mm，放大系数取值范围是0.80～2.00，间隔为0.05。标准码的13位数字构成分两种情况：

结构一：对690、691打头的条码，由7位厂商识别代码、5位商品项目代码及1位校验码构成。

例如：690MMMMM　　　PPPPP　　　C

　　厂商识别代码　　商品项目代码　　校验码

结构二：对 692 打头的条码，由 8 位厂商识别代码、4 位商品项目代码及 1 位校验码构成。

3）缩短码

由 8 位数字构成的条码称为缩短码，只有当标准码尺寸超过总印刷面积的 25% 时，才允许申报使用缩短码。缩短码尺寸为：26.73mm×21.64mm，放大系数取值范围是 0.80～2.00，间隔为 0.05。

缩短码的 8 位数字由 7 位商品项目代码和 1 位校验码构成。

例如：69×××××　　　C

　　商品项目代码　　校验码

商品条码的商品项目代码由厂商自行编制，表示商品的类别、规格、包装形式等信息。根据 GB 12904–2008 中商品项目代码编制唯一性原则规定：不同的商品必须编制不同的商品项目代码，同一商品的不同种类、规格、包装、颜色等也应视为不同的商品，编制不同的代码。

5.1.3　物流条码

1）物流条码的概念

物流条码是指用以标识物流领域中具体实物的一种特殊代码，它是由一组黑白相间的条、空组成的图形，利用识读设备可以实现自动识别、自动数据采集。它可实现整个物流活动过程，包括生产厂家、配销业、运输业、消费者等环节的共享数据。它贯穿整个贸易过程，并通过物流条码数据的采集、反馈，提高整个物流系统的经济效益。

2）物流条码的特点

与商品条码相比较，物流条码有如下特点：

①储运单元的唯一标识。商品条码是最终消费品，通常是单个商品的唯一标识，用于零售业现代化的管理；物流条码是储运单元的唯一标识，通常标识多个或多种类商品的集合，用于物流的现代化管理。

②服务于供应链全过程。商品条码服务于消费环节：商品一经出售到最终用户手里，商品条码就完成了其存在的价值，商品条码在零售业的 POS 系统中起到了单个商品的自动识别、自动寻址、自动结账等作用，是零售业现代化、信息化管理的基础。物流条码服务于供应链全过程：生产厂家生产出产品，经过包装、运输、仓储、分拣、配送，直到零售商店，中间经过若干环节，物流条码是这些环节中的唯一标识，因此它涉及面更广，是多种行业共享的通用数据。

③信息多。通常，商品条码是一个无含义性的 13 位数字条码；物流条码则是一个可变的，可表示多种含义、多种信息的条码，是无含义性的货运包装的唯一标识，可表示货物的体积、重量、生产日期、批号等信息，是贸易伙伴根据在贸易过程中共同的需求，经过协商统一制定的。

④可变性。商品条码是一个国际化、通用化、标准化的商品的唯一标识，是零售业的国际化语言；物流条码是随着国际贸易的不断发展，贸易伙伴对各种信息需求的不断增加应运而生的，其应用在不断扩大，内容也在不断丰富。

⑤维护性。物流条码的相关标准是一个需要经常维护的标准。及时沟通用户需求，传达标准化机构有关条码应用的变更内容，是确保国际贸易中物流现代化、信息化管理的重要保障之一。

3）物流条码的应用

物流条码涉及面较广，因此相关标准也较多。它的实施和标准化是基于物流系统的机械化、现代化，包装运输等作业的规范化、标准化。物流条码标识的内容主要有项目标识（货运包装箱代码 SCC-14）、动态项目标识（系列货运包装箱代码 SSCC-18）、日期、数量、参考项目（客户购货订单代码）、位置码、特殊应用（医疗保健业等）及内部使用。

目前现存的条码码制多种多样，但国际上通用的和公认的物流条码码制只有三种：ITF-14 条码、UCC/EAN-128 条码及 EAN-13 条码。选用条码时，要根据货物的不同和商品包装的不同，采用不同的条码码制。单个大件商品，如电视机、电冰箱、洗衣机等商品的包装箱往往采用 EAN-13 条码。储运包装箱常常采用 ITF-14 条码或 UCC/EAN-128 应用标识条码，包装箱内可以是单一商品，也可以是不同的商品或多件头商品小包装。

ITF 条码是一种连续型、定长、具有自校验功能，并且条、空都表示信息的双向条码。ITF-14 条码的条码字符集、条码字符的组成与交插二五码相同。它由矩形保护框、左侧空白区、条码字符、右侧空白区组成。

UCC/EAN-128 应用标识条码是一种连续型、非定长条码，能更多地标识贸易单元中需表示的信息，如产品批号、数量、规格、生产日期、有效期、交货地等。UCC/EAN-128 应用标识条码由应用标识符和数据两部分组成，每个应用标识符由 2 位到 4 位数字组成。条码应用标识的数据长度取决于应用标识符。条码应用标识采用 UCC/EAN-128 码表示，并且多个条码应用标识可由一个条码符号表示。UCC/EAN-128 条码是由双字符起始符号、数据符、校验符、终止符及左、右侧空白区组成。UCC/EAN-128 应用标识条码是使信息伴随货物流动的全面、系统、通用的重要商业手段。

【小知识 5-2】

在物流领域的条码技术推进工作目前才刚刚起步，由于受到条码应用理念尚未普及以及物流企业规模限制等因素的影响，国内物流行业还没有形成条码应用的氛围，推进工作还面临着很大的困难。条码技术也只是在局部物流管理领域及部分先进企业获得了较好的应用。

在现代制造企业物流系统方面，由于我国制造业的快速发展，受跨国制造企业的影响，许多大型制造企业及国外跨国公司在国内开办的合资与独资企业，在其现代化的制造业生产线中大都采用了现代条码技术对制造流程中的生产信息、物料信息、仓储信息与销售信息进行跟踪与处理，条码技术在这些现代制造企业的生产线物流系统中得到了普遍应用。例如通用、三星、摩托罗拉、爱立信等跨国企业在国内的生产线或合资企业，以及国内的海尔、海信、华为、联想、科龙等企业的现代化生产线的物流管理系统中都采用了现代条码技术。但是，除上述先进企业外，绝大多数企业的生产线物流系统还没有使用条码技术，尤其是超过 90% 的中小型制造企业，虽然大部分产品都采用了条码技术对产品进行了分类编码，但在生产线物流管理系统基本上都没有利用条码技术。

随着一些企业现代物流中心的建设，在新建的制造业现代物流中心或自动化立体仓库、商业企业物流配送中心，条码技术的使用情况较为普遍。如果没有条码技术的支撑，这些现代物流技术设施的运作效率就难以发挥。

资料来源　吴健. 电子商务物流管理［M］. 北京：清华大学出版社，2009.

5.2　二维码

随着条码技术应用领域的不断扩展，传统的一维条码逐渐表现出了它的局限：首先，使用一维条码，必须通过连接数据库的方式提取信息才能明确条码所表达的信息含义，因此在没有数据库或者不便联网的地方，一维条码的使用就受到了限制；其次，一维条码表达的只能是字母和数字，而不能表达汉字和图像，在一些需要应用汉字的场合，一维条码便不能很好地满足要求；最后，在某些场合下，大信息容量的一维条码通常受到标签尺寸的限制，也给产品的包装和印刷带来了不便。二维条码的诞生解决了一维条码不能解决的问题，它能够在横向和纵向两个方位同时表达信息，不仅能在很小的面积内表达大量的信息，而且能够表达汉字和存储图像。二维条码的出现拓展了条码的应用领域，因此被众多不同的行业所采用。

5.2.1　二维码概述

二维码（二维条码的简称）是用某种特定的几何图形按一定规律在平面（二维方向上）分布的黑白相间的图形记录数据符号信息的条码。在代码编制上巧妙地利用构成计算机内部逻辑基础的 0、1 比特流的概念，使用若干个与二进制相对应的几何形体来表示文字数值信息，通过图像输入设备或光电扫描设备自动识读以实现信息自动处理。它具有条码技术的一些共性：每种码制有其特定的字符集、每个字符占有一定的宽度、具有一定的校验功能等。同时它还具有对不同行的信息自动识别功能及处理图形旋转变化等特点。在现代商业活动中，可实现的应用十分广泛，如：产品防伪与溯源、广告推送、网站链接、数据下载、商品交易、定位/导航、电子凭证、车辆管理、信息传递、名片交流、WiFi 共享等。如今，智能手机扫一扫功能的开发使得二维码技术的应用更加普遍（如图 5-3 所示）。

图 5-3　二维码的应用示意图

1）二维码的类型

二维码的研究在技术上从两个方面展开：一是在一维码基础上向二维码方向扩展；二是利用图像识别原理，采用新的几何形体和结构设计出二维码制。

二维码可以分为矩阵式二维码和行排式二维码。

矩阵式二维码（又称棋盘式二维码）是在一个矩形空间通过黑、白像素在矩阵中的不同分布进行编码。如图 5-4 所示，在矩阵元素位置上，出现方点、圆点或其他形状点表示二进制“1”，不出现点表示二进制的“0”，点的排列组合确定了矩阵式二维码所代表的意义。矩阵式二维码是建立在计算机图像处理技术、组合编码原理等基础上的一种新型图形符号自动识读处理码制。具有代表性的矩阵式二维码有 Code One、Maxi Code、QR Code、Data Matrix 等。在图 5-4 中，黑白的区域在 QR 码规范中被指定为固定的位置，称

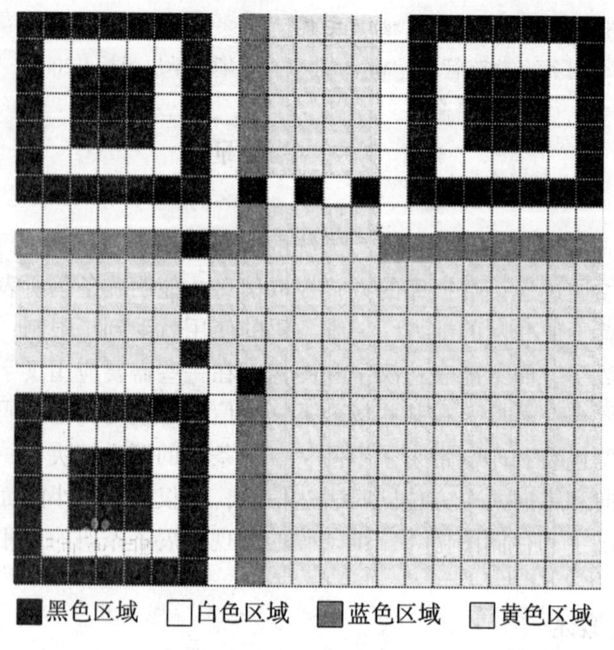

图 5-4 矩阵式二维码

为寻像图形（finder pattern）和定位图形（timing pattern）。寻像图形和定位图形用来帮助解码程序确定图形中具体符号的坐标。黄色的区域用来保存被编码的数据内容以及纠错信息码。蓝色的区域，用来标识纠错的级别（也就是 Level L 到 Level H）和所谓的“mask pattern”，这个区域被称为“格式化信息”（format information）。

行排式二维码（又称堆积式二维码或层排式二维码），其编码原理建立在一维码基础之上，按需要堆积成二行或多行。它在编码设计、校验原理、识读方式等方面继承了一维码的一些特点，识读设备与条码印刷与一维码技术兼容。但由于行数的增加，需要对行进行判定、其译码算法与软件也不完全相同于一维码。有代表性的行排式二维码有 Code49、Code16K、PDF417 等。其中，Code49 是 1987 年由 David Allair 博士研制，Intermec 公司推出的第一个二维码。

2）二维码的特点

①信息容量大。根据不同的条空比例，每平方英寸可以容纳 250 到 1100 个字符。在国际标准的证卡有效面积上（相当于信用卡面积的 2/3，约为 76mm×25mm），二维码可以容纳 1 848 个字母字符或 2 729 个数字字符，约 500 个汉字信息。这种二维码比普通条码信息容量高几十倍。

②编码范围广。二维码可以将照片、指纹、掌纹、签字、声音、文字等凡可数字化的信息进行编码。

③保密、防伪性能好。二维码具有多重防伪特性，它可以采用密码防伪、软件加密及利用所包含的信息如指纹、照片等进行防伪，因此具有极强的保密防伪性能。

④译码可靠性高。普通条码错误率约为百万分之二左右，而二维码的误码率不超过千万分之一，译码可靠性极高。

⑤修正错误能力强。二维码采用了世界上最先进的数学纠错理论，如果破损面积不超过 15%，条码由于沾污、破损等原因所丢失的信息也可以照常被破译出来。

⑥容易制作且成本低。利用现有的点阵、激光、喷墨、热敏/热转印、制卡机等打印技术，即可在纸张、卡片、PVC、甚至金属表面上可印出二维码，且成本较低。

⑦条码符号的形状可变。同样的信息量，二维码的形状可以根据载体面积及美工设计等进行调整。

【小知识 5-3】

手机二维码应用

手机二维码是二维码技术在手机上的应用。手机二维码可以印刷在报纸、杂志、广告、图书、包装以及个人名片等多种载体上，用户通过手机摄像头扫描二维码或输入二维码下面的号码、关键字即可实现快速联网，便捷地浏览网页、下载图文、音乐、视频、获取优惠券、参与抽奖、了解企业产品信息等，从而省去在手机上输入 URL 的繁琐过程，实现一键上网。同时，手机二维码还可以方便地用手机识别和存储名片、自动输入短信，获取公共服务（如天气预报），实现电子地图查询定位、手机阅读等多种功能。随着 3G 时代的到来，二维码可以为网络浏览、下载、在线视频、网上购物、网上支付等提供方便的入口。

条码识别应用为用户使用手机上网提供了极大便利，省去了输入 URL 的麻烦，可以快速进入自己想看的网页，大大提高了上网的便利性。此外，条码识别应用也为平面媒体、增值服务商和企业提供了一个与用户随时随地沟通的方式。

条码识别的上网应用旨在进一步为用户提供便捷、高质量的移动互联网服务，同时打造有中国特色的手机二维码产业链，为企业和行业应用开辟空间。中国移动正在大力推动手机厂商对条码识别软件进行手机出厂预装。手机二维码与手机菜单、搜索引擎并称为手机上网三大入口，我们的使命就是让用户可以随时随地获取需要的内容，同时通过这种平台服务为媒体、企业、品牌创造价值。

资料来源　张育琦．二维码营销：智能手机引领的创新革命［M］．北京：中信出版社，2013.

5.2.2　制作二维码

二维码其实就是由很多 0、1 组成的数字矩阵。二维码是用某种特定的几何图形按一定规律在平面（二维方向上）分布的黑白相间的图形记录数据符号信息的。在代码编制上，二维码巧妙地利用构成计算机内部逻辑基础的“0”、“1”比特流的概念，使用若干个与二进制相对应的几何形体来表示文字数值信息，通过图像输入设备或光电扫描设备自动识读以实现信息自动处理。它具有条码技术的一些共性：每种码制有其特定的字符集；每个字符占有一定的宽度；具有一定的校验功能等。同时，它还具有对不同行的信息自动识别功能和处理图形旋转变化等特点。二维码能够在横向和纵向两个方位同时表达信息，因此能在很小的面积内表达大量的信息。

二维码生成器的制作需要一个二维码生成算法，或者一个二维码插件，然后用 JAVA、C#、VB 等编程语言编写一个调用软件就可以做成二维码生成器了。这个二维码生成算法就是将组成二维码的 0、1 数字矩阵进行组合，输入二维码生成器的信息不同，所得到的 0、1 数字矩阵组合也不相同，因此生成的二维码样式就各种各样。

我们可以通过互联网搜索引擎搜索“二维码生成器”（如图 5-5 所示），找到多种二维码生成的软件。通过二维码生成软件可以制作以下二维码：纯文本的二维码（扫描后可看到文本内容）、移动标签的二维码（扫描后可拨打电话或发短信）、网络标签二维码（扫描后可直接登录网站）、电子名片（可记录个人信息）。

图 5-5 搜索“二维码生成器”

5.2.3 二维码设备

二维码设备分为两类：二维码识读设备和条码打印设备。

二维码识读设备是用来读取条码信息的设备。它使用一个光学装置将条码的条空信息转换成电子信息，再由专用译码器翻译成相应的数据信息。二维码识读设备一般不需要驱动程序，接上后可直接使用，如同键盘一样。从形式上看，二维码扫描设备有手持式和固定式两种。

条码打印设备主要是用于条码标签的打印（如图 5-6 所示）。条形码打印机最重要的部件是打印头，打印头是由热敏电阻构成，打印的过程就是热敏电阻发热将碳带上的碳粉转移到纸上的过程。所以，在选购条形码打印机的时候，打印头是一个值得特别注意的部件，它和碳带的配合是整个打印过程的关键。

图 5-6 条形码打印机

目前国内市场上常见的条形码打印机由于品牌的差异，存在两种不同的打印头，一种是平压式打印头，整个打印头压在碳带上，这种打印头可以适应各种碳带，具有广泛的用户群，应用于各种品牌的条形码打印机；另一种是悬浮式打印头，这是一种新型的打印头模式，打印头只是尖端压在碳带上，这种打印头虽然对碳带的要求比较高，但它具有节省碳带的功能，所以它被一些技术力量雄厚的大公司广泛采用。

目前，打印二维码标签有两种方式：二维码打印机打印方式和软件配合激光打印机方式。随着二维码应用软件日趋增多，很多带有二维码生成功能的软件可使文字、图片生成二维码来应用。

【小知识 5-4】

移动设备和二维码将成中国 O2O 最大推手

摩根士丹利认为，在中国，移动设备和二维码将成为 O2O 推手。据报告，2013 年，中国移动互联网用户增长了 19%，达 5 亿户，通过移动设备购物的用户也在快速增长，其中有近41%的用户从未有过PC上网经验。几乎60%的活跃移动设备是在城市郊区或小城镇，而这些地区，电子商务的渗透力相对较弱。对于商家来说，一个低成本地了解消费者的途径就是二维码，目前中国一年就有超过11亿个二维码被扫描，如此庞大的消费行为数据使得数据分析和追踪成为可能，而这将带来用户体验的改善和盈利的增加。

摩根士丹利认为，二维码的广泛应用将在中国营造一个多点触控式的销售环境，对于商家来说，尽可能多地为自己加上二维码标签变得越来越重要，这将显著促进O2O零售。那些能提供整个零售价值链数据的平台（从数据分析、数据追溯及展示到订单和行为转变）将体现出更高的价值，因为其通过消费者创造了一个完美的商业循环机制。

资料来源　摩根士丹利．移动设备和二维码将成中国O2O最大推手［EB/OL］．［2014-07-02］．http：//economy. caijing. com. cn/2014-07-02/114309559. html.

5.3　射频技术

5.3.1　射频技术的概念

射频识别技术（radio frequency identification，RFID）是自20世纪80年代开始走向成熟的一项自动识别技术。它利用射频方式进行非接触式双向通信交换数据以达到识别目的。与传统的磁卡、IC卡相比，射频卡最大的优点就在于非接触性，因此完成识别工作时无需人工干预，适合于实现系统的自动化且不易损坏，可识别高速运动物体并可同时识别多个射频卡，操作快捷方便。射频卡不怕油渍、灰尘污染等恶劣的环境，短距离的射频卡可以在这样的环境下替代条码，用在工厂的流水线等场合跟踪物体。长距离的产品多用于交通上，距离可达几十米，可用在自动收费或识别车辆身份等场合。

射频技术的基本原理是电磁理论，利用无线电波对记录进行读写。射频系统的优点是不局限于视线，识别距离比光学系统远，射频识别卡具有读写能力，可携带大量数据，难以伪造并具有智能功能等特性。在物流活动中，射频技术适用于物料跟踪、运载工具和货架识别等要求非接触数据采集和交换的场合，由于利用射频技术制作的电子标签具有可读写能力，因而对于需要频繁改变数据内容的场合尤为适用。

采用射频技术具有以下一些优点：

①数据库的准确性。射频技术以资料收集设备直接读取，因而除非原始资料错误，否则百分之百正确。

②预防错误的能力强。利用射频技术传送资料时，编码中常设有校验码来对传送资料的正确性进行验证，可以预防错误资料的传送或传送中资料的丢失。

③可以大幅度提高工作效率。由于射频技术使用方便和极高的准确率，可以大大减少重复劳动，提高物流人员的工作效率。

【小知识5-5】

RFID助意大利服装物流商加快配送速度

意大利一家为服装公司履行订单的第三方物流公司LTC-Logistics（LTCs. r. l.）在佛罗伦萨的仓库和执行中心部署了RFID读写器基础设施，以便追踪不同的生产者贴标的服装。

这套阅读器系统于2009年11月底开始运行，LTC的RFID项目调查小组成员Meredith Lamborn称，受益于这套系统，目前已有两家客户的服装产品配送流程得到了提速。LTC 每年完成的订单涉及 1 000 万件货品，预计在 2010 年将为 Royal Trading s. r. l（拥有 Serafini 品牌的高端男女鞋）和 San Giuliano Ferragamo 处理 400 000 件 RFID 贴标产品。这两家意大利公司都在产品里嵌入 EPC Gen 2 的 RFID 标签，或在生产时在产品上贴上 RFID 吊牌标签。

早在 2007 年，LTC 就在考虑这项技术的应用，其顾客 Royal Trading 也鼓励 LTC 建立自己的 RFID 阅读器设施系统。当时，Royal Trading 在开发一套系统，采用 RFID 技术追踪商店里 Serafini 商品的库存。这家鞋业公司希望借助 RFID 识别技术，更好地了解每家店的库存情况，同时防止商品的丢失和被盗。

LTC 的 IT 部门采用 Impinj Speedway 阅读器，搭建了一套含 8 支天线的门式阅读器和一套 4 支天线的通道阅读器。通道阅读器被金属栅栏包围着，Lamborn 称，看起来有点类似于货物容器箱，这确保了阅读器只读通过的标签，而不是邻近其他服装的 RFID 标签。在测试阶段，工作人员对通道阅读器的天线进行了调整，读取堆放一起的货品，LTC 目前已取得了 99.5% 的读取率。Lamborn 说："精确的读取率至关重要，因为我们必须赔偿丢失的产品，所以系统必须要达到近 100% 的读取率。"

当产品从生产点送到 LTC 仓库时，那些 RFID 贴标的产品被送到一个特定的卸载点，在那里，工人将货盘移经门式阅读器。非 RFID 贴标产品则被送到其他卸载区，在那里，工人采用条形码扫描仪读取单件产品的条码。当产品的 EPC Gen 2 标签被门式阅读器成功读取完后，产品被送到仓库里指定的位置。LTC 向生产商发送一张电子收据，并在其数据库里存储产品的 SKU 码（写入 RFID 标签里）。当收到 RFID 贴标产品的订单时，LTC 根据订单将正确的产品放入货箱里，将它们运到位于发货区附近的通道阅读器。通过读取每件产品的 RFID 标签，系统识别产品，确认它们的正确性，并打印包装清单，放置在货箱里。LTC 信息系统更新产品状态，表明这些产品已被包装，准备发货。

据 Lamborn 称，使用 RFID 之后，LTC 公司减少了员工在生成装箱单时所花费的时间，减少了 30% 的时间。在货物接收方面，处理同样数量的货品，公司现在只需要用 1 个员工就可以完成过去 5 个人的工作量；过去 120 分钟的工作现在只需 3 分钟就可以完成。

这个项目花了 2 年时间，经过了漫长的测试阶段。期间，LTC 和服装生产商合作判断标签的最小使用量，及最佳贴标位置。

LTC 在这个项目上总共投入了 71 000 美元，预计将在 3 年内收回。公司还计划在未来 3 ~ 5 年内，将 RFID 技术扩展应用于拣货和其他流程。

资料来源　贺琳. RFID 助意大利服装物流商加快配送速度［EB/OL］.（2010-11-05）. http://news. rfidworld. com. cn/2010_11/8fb13fffb03a244d. html.

5. 3. 2　射频识别系统的性能特点

相对于其他识别系统，射频识别系统具有的性能特点包括：

（1）快速扫描。RFID 读写器可同时辨识读取多个 RFID 标签。

（2）体积小型化、形状多样化。RFID 在读取上并不受尺寸大小与形状限制，不需为了读取精确度而限制标签的尺寸和印刷品质。此外，RFID 标签更可往小型化与多样形态方向发展，以应用于不同产品。

（3）抗污染能力和耐久性。传统条形码的载体是纸张，因而容易受到污染，但 RFID 对水、油和化学药品等物质具有很强适应性。此外，由于条形码是附于塑料袋或外包装纸箱上的，所以特别容易受到折损；RFID 卷标是将数据存在芯片中，因此可以免受污损。

(4) 可重复使用。条形码印刷上去之后就无法更改，RFID 标签则可以重复地新增、修改、删除 RFID 卷标内储存的数据，方便信息的更新。

(5) 穿透性和无屏障阅读。在被覆盖的情况下，RFID 能够穿透纸张、木材和塑料等非金属或非透明的材质，进行穿透性阅读。而条形码扫描器必须在近距离而且没有物体阻挡的情况下才可以有效识别。

(6) 数据的记忆容量大。相对于一维条形码和二维条形码，RFID 的容量要大很多。随着记忆载体的发展，数据容量也有不断扩大的趋势。未来物品所需携带的资料量会越来越大，对卷标所能扩充容量的需求也相应增加。

(7) 安全性。由于 RFID 承载的是电子式信息，其数据内容可经由密码保护，使其内容不易被伪造及变造。

RFID 因其所具备的远距离读取、高储存量等特性而备受瞩目。它不仅可以帮助一个企业大幅提高货物、信息管理的效率，还可以让销售企业和制造企业相互联网，从而更加准确地接收反馈信息，控制需求信息，优化整个供应链。

5.3.3　射频识别系统的组成及类型

1) 射频识别系统的组成

射频识别系统在具体的应用过程中，根据不同的应用目的和应用环境，系统的组成会有所不同，但从射频识别系统的工作原理来看，系统一般都由信号发射机、信号接收机、编程器、天线四个部分组成。

(1) 信号发射机。在射频识别系统中，信号发射机为了不同的应用目的，会以不同的形式存在，典型的形式是标签（Tag）。标签相当于条码技术中的条码符号，用来存储需要识别传输的信息。另外，与条码不同的是，标签必须能够自动或在外力的作用下，把存储的信息主动发射出去。标签一般都带有线圈、天线、存储器与控制系统的低电集成电路。

按照不同的标准，标签有许多不同的分类。按标签获取电能的方式不同，可以把标签分为主动式标签与被动式标签；按内部使用存储器类型的不同，可以把标签分为只读标签与可读写标签；按标签中存储器数据能力的不同，可以把标签分为仅用于标识目的的标识标签和便携式数据文件标签。

(2) 信号接收机。在射频识别系统中，信号接收机一般也叫阅读器。根据支持的标签类型不同与完成的功能不同，阅读器的复杂程度是显著不同的。阅读器的基本功能就是提供与标签进行数据传输的途径。另外，阅读器还提供相当复杂的信号状态控制、奇偶错误检验与更正功能等。标签中除了存储需要传输的信息外，还必须含有一定的附加信息，如错误校验信息等。识别数据信息和附加信息按照一定的结构编制在一起，并按照特定的顺序向外发送。阅读器通过接收到的附加信息来控制数据流的发送。一旦到达阅读器的信息被正确地接收和译解后，阅读器通过特定的算法决定是否需要发射机对发送的信号重发一次，或者知道发射机停止发送信号，这就是“命令响应协议”。使用这种协议，即便在很短的时间、很小的空间阅读多个标签，也可以有效地防止“欺骗问题”的产生。

(3) 编程器。只有可读写标签系统才需要编程器。编程器是向标签写入数据的装置。编程器写入数据一般来说是在离线状态下完成的，也就是预先在标签中写入数据，等到开始应用时直接把标签黏附在被标识项目上。也有一些 RFID 应用系统写入数据是在线完成的，多应用于在生产环境中作为交互式便携数据文件来处理的情况。

（4）天线。天线是标签与阅读器之间传输数据的发射、接收装置。在实际应用中，除了系统功率，天线的形状和相对位置也会影响数据的发射和接收，需要专业人员对系统的天线进行设计、安装。

2）射频识别系统的类型

根据 RFID 系统完成的功能不同，可以粗略地把 RFID 系统分成四种类型，即 EAS 系统、便携式数据采集系统、网络系统、定位系统。

（1）EAS 系统。EAS（electronic article surveillance）是一种设置在需要控制物品出入的门口的 RFID 技术。这种技术的典型应用场合是商店、图书馆、数据中心等地方，当未被授权的人从这些地方非法取走物品时，EAS 系统会发出警告。在应用 EAS 技术时，首先在物品上黏附 EAS 标签，当物品被正常购买或者合法移出时，在结算处通过一定的装置使 EAS 标签失活，物品就可以取走。物品经过装有 EAS 系统的门口时，EAS 装置能自动检测标签的活动性，发现活动性标签，EAS 系统会发出警告。EAS 技术的应用可以有效防止物品的被盗，应用 EAS 技术，物品不用再锁在玻璃橱柜里，可以让顾客自由地观看、检查商品，这在自选日益流行的今天有着非常重要的现实意义。典型的 EAS 系统一般由三部分组成：附着在商品上的电子标签，电子传感器；电子标签灭活装置，以便授权商品能正常出入；监视器，在出口造成一定区域的监视空间。

（2）便携式数据采集系统。使用带有 RFID 阅读器的手持式数据采集器可以方便地采集 RFID 标签上的数据。这种系统具有比较大的灵活性，适用于不宜安装固定式 RFID 系统的应用环境。手持式阅读器（数据输入终端）可以在读取数据的同时，通过无线电波数据传输方式（RFDC）实时地向主计算机系统传输数据，也可以暂时将数据存储在阅读器中，再成批地向主计算机系统传输数据。

（3）物流控制系统。在物流控制系统中，固定的 RFID 阅读器分散布置在设定的区域，并且阅读器直接与数据管理信息系统相连，信号发射机是移动的，一般放置在移动的物体上或人身上。当物体、人经过阅读器时，阅读器会自动扫描标签上的信息并把数据信息输入数据管理信息系统存储、分析、处理，达到控制物流的目的。

（4）定位系统。定位系统用于自动化加工系统中的定位以及对车辆、轮船等进行运行定位提供支持。阅读器放置在移动的车辆、轮船上或者自动化流水线中移动的物料、半成品、成品上，信号发射机嵌入到操作环境的地表下面。信号发射机上存储有位置识别信息，阅读器一般通过无线或者有线的方式连接到主信息管理系统。

5.3.3 射频识别技术的应用

由于射频识别技术具有非接触采集信息、读写能力强、正确率高等优点，因而它被应用于很多行业。以下只是列举了目前射频识别技术的部分应用，随着射频识别技术的进一步成熟与完善，它的应用前景十分广阔。

（1）射频门禁系统。门禁系统应用射频识别技术，可以实现持有效电子标签的车辆不必停车查验即可通过，既方便通行又节约时间，提高了路口的通行效率，更重要的是可以对小区或停车场的车辆出入进行实时的监控，准确验证出入车辆和车主身份，维护区域治安，使小区或停车场的安防管理更加人性化、信息化、智能化、高效化。

（2）电子溯源。溯源技术大致有三种：第一种是 RFID 无线射频技术，在产品包装上加贴一个带芯片的标识，产品进出仓库和运输过程中就可以自动采集和读取相关的信息，产品的流向都可以记录在芯片上；第二种是二维码，消费者只需要通过带摄像头的手机扫描二维码，就能查询到产品的相关信息，查询的记录都会保留在系统内，一旦产品需要召回就可以直接发送短信给消费者，实现精准召回；第三种是条码加上产品批次信息（如生产日期、生产时间、批号等），采用这种方式的生产企业基本不增加生产成本。电子溯源系统可以实现所有批次产品从原料到成品、从成品到原料 100% 的双向追溯功能。这个系统最大的特色功能就是数据的安全性，每个人工输入的环节均被软件实时备份。

（3）高速公路的自动收费系统。高速公路上的人工收费站由于效率低下而成为交通瓶颈。如果将 RFID 技术应用在高速公路自动收费上，就能够充分体现它非接触识别的优势，让车辆在高速通过收费站的同时自动完成缴费。据测试，采用这种自动收费方式，车辆通过自动收费卡口车速可保持在 40 公里/小时，与停车领卡交费相比，行车可节省时间 30% ~70% 。

（4）交通督导和电子地图。利用 RFID 技术可以进行车辆的实时跟踪，通过交通控制中心的网络在各个路段向司机报告交通状况，指挥车辆绕开堵塞路段，并用电子地图实时显示交通状况，能够使得交通流量均匀，大大提高道路利用率。通过实时跟踪，还可以自动查处违章车辆，记录违章情况。另外，公共汽车站实时跟踪指示公共汽车到站时间及自动显示乘客信息，可以为乘客提供更多方便。

（5）邮政包裹管理系统。在邮政领域，如果在邮件和包裹标签中贴上 RFID 芯片，不仅可以实现分拣过程的全自动化，而且邮件包裹到达某个地方，标签信息就会被自动读入管理系统，并融入“物联网”供顾客和企业查询。

（6）铁路货运编组调度系统。火车按既定路线运行，读写器安装在铁路沿线，就可得到火车的实时信息及车厢内装的物品信息。通过读到的数据，能够得到火车的身份、监控火车的完整性，以防止遗漏在铁轨上的车厢发生撞车事故，同时也方便在车站将车厢重新编组。

（7）集装箱识别系统。将记录有集装箱位置、物品类别、数量等数据的标签安装在集装箱上，借助射频识别技术，就可以确定集装箱在货场内的确切位置，在移动时可以将更新的数据写入射频卡（电子标签）。系统还可以识别未被允许的集装箱移动，有利于现场管理。

（8）RFID 库存跟踪系统。将 RFID 标签贴在托盘、包装箱或元器件上，无需打开产品的外包装，系统就可以对其成箱成包地进行识别，实现商品从原料、半成品、成品、运输、仓储、配送、上架、最终销售，甚至退货处理等所有环节进行实时监控，极大地提高自动化程度，大幅降低差错率，提高供应链的透明度和管理效率。

5.4　GPS、GIS 和 RS 技术

5.4.1　GPS 的概念及特点

1）GPS 的概念

全球定位系统（GPS）是现代高新技术的产物，也是一种免费的可利用资源，现已被广泛应用于军事、测量、交通运输等领域，在大范围货运车辆实时定位管理中起着非常重

要的作用。GPS 不仅可以为许多行业带来巨大的效益，而且带来了全新的概念和工作方式，丰富了物流链管理的手段。

GPS 是美国国防部发射的 24 颗卫星组成的全球定位、导航及授时系统。这 24 颗卫星分布在高度为 2 万公里的 6 个轨道上并绕地球飞行。每条轨道上拥有 4 颗卫星，在地球上任何一点、任何时刻都可以同时接收来自 4 颗卫星的信号。也就是说，GPS 的卫星所发射的空间轨道信息覆盖着整个地球表面。它从 20 世纪 70 年代开始研制，历时 20 年，耗资近 200 亿美元，于 1994 年全面建成。GPS 利用导航卫星进行测时和测距，具有在海、陆、空进行全方位实时三维导航与定位能力。它是继阿波罗登月计划、航天飞机后的美国第三大航天工程。如今，GPS 已经成为当今世界上最实用，也是应用最广泛的全球精密导航、指挥和调度系统。

2）GPS 的特点

GPS 的出现标志着电子导航技术发展到了一个更加辉煌的时代。GPS 与其他导航系统相比，主要特点是：

（1）全球地面连续覆盖。由于 GPS 卫星数目较多且分布合理，所以在地球上任何地点均可连续同步地观测到至少 4 颗卫星，从而保障了全球、全天候连续实时导航与定位的需要。

（2）实时定位速度快。目前，GPS 接收机的一次定位和测速工作在 1 秒甚至更短的时间内便可完成，这对高动态用户来讲尤其重要。

（3）功能多、精度高。GPS 可为多类用户连续地提供高精度的三维位置、三维速度和时间信息。

（4）抗干扰性能好、保密性强。由于 GPS 采用了伪码扩频技术，因而 GPS 卫星所发送的信号具有良好的抗干扰性和保密性。

5.4.2 GPS 的组成

GPS 由空间部分、地面监控部分和用户接收机三大部分组成。

（1）GPS 的空间部分由 24 颗 GPS 工作卫星所组成，这些工作卫星共同组成了 GPS 卫星星座，其中 21 颗为可用于导航的卫星，3 颗为活动的备用卫星，均匀分布在 6 个轨道面上，卫星向地面发射两个波段的载波信号，载波信号频率分别为 1.57542GHz（L1 波段）和 1.2276GHz（L2 波段），卫星上安装了精度很高的原子钟（铯钟或氢钟，其稳定度可达 10-12 至 10-14 量级），以确保频率的稳定性，在载波上调制有表示卫星位置的广播星历，用于测距的 C/A 代码和 P 代码，以及其他系统信息，能在全球范围内，向任意多用户提供高精度的、全天候的、连续的、实时的三维测速、三维定位和授时。每颗卫星在 L 波段的两个频率上连续发射用 C/A 代码、P 代码调制的扩频信号。

（2）地面控制部分是整个系统的中枢，由美国国防部 JPO 管理，它由分布在全球的一个主控站、三个信息注入站和五个监测站组成。对于导航定位来说，GPS 卫星是一个动态已知点。卫星的位置是依据卫星发射的星历——描述卫星运动及其轨道的参数算得的。每颗 GPS 卫星所播发的星历，是由地面监控系统提供的。卫星上的各种设备是否正常工作，以及卫星是否一直沿着预定轨道运行，都要由地面设备进行监测和控制。地面监控系统的另一个重要作用是保持各颗卫星处于同一时间标准——GPS 时间系统。这就需要地面站监测各颗卫星的时间，求出时钟差。然后由地面注入站发给卫星，卫星再由导航电文发给用户的设备。GPS 的空间部分和地面监控部分是用户广泛应用该系统进行导航和定位的基础，均为美国所控制。

（3）用户设备部分主要由以无线电传感和计算机技术支撑的 GPS 卫星接收机和 GPS 数据处理软件构成。GPS 卫星接收机能够捕获到按一定卫星高度截止角所选择的待测卫星的信号，并跟踪这些卫星的运行，对所接收到的 GPS 信号进行变换、放大和处理，以便测量出 GPS 信号从卫星到接收机天线的传播时间，解译出 GPS 卫星所发送的导航电文，实时地计算出观测站的三维位置，甚至三维速度和时间，最终实现利用 GPS 进行导航和定位的目的。

【小思考 5-1】

什么是车载 GPS？它由哪些部分组成？

答：车载 GPS 是指可以放置在汽车上，完成 GPS 导航、定位或监控的设备。车载 GPS 导航设备可以放置在车上，通过 GPS 接收到的卫星信号准确定位，并能结合电子地图自动规划行驶路线，最终引导驾驶员到达目的地的设备。车载 GPS 定位设备可以放置在车上，通过 GPS 接收到的卫星信号准确定位，并能结合电子地图显示出当前的地理位置。车载监控设备安装在车上，可以通过 GPS 及其他通信设备，随时跟踪车辆的行驶路线、位置、速度、高度等，并把这些信息用相关通信方式通知给相关的人员。也可以根据需要控制汽车的 ECU（电脑）、油路、电路、车门、灯光等。目前，市场上常见的车载 GPS 导航品牌有 Garmin 佳明、华锋 E 路航、任我游、e 道航、任 E 行、ACCO、万利达、新科、Mio、昂达、奥可视、神行者、中恒、纽曼、铁将军等。“e 道航”车载 GPS 如图 5-7 所示。

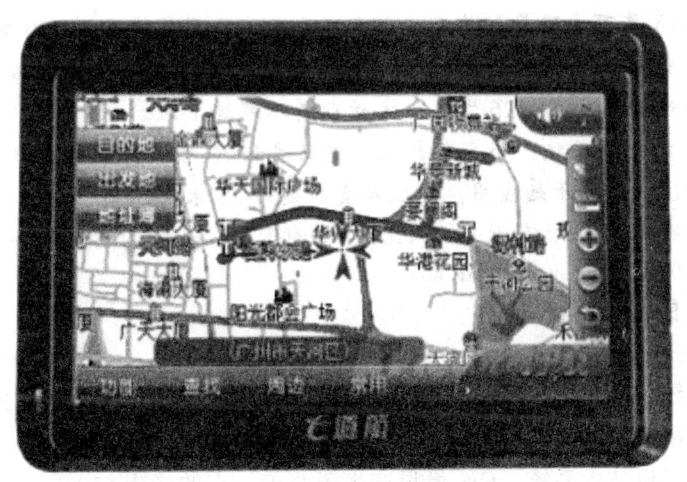

图 5-7　“e 道航”车载 GPS

5.4.3　GPS 的应用

GPS 可广泛应用于军事、居民生活等众多领域。

（1）基于 GPS 技术的车辆监控管理系统。该系统是将 GPS 技术、地理信息技术和现代通讯技术综合在一起的高科技系统。其主要功能是将安装 GPS 接收机的移动目标的动态位置、时间、状态等信息实时地通过无线通信网上传至监控中心，而后在具有强大地理信息处理、查询功能的电子地图上进行移动目标运动轨迹的显示，并能对目标的准确位置、速度、运动方向、车辆状态等用户感兴趣的参数进行监控和查询，以确保车辆的安全，方便调度管理，提高运营效率。

（2）基于GPS技术的智能车辆导航仪。作为安装在车辆上的一种导航设备，它以电子地图为监控平台，通过GPS接收机实时获得车辆的位置信息，并在电子地图上显示出车辆的运动轨迹。当接近路口、立交桥、隧道等特殊路段时可进行语音提示。作为辅助导航仪器，可按照规定的行进路线使司机无论是在熟悉或不熟悉的地域都可迅速到达目的地。该装置还设有最佳行进路线选择及路线偏离报警等多项辅助功能。

（3）利用GPS技术实现货物跟踪管理。货物跟踪是指物流运输企业利用现代信息技术，及时获取有关货物运输状态的信息（如货物品种、数量、货物在途情况、交货期间、发货地和到达地、货物的货主、送货责任车辆和人员等），提高物流运输服务的方法。具体地说，就是物流运输企业的工作人员在进行物流作业时，利用扫描仪自动读取货物包装或货物发票上的物流条形码等货物信息，通过计算机通讯网络把货物的信息传送到总部的中心计算机进行汇总整理，可以随时查询货物的位置及状态。

【小知识5-6】

全球四大导航系统

目前，全球四大导航系统包括：

（1）美国全球定位系统（GPS）。由24颗卫星（其中3颗备用）组成，分布在6条交点互隔60度的轨道面上，距离地面约20 000千米。已经实现单机导航精度约为10米，综合定位的话，精度可达厘米级和毫米级。但民用领域开放的精度约为10米。

（2）俄罗斯“格洛纳斯”系统。由28颗卫星（其中4颗备用）组成，导航精度5～6米左右，预计2015年可实现导航精度达1米左右。但民用领域开放的精度约为10米。

（3）欧洲“伽利略”系统。计划由30颗卫星（其中3颗备用）组成，卫星轨道位置比GPS略高，离地面高度24 126千米。定位误差不超过1米。

（4）中国“北斗”系统。由5颗静止轨道卫星和30颗非静止轨道卫星组成，定位精度10米。目前10颗卫星开始应用，定位精度只达到25米。

资料来源　佚名．全球四大导航系统大比拼：各有千秋［EB/OL］．（2012-02-09）．http：//tech. gmw. cn/2012-02/09/content_3536331. htm.

5.4.4　GIS的概念及组成

1）GIS的概念及特征

地理信息系统，简称GIS（geographic information system），它是以地理空间数据库为基础，采用地理模型分析方法，适时提供多种空间的和动态的地理信息，为地理研究和地理决策服务的计算机技术系统。GIS最早产生于北美，它的产生与发展与地理空间信息的表示、处理、分析和应用手段的不断发展密切相关。20世纪80年代是GIS普及和推广应用的大发展阶段，由于新一代高性能计算机的普及，GIS也逐步走向成熟。它已从功能单一、比较简单的分散系统发展成为多功能的用户共享的综合性信息系统。目前，GIS已与卫星遥感技术相结合，应用于全球化的研究与检测。它与数据库技术、信息处理技术、通信技术一样，已成为信息技术的重要组成部分。

GIS具有以下三方面的特征：

①具有采集、管理、分析和输出多种地理空间信息的能力，具有空间性和动态性。

②以地理研究和地理决策为目的，以地理模型方法为手段，具有区域空间分析、多要素综合分析和动态预测能力。

③由计算机系统支持进行空间地理数据管理，并由计算机程序模拟常规的或专门的地理分析方法，作用于空间数据，产生有用信息，完成人类难以完成的任务。

通俗地讲，地理信息系统是整个地球或部分区域的资源、环境在计算机中的缩影。严格地讲，地理信息系统是反映人们赖以生存的现实世界与变迁的各类空间数据及描述这些空间数据特征的属性，在计算机软件和硬件的支持下，以一定的格式输入、存储、检索、显示和综合分析应用的技术系统。

2）GIS 的组成

GIS 主要由四个部分组成，即计算机硬件系统、计算机软件系统、地理空间数据库和系统管理人员。

（1）计算机硬件系统。它是 GIS 操作所依赖的硬件环境，今天，GIS 软件可以在很多类型的硬件上运行，从商用计算机到个人计算机，从单机到网络环境。

（2）计算机软件系统。它是提供 GIS 所需的存储、分析和显示地理信息功能的工具，主要由输入、处理地理信息的工具，数据库管理系统，支持地理查询、分析和视觉化工具等组成。

（3）地理空间数据库。GIS 中最重要的部件就是数据库。数据库中的数据来源于系统自动采集或从商业数据提供者处购买。

（4）系统管理人员。如果没有人来管理系统和制订计划应用于实际问题的解决，GIS 技术就没有什么价值。因而，GIS 的技术人员范围包括从设计和维护系统的技术专家，到那些使用该系统并完成他们每天工作的人员。

5.4.5 GIS 的功能

GIS 的主要功能包括：

（1）数据输入。

在地理数据应用 GIS 之前，数据必须转换成为适当的数字格式。从图纸数据转换成为计算机文件的过程称为数字化。目前，许多地理数据已经是 GIS 兼容的数据格式，这些数据可以从数据提供商那里获得并直接装入 GIS 中，无需用户亲自数字化。数据输入包括图形数据输入、栅格数据输入和属性数据输入。

（2）数据校验。

数据校验是指 GIS 通过观测、统计分析和逻辑分析等方式对输入数据的质量进行检查和纠正，以及空间拓扑结构的建立和图形修饰等，为下一步的数据管理、空间分析与查询、数据表达等提供有效服务。数据校验包括图形数据校验和属性数据校验：图形数据校验包括多边形拓扑关系的建立与校正、图形编辑、图形拼接、投影变换等功能；属性数据校验往往与数据管理结合在一起进行。

（3）数据管理。

数据存储和数据管理涉及地理元素的位置、连接关系及属性数据如何构造和组织，便于计算机处理和系统用户理解。

（4）空间查询与分析。

作为 GIS 最重要的功能，它使地图图形信息以及各种专业信息的利用深度和广度增强，用户可以从中获取很多派生信息和新知识，可用来实现经济建设、环境和资源调查中的综合评价、规划、决策、预测等任务。

5.4.6 GIS 在物流中的应用

GIS 的基本功能是可以将表格型数据转换为地理图形显示，无论这些数据是来自数据库、电子表格文件还是直接在程序中输入的。GIS 应用于物流分析，主要是指利用 GIS 强大的地理数据功能来完善物流分析技术。利用 GIS 物流分析技术，在实际物流中可以进行诸如车辆路线确定、客户定位、分配集合、设施定位等物流活动。

（1）车辆路线确定。

运用 GIS，可以在有一个起始点、多个终点的货物运输中，通过运输线路的分析，选择一条最佳的运输线路，并且决定使用多少辆车，这样可以有效降低物流作业费用，保证物流服务质量。

（2）客户定位。

由于地理地图已具有了地理坐标，因而通过对地理坐标的描述，可以在地图上对新客户进行地理位置的定位或者修改老客户的地理位置，从而在地理地图坐标中最终确定客户的地理位置。通过 GIS 数据采集器（如图 5-8 所示），即可进行客户定位。

图 5-8　GIS 数据采集器

（3）分配集合。

可以根据各个要素的相似点把同一层上的所有或部分要素分为几个组，用以解决确定服务范围和销售市场范围等问题。例如某一公司要设立 X 个分销点，要求这些分销点要覆盖某一地区，而且要使每个分销点的顾客数目大致相等。

（4）设施定位 。

设施定位功能用于确定一个或多个设施的位置。在物流系统中，仓库和运输路线共同组成了物流网络，仓库处于网络的节点上，节点决定着路线。针对如何根据供求的实际需要并结合经济效益等原则，在既定区域内设立仓库（数量、位置、规模及相互间物流关系）的问题，离不开 GIS 的应用。

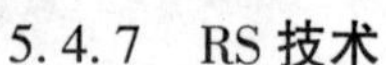

5.4.7 RS 技术

RS（remote sensing）技术，即遥感技术，指非接触的、远距离的探测技术。一般指运用传感器/遥感器对物体的电磁波的辐射、反射特性的探测，并根据其特性对物体的性质、特征和状态进行分析的理论、方法和应用的科学技术。

（1）技术特点。

遥感作为一门对地观测综合性技术，它的出现和发展既是人们认识和探索自然界的客观需要，更有其他技术手段与之无法比拟的特点。

①大面积同步观测。遥感探测能在较短的时间内，从空中乃至宇宙空间对大范围地区进行对地观测，并从中获取有价值的遥感数据。例如，一张陆地卫星图像，其覆盖面积可达 3 万多平方千米，这种展示宏观景象的图像，对地球资源和环境分析极为重要。

②时效性强。遥感探测获取信息的速度快，周期短。由于卫星围绕地球运转，从而能及时获取所经地区的各种自然现象的最新资料，以便进行动态监测，这是人工实地测量和

航空摄影测量无法比拟的。例如，美国 NOAA 气象卫星每天能收到两次图像。

③数据综合可比性。遥感探测能动态反映地面事物的变化。遥感探测能周期性、重复地对同一地区进行对地观测，这有助于人们通过所获取的遥感数据发现并动态地跟踪地球上许多事物的变化。尤其是在监视天气状况、自然灾害、环境污染甚至军事目标等方面，遥感的运用就显得格外重要。

④获取的数据具有综合性。遥感探测所获取的是同一时段、覆盖大范围地区的遥感数据，这些数据综合地展现了地球上许多自然与人文现象，宏观地反映了地球上各种事物的形态与分布，真实地体现了地质、地貌、土壤、植被、水文、人工构筑物等地物的特征，全面地揭示了地理事物之间的关联性。并且，这些数据在时间上具有相同的现势性。根据不同的任务，遥感技术可选用不同波段和遥感仪器来获取信息，既可采用可见光探测物体，也可采用紫外线、红外线和微波探测物体。利用不同波段对物体不同的穿透性，还可获取地物内部信息，例如地面深层、水的下层、冰层下的水体、沙漠下面的地物特性等。此外，微波波段还可以全天候开展工作。

⑤获取信息受条件限制少，具有显著的经济效益与社会效益。地球上有很多地方自然条件极为恶劣，人类难以到达，如沙漠、沼泽、高山峻岭等，采用不受地面条件限制的遥感技术，特别是航天遥感可方便及时地获取各种宝贵资料。

（2）系统组成。

遥感是一门对地观测综合性技术，它的实现既需要一整套的技术装备，又需要多种学科的参与和配合，因此实施遥感是一项复杂的系统工程。根据遥感的定义，遥感系统主要由以下四大部分组成：

①信息源。信息源是遥感需要对其进行探测的目标物。任何目标物都具有反射、吸收、透射及辐射电磁波的特性，当目标物与电磁波发生相互作用时会形成目标物的电磁波特性，这就为遥感探测提供了获取信息的依据。

②信息获取。信息获取是指运用遥感技术装备接受、记录目标物电磁波特性的探测过程。信息获取所采用的遥感技术装备主要包括遥感平台和传感器。其中，遥感平台是用来搭载传感器的运载工具，常用的有热气球、飞机和人造卫星等；传感器是用来探测目标物电磁波特性的仪器设备，常用的有照相机、扫描仪和成像雷达等。

③信息处理。信息处理是指运用光学仪器和计算机设备对所获取的遥感信息进行校正、分析和解译处理的技术过程。信息处理的作用是通过对遥感信息的校正、分析和解译处理，掌握或清除遥感原始信息的误差，梳理、归纳出被探测目标物的影像特征，然后依据特征从遥感信息中识别并提取所需的有用信息。

④信息应用。信息应用是指专业人员按不同的目的将遥感信息应用于各业务领域的使用过程。信息应用的基本方法是将遥感信息作为地理信息系统的数据源，供人们对其进行查询、统计和分析利用。

遥感技术的应用领域十分广泛，最主要的应用有军事、地质矿产勘探、自然资源调查、地图测绘、环境监测以及城市建设和管理等。

【小思考 5-2】

什么是3S 技术？

答：3S 技术是遥感技术（remote sensing，RS）、地理信息系统（geography information systems，GIS）**和全球定位系统**（global positioning systems，GPS）**的统称，是空间技术、传感器技术、卫星定位与导航技术和计算机技术、通讯技术相结合，多学科高度集成的对空间信息进行采集、处理、管理、分析、表达、传播和应用的现代信息技术。**

本章小结

条形码是由一组按特定规则排列的，由条、空及其对应字符组成的表示一定信息的符号。条形码技术与其他识别技术相比具有简单、信息采集速度快、采集信息量大、可靠性高、灵活和实用、自由度大、设备结构简单和成本低的特点。商品条码是在流通领域中用于标识商品的全球通用的条码。商品条码包括 EAN 条码和 UPC 条码。商品编码有唯一性、稳定性、无含义性的原则。物流条码是指用以标识物流领域中具体实物的一种特殊代码，在物流活动中有广泛的应用。二维码是用某种特定的几何图形按一定规律在平面（二维方向上）分布的黑白相间的图形记录数据符号信息的条码。二维码可以分为矩阵式二维码和行排式二维码，主要有信息容量大、编码范围广、保密防伪性能好、译码可靠性高、修正错误能力强、容易制作且成本低、条码符号的形状可变等特点。

射频技术是利用射频方式进行非接触式双向通信交换数据以达到识别目的一项自动识别技术。射频识别系统一般都由信号发射机、信号接收机、编程器、天线四个部分组成。射频识别系统可分为 EAS 系统、便携式数据采集系统、物流控制系统、定位系统。射频识别技术可广泛用于射频门禁系统、电子溯源、高速公路的自动收费系统、交通督导和电子地图、邮政包裹管理系统、铁路货运编组调度系统、集装箱识别系统、RFID 库存跟踪系统等方面。

GPS 是应用最广泛的全球精密导航、指挥和调度系统。其特点包括：全球地面连续覆盖；实时定位速度快；功能多、精度高；抗干扰性能好、保密性强。GPS 由空间部分、地面监控部分和用户接收机三大部分组成。GPS 可广泛应用于军事、民用的众多领域。

GIS 是以地理空间数据库为基础，采用地理模型分析方法，适时提供多种空间的和动态的地理信息，为地理研究和地理决策服务的计算机技术系统。GIS 主要由计算机硬件系统、计算机软件系统、地理空间数据库和系统管理人员四个部分组成。GIS 主要有数据输入、数据校验、数据管理和空间查询与分析的功能，可用于车辆路线确定、客户定位、分配集合、设施定位等方面。

RS 遥感技术，指非接触的、远距离的探测技术。它的特点包括：大面积同步观测；时效性强；数据综合可比性；获取的数据具有综合性；获取信息受条件限制少，具有显著的经济效益与社会效益。遥感技术的应用领域十分广泛。

核心概念

条形码　商品条码　物流条码　二维码　射频识别技术　GPS　GIS　RS

基本训练

● 知识题

1. 判断题

(1) 所有的商品条码都是由 13 位数字组成。 (　　)

(2) GIS 的基本功能是可以将表格型数据转换为地理图形显示。 (　　)

(3) 高速公路的自动收费系统一般采用的是二维条形码技术。 (　　)

2. 选择题

(1) GIS 的主要功能不包括(　　)。

A. 数据输入　　B. 数据管理　　C. 数据输出　　D. 空间查询与分析

(2) GPS 卫星系统由(　　)颗卫星组成。

A. 24　　　B. 21　　　C. 9　　　D. 3

(3) 以下关于射频技术说法正确的是(　　)。

A. 识别距离不如光学系统远

B. 短距离的射频卡在一定的环境下可替代条码

C. 射频卡的缺点就在于其需要接触识别

D. 射频识别系统中可以没有读写器

(4) 遥感系统主要由(　　)部分组成。

A. 信息源　　　B. 信息应用　　　C. 信息获取　　　D. 信息处理

3. 简答题

(1) 简述商品条码与物流条码的区别。

(2) 射频识别系统由哪些部分组成?

(3) 简述 GPS 的工作原理。

(4) 相对于一维条码，谈谈二维码有哪些优点。

(5) 简述 GIS 的应用领域。

● 技能题

1. 请通过专业软件自行制作一些商品条码。

2. 请通过 Internet 下载你所在地区的电子地图。

3. 试下载一个二维码生成软件，制作一个包含自己个人信息（如姓名、性别、工作单位、电子邮箱等）的二维码。

观念应用

● 案例分析

近日，北斗导航第四代芯片研发成功，该芯片定位精度为 2.5 米，俘获灵敏度、跟踪灵敏度等各项性能指标达到国际领先水平。作为国家信息产业升级的重要标志之一，北斗导航系统的商业化运用备受关注。

作为中国最大自营式电商企业的京东，已经在运输车辆上全面安装使用北斗导航系统，并结合京东自有物流的大数据优势，进行了北斗导航系统电商化运用的探索。自 2013 年 9 月开始，京东在所有新购车辆上安装了北斗导航设备，包含货车、挂车等多个车型；2013 年年底，京东对原有车辆的已安装设备全部进行了替换。结合北斗导航系统和京东自有物流的大数据优势，京东进行了多项个性化创新。

“一方面，我们通过对车辆速度和路线的实时监控，实时提醒驾驶员，保障安全驾驶和提升运营时效；另一方面，基于监控业务执行数据，合理地规划运营线路，使得成本控制大幅下降。”京东相关负责人介绍，基于北斗导航系统和自身物流数据的结合，京东还对订单可视化系统进行了优化，用户在京东购物下单后，可在前台页面看到商品流转的实时轨迹线路图。

以“提升用户体验”为目标，京东自 2007 年开始自建物流，目前已经形成了覆盖全国近 1 800 个区县的自营配送体系。这让京东不仅拥有了海量的用户消费数据、千万商品的属性和销售数据，还有覆盖全电商流程的包括物流、仓储、配送、售后和逆向物流的数据。“结合北斗导航系统的地理位置数据，我们深入地进行数据分析和挖掘，定制了属于自己的仓储和站点及需上门接货的位置信息，同时设定京东定制的服务线路。”上述京东相关负责人说。

去年以来，北斗相关政策密集发布，体现了国家对于北斗产业的推动决心。近日，北京市经信委副主任姜贵平公开表示，北京正大力助推信息服务产业升级，加快培育北斗导航产品，计划三年内完成 10.8 万套的安装。

业内人士表示，目前，GPS占据全球及国内导航业90%以上的市场份额，北斗导航系统的民用化应用，是国家信息服务产业升级的重要手段之一。如何实现北斗导航系统的民用化应用落地，则是其中的关键。作为中国最大的自营式电商，京东在业内率先全面使用北斗导航系统，其进行的业务创新与实践经验，可为北斗商业化进程提供宝贵的借鉴。

资料来源 圈圈. 借力自建物流 京东探路“北斗导航”电商化运用［EB/OL］.［2014-08-20］. http://b2b.netsun.com/detail--6192795.html.

问题：

（1）导航系统在京东电商业务发展中发挥着什么样的作用？

（2）京东选择北斗导航系统有何战略意义？

● 单元实训

调查你所在地的一家物流企业的信息技术应用状况，写出调查分析报告，并画出它的系统模型图。

第 6 章　物流信息管理系统

学习目标

通过本章学习，应该达到以下目标：

知识目标：掌握信息的概念、信息系统的概念、物流信息的概念、物流信息系统的概念，了解物流信息工作的主要内容，物流信息的分类及特点。

技能目标：掌握物流信息系统的软、硬件的构成方法。

能力目标：掌握利用物流信息系统分析和解决物流中存在问题的能力。

引　例

2013 年也是物流信息化的“政策年”。各细分领域都迎来了诸多利好政策，为物流信息化企业的升级发展提供了有力保障。在物流业面临转型升级的关键期，物流信息化也发挥了越来越重要的作用。

物流信息化可谓 2013 年年初物流技术装备行业的重头戏。物流信息化领域翘首企盼多年的政策终于在 2013 年年初正式出台——工业和信息化部于 2013 年 1 月份印发了《关于推进物流信息化工作的指导意见》。这是我国第一次出台专门针对物流信息化的政策文件。其不仅为物流信息化的发展指明了方向，加快了我国物流信息化体系建设步伐，也给物流信息化厂商营造了更为广阔的发展空间。工信部为推进物流信息化，设立了专项资金，还在税收、收费、投融资、信用和监管等方面提供政策支持。更为重要的是，工信部专门开展了八大重点试点示范工程。这些试点示范工程涵盖了物流信息化的当前发展重点和关键，物流企业和物流信息化厂商可以参与到工程的建设中去，能够直接起到推动相关产业的快速发展的作用。

随后出台的多项政策也都将物流信息化、智慧物流作为重点内容。如 2013 年 2 月 17 日国务院印发的《国务院关于推进物联网有序健康发展的指导意见》及 2013 年 10 月 24 日工业和信息化部印发的《信息化发展规划》等。《国务院关于推进物联网有序健康发展的指导意见》明确指出，要在商贸流通、交通能源等八大领域实现物联网试点示范应用，使部分领域的规模化应用水平显著提升。该指导意见的出台将成为指导企业实施应用物联网技术的行动指南。《信息化发展规划》在多处强调了物流信息化的重要性，明确要提升物流信息化水平，促进信息技术应用与现代物流发展的融合创新，加强跨行业的物流信息共享，建立完善行业性、区域性的公共物流信息服务体系；要推动电子商务和物流信息化集成发展；强调要提高综合交通运输体系智能化水平，建设综合交通运输公共信息平台，逐步建立各种运输方式之间的信息采集、交换和共享机制。这些都将给物流信息化带来诸多好处。

与此同时，整个社会对物流信息化的重视也达到了新的高度。在 2013 年出台的所有与物流相关的政策中，都会将物流信息化作为其中的重点工作提及。而其中最具代表性的就是 2013 年全国“两会”期间，许多代表委员聚焦物流信息化领域，认为其是降低物流成本的关键，不少代表还将其作为提案提交并广泛讨论。

除了利好政策频出给物流信息化注入了强大发展动力外，2013 年物流市场需求的新变化，也为物流信息化带来了更多机会。

自 2012 年起，物流市场就逐渐进入调整发展的阵痛期。到 2013 年，形势则更为严峻。物流企业面临前所未有的竞争压力——物流市场需求持续放缓，企业赢利困难，而人力、土地、路桥费等各种费用却快速上涨。越是在困难时期，成熟的物流企业越能从自身找问题，并愈发认识到信息化的重要作用，从而通过转型升级谋求长远的发展。这就使得物流信息化成为整个物流市场发展的一个亮点——许多信息化厂商甚至出现了订单暴增的情况。

在这个过程中，有几个领域的增长尤为突出。最引人关注的首先是大数据。大数据分析和数据仓库解决方案代表性厂商 Teradata 天睿公司 2012 年全球业务中增长最快的领域就是运输物流业的业务，增长率高达 28%，很好地证明了大数据在物流领域的发展潜力。面对竞争激烈的市场，如何适应快速变化的市场环境，利用分析技术挖掘隐藏在海量数据中的价值，支撑和创新业务模式，将成为物流行业转型升级的关键。

作为物流信息化建设的重中之重，物流公共信息平台的发展一直不甚理想，但在 2013 年取得了重大进展。作为国家交通运输物流公共信息平台的纲领性及指导性文件，《交通运输物流公共信息平台建设纲要》、《交通运输物流公共信息平台国家级行业管理系统建设方案》、《交通运输物流公共信息平台区域交换节点建设指南》于 2013 年 11 月正式出台。这标志着全国交通"大物流 E-DI"建设方案基本明确，全国交通运输物流公共信息平台进入全面推进阶段。这些举措必将加速物流信息资源整合和互联共享，全面提升物流信息化水平。

2013 年物流信息化的加速发展，也反映出物流企业越来越多地靠信息化提升竞争力。在新的一年，物流信息化仍将在推动物流业打造"升级版"中发挥重要作用。

资料来源　佚名. 物流信息化："政策年"里加速度［EB/OL］.（2014-01-08）［2014-02-18］. http：//www. chinawuliu. com. cn/zixun/201401/08/270873. shtml.

6.1　物流信息

6.1.1　物流信息的概念

物流信息（logistics information）在物流活动中具有十分重要的作用，通过物流信息的收集、传递、存储、处理、输出等，可以掌握物流系统状态，物流信息是制订物流决策的依据，对整个物流活动起指挥、协调、支持和保障作用。

一般认为，物流信息是各种物流活动的各个环节（包装、装卸、运输、储存、流通加工、配送等）中产生并使用的各种信息，以物流知识、资料、图像、数据、文件的形式存在，是保障物流活动顺利进行不可或缺的一项内容。比如运输活动要根据供需数量和运输条件等信息确定合理的运输线路、选择合适的运输工具、确定经济运送批量等，装卸活动要根据运送货物数量、种类、到货方式以及包装情况等信息才能确定合理的组织方式、装卸设备、装卸次序等。

6.1.2　物流信息的特征

电子商务时代，随着人们需求向个性化的方向发展，物流过程也在向着高频度、小批

量配送方向发展，因此，物流信息在物流过程中也呈现出很多不同的特征

表 6-1　　**电子商务物流信息特征**

项目	电子商务物流信息特征
信息源	物流信息源分布广，信息源点多
信息种类	种类多，信息分类、研究、筛选等难度大
信息量	信息量大
标准化程度	要求统一管理或标准化，对通用性要求高
动态性	动态性特别强，信息的价值衰减很快
及时性	对信息及时性要求很高，强调信息收集、加工、处理速度快
信息化程度	信息化程度高，物流信息技术应用广

电子商务将电子化的手段应用于物流领域，打破了原有物流行业的传统格局，建设电子商务物流体系，使物流、资金流、信息流、商流畅通无阻，实现最佳的电子商务应用效果。电子商务物流过程包括订单确认、运输、管理、装卸、包装、流通加工等主要物流环节，以及企业内部相关部门的物流信息交换，如与销售、库存、生产、采购等部门，还涉及与企业外第三方物流企业、供应方、销售方的物流信息共享和交换。

从供应链角度看，电子商务物流是个大范围的活动，电子商务物流信息源分布广，信息源点多，不仅物流系统内部各个环节有不同种类的信息，而且由于物流系统与其他系统，如生产系统、销售系统、消费系统等密切相关，因而还必须收集这些类别的信息，造成了物流信息收集难度大的特点。并且为保障整个供应链的顺利运转，对物流信息的及时性要求较高，在信息收集、加工、处理方面要求速度快，对物流信息化水平和物流信息技术的应用要求也相对较高，要求对整个供应链的物流信息统一管理，制订统一标准，否则信息缺乏通用性。

6.1.3　电子商务物流信息的分类

（1）按物流信息的来源分类。

根据物流信息的来源划分，物流信息分为物流系统内信息和物流系统外信息两个方面。

①物流系统内信息是指伴随着物流活动而产生的信息，包括交通运输信息、仓储信息、装卸搬运信息、流通加工信息和配送信息。

②物流系统外信息是指在物流活动以外产生的，但提供给物流活动使用的信息，包括商流信息、资金流信息、生产信息、消费信息与国外政治、经济、文化等信息。

（2）按物流的功能分类。

根据物流的功能划分，物流信息分为计划信息、控制及作业信息、统计信息和支持信息等。

①计划信息是指尚未实现但已当做目标确认的一类信息，如物流量计划、仓库吞吐量计划、车皮计划、与物流活动有关的国民经济计划、工农业产品产量计划等。这种信息具有相对稳定性和更新速度慢的特点。

②控制及作业信息是指在物流活动过程中发生的信息，如库存种类、库存量、在运

况、物价、运费、投资在建情况等。这种信息具有动态性强、更新速度快的特点。

③统计信息是指物流活动结束后，对整个物流活动的一种总结性、归纳性的信息，如上年度、月度发生的物流量、物流种类、运输方式、运输工具使用量、仓储量以及与物流有关的工农业产品产量和内外贸易量等。这种信息具有恒定不变和较强的资料性的特点。

④支持信息是指对物流计划、业务、操作有影响的文化、科技、产品、法律、教育等方面的信息，如物流技术革新、物流人才需求等信息。

（3）按管理层次分类。

根据管理层次划分，物流信息分为操作管理信息、知识管理信息、战术管理信息和战略管理信息。

①操作管理信息，产生于操作管理层，反映和控制企业的日常生产和经营工作，如每天的产品质量指标、用户订货合同、供应厂商原材料信息等。这类信息通常具有信息量大、发生频率高等特点。

②知识管理信息是知识管理部门相关人员对于企业自己的知识进行收集、分类、存储和查询，并进行分析得到的信息。如专家决策知识、物流企业相关业务知识、工人的技术和经验形成的信息等。

③战术管理信息是部门负责人制订局部和中期决策所涉及的信息。如库存费用和市场商情信息等。

④战略管理信息是企业高层管理决策者制定企业年经营目标、企业战略决策所需要的信息。如企业全年业绩综合报表、消费者收入动向和市场动态、国家有关政策法规等。

6.1.4 物流信息的功能

物流信息就是对物流活动的内容、形式、过程及发展变化的反映。现代物流信息在物流活动中起着神经系统的作用，“牵一发而动全身”；其作用主要通过它的协调、作业管理与服务这几项基本功能来实现。

（1）物流信息的协调功能。

物流系统中各环节的相互衔接是通过信息予以沟通的，而且物流资源的调度也是通过信息的采集与传递来实现的。具体表现为在物流运作中，通过企业内部集成的和与外部共享的物流信息系统来共享与传递物流信息，如需求量、库存量、流向、流量、进度、状态等，在此基础上对内部和供应链伙伴成员的物流活动进行协调，联合预测、计划、补货，开展广泛的、深度的合作，以实现高效的一体化物流运作。

（2）物流信息的作业管理功能。

具体表现为通过物流信息系统来对物流运作的各项功能活动的恰当管理与控制运输的管理、仓储的管理、配送的管理等，从而实现物流活动的全过程管理与控制，通过各环节数据的统计、分析，得出指导企业运营的依据。

（3）物流信息的服务功能。

具体表现为通过物流信息系统来实现客户查询、核算统计、决策支持等功能。及时准确地提供物流信息是物流服务的一项重要内容，通过物流信息系统可以为客户提供灵活多样的查询条件，使得客户可以共享物流企业的信息资源，如货物物流分配情况、货物在途运输状况、货物库存情况等。另外，物流信息系统提供动态的或固定的多种物流统计报表，可以方便物流管理工作者的管理及决策工作。

6.1.5　物流信息的工作内容

物流信息工作的主要内容有以下几点：

（1）收集信息。这是物流信息工作中最基础的工作。由于物流的整个活动中会产生大量信息，所以收集信息是一项繁杂的工作，需要大量的人力、较长的时间。因此，必须掌握有效的方法，提高信息收集的效率。

做好物流收集工作，应掌握几个要点：

①明确目的。根据不同的目的选择不同的信息，要做到有取有舍，有针对性。

②确定精度和深度。根据深度和精度的不同决定信息收集工作的水平和人力、物力安排。

③选择信息源，建立信息渠道。信息源所提供的信息形式主要有：文字记录形式信息；视听型信息；电子数据。

（2）信息处理。收集到的信息大都是零散的、相对孤立的、形式各异的，这些不规范的信息要存储和检索，必须经过一定的整理加工程序。采用科学方法对收集到的信息进行筛选、分类、比较、计算、存储，使之条理化、有序化、系统化、规范化，才能成为能综合反映某一现象特征的、真实、可靠、适用而有较高使用价值的信息。

（3）信息研究。信息经过处理之后，专职的信息部门或有关的业务部门对原始信息进行分析、归纳、判断，将信息进行一定加工，目的是向决策机构提供高级的信息，这项工作称为信息研究。

（4）信息应用。经过专职人员研究的信息，可提供给有关部门使用。物流信息的应用过程，就是物流信息用于物流活动经营管理过程中，使信息间接创造经济效益和社会效益的过程。信息只有通过应用过程才能实现信息的增值，产生信息的放大效应，实现信息的使用价值。

【小知识 6-1】

信息孤岛是指相互之间在功能上不关联互助、信息不共享互换以及信息与业务流程和应用相互脱节的计算机应用系统。不仅企业内各环节存在着信息孤岛，企业间也存在信息孤岛，所以供应链管理和 B2B 电子商务应运而生。甚至政府机关之间也存在信息孤岛。发展电子商务需要消除物流信息孤岛，不仅是消除内部孤岛，而且要消除外部孤岛，最终形成闭环。

6.2　物流信息系统

在电子商务环境下，制造商、供应商和现代物流企业要在电子商务平台上完成交易作业，因此要求电子商务与现代物流信息系统能够为跨系统、跨平台、跨区域甚至跨行业的不同类型的电子商务与物流信息服务，并实现对业务流程的管理监控。

6.2.1　物流信息系统的概念

物流信息系统（logistics information system，LIS）作为企业信息系统中的一类，可以理解为通过对与物流相关信息的加工处理来达到对物流、资金流的有效控制和管理，并为企业提供信息分析和决策支持的人机系统。它具有实时化、网络化、系统化、规模化、专业化、集成化、智能化等特点。物流信息系统以物流信息传递的标准化和实时化、存储的数字化、物流信息处理的计算机化等为基本内容。

物流系统是通过信息进行相互衔接的，基本资源的调度也是通过信息共享来实现的，因此，组织物流活动必须以信息为基本。为了使物流活动正常而有规律地进行，必须保证物流信息畅通。物流信息系统就是要将物流信息通过现代信息技术使其在企业内、企业间乃至全球达到共享的通道。物流信息系统已经从"点"到"面"，以网络方式将物流企业的各部门、各物流企业、物流企业与生产企业和商业企业等连在一起，实现了社会性的各部门、各企业之间低成本的数据高速共享。

1）物流信息系统的发展

我们可以将物流作业的方式大致分为四个阶段；人工阶段、机械化阶段、自动化阶段以及集成化阶段。配合物流作业方式的变化，我们也可以将物流信息系统的发展分为四个阶段：人工作业阶段、合理化和计算机阶段、自动化信息整合阶段及智能化信息整合阶段。在不同阶段，物流信息系统具有不同的功能，发挥着不同的作用。物流信息系统不同发展阶段的内容见表6-2。

表6-2　**物流信息系统不同发展阶段的内容**

发展阶段	人工作业阶段	合理化和计算机阶段	自动化信息整合阶段	智能化信息整合阶段
主要内容	1. 手工填制单据卡片 2. 手工填制会计账目，结算单 3. 手工填写库存账册 4. 手工填制入库凭证 5. 手工填制会计凭证	1. 订单信息处理系统 2. 库存管理系统 3. 会计总账系统 4. 人事管理系统 5. 订货、进货、发货系统 6. 票据、发票管理系统 7. 应收、应付账款管理系统 8. 采购管理系统	1. 订单信息处理系统 2. 销售预测系统 3. 物资管理系统 4. 运输线路选择、规划系统 5. 财务成本核算系统 6. 绩效管理系统 7. 信息系统的集成化连接 8. 供应商管理系统 9. 银行转账、结算系统 10. 车辆调派系统	1. 后勤支持系统 2. 物资动态分析系统 3. 安全库存量自动控制系统 4. 仓库规划布局系统 5. 车辆运输自动调度系统 6. 仓库软硬件设备、人力使用分析控制系统

【小思考6-1】

物流信息系统的发展分为哪几个阶段？

答：物流信息系统的发展分为四个阶段：人工作业阶段、合理化和计算机阶段、自动化信息整合阶段及智能化信息整合阶段。

2）物流信息系统所涉及的企业主要经营活动

物流信息系统分为两类活动流，即调控活动流和物流运作活动流。调控活动包括企业总体的安排调度与需求计划，具体为战略计划、能力计划、物流计划、生产计划、采购计划等。物流运作活动包括订单的产生与跟踪、库存配置、产成品在分销机构间与分销机构和顾客指定地点之间的运输以及采购等。

调控活动流是整个物流信息系统构架的支柱。战略、能力、物流、生产、采购等计划指导企业资源在从原材料采购到产成品送货过程中的分配与调度。上述计划在物流中的具体实施构成企业主要的增值活动，而正是这些增值的活动为企业带来利润。

尽管调控活动中的各项计划工作是相对独立的，计划周期也各不相同，但如果各项计划出现不一致、失调或扭曲，则会造成运作的低效率和库存的过量或短缺。如对战略计划缺乏充分的理解与贯彻会导致生产和库存的不协调；同样，如果不充分估计到生产、采购和物流能力限制，也会导致系统的应变力差和低效率；各项计划工作不协调的另一个典型后果是设置过高的安全库存量。物流信息系统的一个重要作用就是帮助实现各项计划的一致性。

物流运作活动中的信息流主要包括顾客订单和企业采购订单的接收与发送、处理及相关的货物运输调控。

库存管理直接与调控活动流和物流运作活动流相联系，是两大活动流的集成与结合部分。以顾客实际需求驱动的库存管理称为响应式管理，典型的如重订货点法；基于预测的库存管理称为计划式管理，典型的如分销资源计划。计划式的库存管理模式更接近于调控活动层面，而响应式的库存管理模式更接近于物流运作活动层面。

3）物流信息系统的组成

物流信息系统由四个部分组成：订货系统、研究与开发系统、决策支持系统和报告系统，如图 6-1 所示。这四个系统组合起来可以使物流经理及时获得精确信息，并据此做出决策。这些系统一端与物流管理功能相连，另一端与物流管理环境相连。正如图中所描绘的，在收集信息之前，必须要弄清需要什么样的信息。

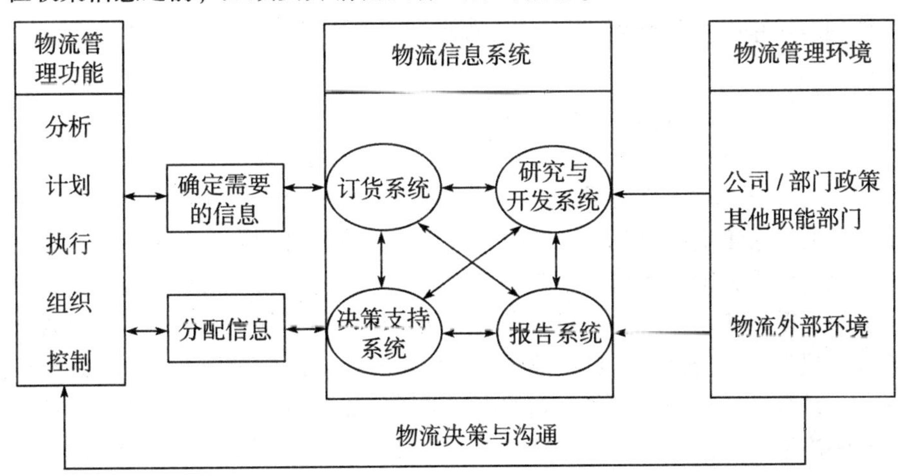

图 6-1　物流信息系统模块图

（1）订货系统。

毫无疑问，订货系统是物流信息系统中最重要的系统，因为它与顾客相联系，对顾客产生直接的影响。

（2）研究与开发系统。

这个系统的目的是不断地扫描与监控环境，观察与总结影响物流运作的各个事件。扫描环境包括扫描外部环境（公司不可控环境）、内部环境（公司可控的环境）、公司间的环境（公司部分可控的环境，如分销渠道）。关键的环境问题可通过以下方面来了解：①综合物流计划与公司其他计划；②物流部与公司其他职能部门的连接情况；③公司的战略选择；④各种信息技术的应用；⑤购买与销售决策；⑥利用第三方物流的情况；⑦物流网络形式与功能；⑧物流的质量等。

扫描环境的方法主要有：间接观察、直接观察、非正式的调研、正式的调研。为了正确扫描物流环境，扫描的对象应包括所有与物流工作有关的员工以及公司外的供应商、顾客、承运人等。这项工作可以由公司内部人员完成，也可以聘请专业公司来完成。专业人员可以克服内部人员在扫描过程中带有偏见的缺点。

(3) 决策支持系统。

决策支持系统是以计算机为基础解决复杂物流问题的分析模型。任何决策系统的核心都是一个综合的数据库。一般的数据库包括以下目录：①用于分析模型的内部与外部数据；②定义决策范围与纲要的数据；③物流对公司其他职能部门的政策与参量数据；④过去的分析结果数据。

决策技术可以分为：最优化技术、启发式技术和仿真技术。最优化技术是使用线性规划等数学方法寻求最佳方案。最优化技术的主要优点是提供处理复杂任务的最佳方案。缺点是需要大量信息与假设。启发式技术不能提供最佳答案，只能提供合适的解决方法。仿真技术回答“如果怎样就怎样的问题”。

(4) 报告系统。

最后一个讨论的物流信息系统是报告系统。报告的类型有计划报告、作业报告、控制报告。计划报告用来分析销售趋势、经济预测以及其他的营销市场信息。作业报告用来控制库存、规划运输路线与运输时间、确定采购时间等。控制报告用来分析成本、预算与绩效。

物流信息系统是分层次的，一般分为交易层、管理层、决策层和战略层四个层次。交易层主要是记录各个物流活动的具体信息，它是物流信息系统最基本的层次。管理层主要对物流活动进行衡量并输出物流报告，它对于提供有关服务水平和资源利用等管理反馈信息来说是必要的。决策层主要是集中在决策应用上，协助管理人员鉴别、评估和比较物流战略和策略上的可选方案。战略层主要是开发和提炼物流战略。信息沿着这四个层次由下至上又从上至下循环流动。首先一线工作人员从交易层收集信息，然后上传至管理层，在那里生成各种报告，接着这些信息又被传给部门经理所在的决策层，部门经理在详细分析这些数据后，结合销售计划、财务计划的内容形成物流决策，继续上交给总经理，帮助总经理形成战略决策。要注意的是，信息在上传的过程中，由于总经理没有时间去阅读详细的信息，所以传到总经理手中的信息是重要信息的概要，总经理就是根据这些概要做出战略决策的，该决策又会下传至各个地区、部门、配送中心。在下传的过程中，每一个部门根据战略决策制定自己的决策。

【小知识 6-2】

在信息流动的过程中，每一层次的管理人员需要的信息是不同的。高质量的物流信息系统必须能够在物流经理的信息需求与获取信息的成本之间取得平衡。要知道每一个想要的东西不一定都是令人满意或符合成本要求的。一般而言，由于信息技术的不断进步，物流经理需要的信息基本都可以获得。

6.2.2　物流信息系统的硬件构成

用于组成管理信息系统的硬件设备很多，但主要包括以下几类：主机设备、输入输出设备（I/O 设备）、存储设备、网络通信设备、办公自动化设备、多媒体设备、电源系统、机房设备、诊断维修设备等。每类设备又可分为许多种，而每种还可分为多种型号。由此可见，如何测试、购买、安装和使用这些设备，是一项长期而且技术性很强的工作。表6-3大致列举了一些系统中经常用到的各类硬件设备。

表 6-3　　物流信息系统中常使用的硬件设备

设备类型	常见设备
主机设备	小型机服务器、PC 机服务器、工作站、客户机等
输入输出设备	终端、显示器、打印机、扫描仪、绘图仪、特种键盘、IC 卡读写器、条形码阅读器、数码相机、数码摄像机、数字化仪、投影仪、分屏器等
存储设备	大容量磁盘系统、网络硬盘、磁盘阵列、可读写光盘、光盘机、磁带机等
网络通信设备	调制解调器、网卡、终端服务器、交换机、线缆系统等
办公自动化设备	复印机、碎纸机、干燥设备等
多媒体设备	触摸屏、图像摄取仪、声/视卡、图像处理卡、音箱、功放、话筒、录像机、摄像机、解压卡等
电源系统	UPS、稳压电源等
机房设备	工作台/椅、架柜、照明设备、制冷设备、清洁设备、电力系统、布线系统、抗静电地板、安全系统、消防系统等

1）主机设备

主机设备根据其在网络系统中的不同作用，可分为两类：服务器和客户机。

服务器主要为网络系统中的其他计算机提供特别服务，如文件/打印服务、应用/数据库服务、通信服务、Intranet/Internet 服务等等。由于它经常被多台计算机同时访问，因而它的处理速度和性能对整个网络系统来说是十分关键的。对于管理信息系统，服务器一般由小型机、工作站或专用微机服务器来充当。它应具有高速单个或多个 CPU，大容量快速容错的内存（根据需要可以是 1G 或更多），大容量热交换硬盘或容错磁盘阵列，并可根据需要配备一个或多个高速网络适配器。另外，服务器还应该预装和配置服务器管理软件，以提供服务器管理功能，这是完成服务器解决方案中极为重要的一部分。由于服务器为整个网络提供特别服务，许多客户机上的具体业务处理离开这些服务就不能运行，所以，服务器的选型应该充分考虑它的可靠性（冗余技术、故障的在线修复时间等），而不仅是服务器的运行速度，前者在购买服务器时往往更为重要。此外，服务器的文件服务性能（I/O 并发操作能力、高速硬盘系统等）、扩展件（网卡插槽数量等）等网络特性也十分重要。

客户机主要完成具体的业务应用，并与服务器交换数据，有时也可为网络提供简单服务，因而应根据不同站点的应用来选择机型并进行配置。客户机一般采用微型计算机，如 PC 机。针对特殊应用也可配置工作站，如 Sun 工作站。客户机可分为台式机和笔记本电脑。虽然笔记本电脑体积小，但其性能并不比同档次的台式机逊色。尤其是其便于携带并具有远程通信的功能，使用户能在世界的任意位置访问其远在千里之外的办公室主机和公司网络，这对经常外出谈判和旅行的人特别合适。

2）输入输出设备（I/O 设备）

输入输出设备又称计算机外围设备，在整个管理信息系统的物理设备中占有相当大的比重，其品种繁多，用途广泛，有打印机、IC 卡读写器、条形码阅读器等等。

（1）打印机。打印机是 I/O 设备中使用最多的设备，目前市场上流行的打印机种类很多，从打印输出的颜色上分，有彩色打印机和单色打印机；从打印的工作原理上来分，有针式打印机、喷墨打印机、激光打印机、热蜡打印机、热升华打印机、双模式打印机；按打印机介质的尺寸分，有 A 尺寸打印机和 B 尺寸打印机；按在网络中的作用分，有网络打印机和个人打印机；按用途分，有通用打印机和专用打印机，如票据打印机就是一种专用打印机。

打印机的性能一般从打印质量（每英寸打印点数，即 dpi）、打印速度（每分钟打印张数）、可靠性等三个方面来衡量。对于彩色打印机，色彩分辨率和光泽度也是重要的衡量标准，在考虑打印机性能的同时，还要注意价格和费用因素。打印机使用耗材，包括打印介质、色带、墨盒、磁鼓等，有些打印机虽然本身价格不贵，但其耗材相当昂贵，并且是厂家专供的。另外，购买打印机还要考虑用户的特殊需要，比如，传统的点阵式打印机虽因其刺耳的噪声和较低的分辨率几遭淘汰，但它仍旧是最有效的多层套打方式。它还是在厚质材料上，比如很厚的证券卡和银行存折上进行打印的最佳途径。对那些需要大批量高速打印信件的用户说，当前使用行式打印机是最合适的。

（2）IC 卡读写器。随着我国“三金”工程的不断深入，IC 卡逐渐进入我们的生活。它是一种矩形塑料卡片，可以借助磁标记、光标记或穿孔在卡上记录信息，像日常用的电话磁卡、银行信用卡等都是 IC 卡。IC 卡读写器是一种能够读写 IC 卡上信息的设备。IC 卡有两个方面的作用：标示作用和“电子货币”的作用。IC 卡作为“电子货币”使用的最好例子就是电话磁卡和银行信用卡。它们都充分利用了 IC 卡既可读又可写的特性。作为标示作用的成功例子是工厂记录工人上下班时间的考勤卡，当一名工人到厂时，他将 IC 卡插入读写器，读写器自动记录工人的编号和上下班时间，离厂时则重复这个过程。因此，每一个工人的上下班时间都被记录在案。如果读写器与工资计算系统相连，就可确定工人每天准确的考勤情况，并相应地计算工资奖金。

（3）条形码阅读器。条形码一般用于唯一表示的某种事物，如商店里的各种商品、公开出版的每种图书、工厂里的每名工人等。条形码和条形码阅读器经常用于对大量个体的自动化管理中。

3）存储设备

存储设备其实也是一种 I/O 设备，这里的存储设备指的是计算机标准配置之外的独立的存储系统。一般情况下，购买微机时，也同时购买主机内的存储系统，如硬盘、CD-ROM、软驱等。但对于小型机或服务器，常常需要按要求单独购买独立的、专用的存储设备。这些外存储设备一般用作存储或备份整个网络上的系统软件、应用软件和共享数据，十分重要。如果它出现故障，则可能引起整个网络瘫痪，丢失重要的数据。因此，除了要求这些存储设备具有较强的容量扩充能力外，更重要的是有高可靠性、高可用性和与主机间的高传输速度。

外存储设备可分为两类：一是系统备份设备；二是主外存设备。常见的系统备份设备有磁带、可读写光盘等。另外还有一种 CD-ROM 服务器，它可让用户在网上访问多张 CD 盘。显然 CD-ROM 服务器不能用作系统备份，但出于它只读取数据，要求其具有大容量、高可靠性、介质能够长期存放的特点，而对其速度的要求不高。

4）网络通信设备

网络通信设备有网卡、调制解调器、通信线路、通信设备等，它们主要用于计算机之间的物理链路的连接。

（1）网卡。网卡是插在计算机扩展槽上的一块电路板，它是将各计算机连接成网的接口部件，通过它连接到局域网的计算机能够相互通信，共享局域网中的资源。网卡也就是局域网中的通信控制器或通信处理机，是组成局域网不可缺少的部件。

常用网卡按所支持的网络系统结构可分为 Ethernet 网卡、Token Ring 网卡；按与计算机连接的总线形式又可分为 ISA 网卡、PCI 网卡、EISA 网卡。在 Ethernet 网卡中有普通以太网卡和快速以太网卡。

（2）调制解调器。调制解调器（Modem）已成为 PC 机远程通信方式之一。时至今日，Modem 正经历从 PC 可选件到必备件的转变过程。Modem 主要用于计算机间通过普通电话线发送、接收数据。它是计算机与电话线的中间件。

（3）通信线路。通信线路是指有线的通信传输介质，常见的有：双绞线、同轴电缆和光纤。

双绞线分为 STP 和 UTP。STP 内有一层金属薄膜作为保护膜，可以减少电磁干扰，UTP 则没有这层保护膜，因此其对电磁干扰的敏感性较大，电气性能较差。双绞线的成本低，容易安装和管理。适合于星形网络拓扑结构。

同轴电缆可分为基带同轴电缆和宽带电缆。基带同轴电缆以“数位信号”传送数据，传送时传输信号会占用整个频道。此信号是由零到该基带同轴电缆所能承受的最高频率，因此在同一时间里仅能传送一路信号。宽带电缆则以“类比信号”传送数据，传送时可采用频分多路复用的方法分成多个传输频道，使声音、图像等可以在同一时间以不同频率传送。

光纤的特性是体积小，衰减较低，不容易受电磁干扰，坚固安全，因此可作为远距离高速传输线路。但光纤的价格较贵。光纤适合于环形网络拓扑结构。

（4）通信设备。在物流管理信息系统中，常用的通信设备包括：中继器、交换机和路由器等。

中继器是物理层上的互联设备，这种连接只涉及物理硬件，此方式适用于两类完全相同的网络的互联，它是通过对信号的重复转发，扩大网络传输距离。交换机工作在 OSI 的数据链路层。路由器是用来连接若干个网段或网络且工作在第三层的网络设备，当前主要用于局域网与广域网的接口上，因为它的优先传送控制、数据传送选择等特性，可以更有效地使用广域网的线路。

（5）电源系统

电源系统有 UPS、稳压电源等。

为避免在系统运行中突然停电而造成的不安全性，需在物流管理信息系统中考虑“不间断电源系统”（UPS）。UPS 的主要功能是当电力中断时，能及时避免在系统运行中突然停电而造成的不安全性，将系统内部的电力提供给计算机使用，使得用户有足够的时间恢复外部电力系统或保存重要数据并正常关机。在企业整个信息系统中的关键设备，特别是在网络中的服务器、交换机、路由器和处理关键业务的客户机上都应使用UPS。

稳压电源是能为负载提供稳定交流电源或直流电源的电子装置。包括交流稳压电源和直流稳压电源两大类。

6.2.3 物流信息系统的软件构成

软件系统在整个物流信息系统中占据重要地位。软件构成面临的问题是如何在浩如烟海的软件产品中选择功能、价格合适的产品并把它们组织起来，使它们在一起协同工作，满足物流信息系统的应用要求。系统平台的选型一般存在两种策略：主机→操作系统数据库→管理系统（DBMS）→企业应用；（企业应用软件平台→硬件平台）+开放系统结构和标准。

适用于管理信息系统的软件十分繁杂，但总的可分为三类：系统软件、应用软件和开发软件。

1）系统软件

它是指一些系统运行必需的基本软件，如网络操作系统软件、客户机操作系统软件、网络协议软件、网络管理及安全软件、各种驱动软件（有的随操作系统供应）等。有些特殊的服务器软件也属于此类，如数据库服务器软件（即面向客户/服务器模式的数据库管理系统）、WEB服务器软件、文档服务器软件、群集服务器软件等，虽然这些服务器软件不是运行基本系统必需的，但对于特殊应用来说却是必不可少的基础软件。

系统软件构成主要考虑各软件之间融合的程度，特别是操作系统和各专门服务器相互融合的程度，另外还要考虑应用软件资源是否丰富和是否容易得到等。

2）应用软件

它是指针对某种特殊应用的软件，主要是一些客户端软件。它可分为两类：一类是通用应用软件，它是由专业软件公司开发销售的针对某一应用的软件，包括中文平台软件、文字处理软件、表格处理软件、图形图像处理软件、通用CAD软件、浏览器、通信软件、文件及磁盘管理软件、防病毒软件等等，另外，操作系统也会附带一些有用的应用软件。另一类应用软件是企业为自身需要而开发的业务应用软件，它是管理信息系统的核心，如财务软件、人事管理软件、仓库管理软件等。

应用软件是系统中最活跃的部分，也是最容易引发故障和问题的不安定因素。针对这种情况，企业管理人员一方面要加强对计算机使用人员的培训和教育，另一方面应该统一指定常用的应用软件，如文字处理软件、表格处理软件等，这些软件应该能完全协调一致地工作，最好使用套件产品。另外还要制订一套管理检查措施，以防个别用户使用非法软件或带有破坏性的文件。

3）开发软件

它是开发用户应用程序的软件。开发软件在整个信息系统中有着十分重要的作用，管理信息系统的许多重要特性如灵活性、应变能力等都取决于开发软件。开发软件也可分为两类：一是开发工具，主要是集成的环境和管理工具，它提供开发应用程序的编辑、编译、快速开发工具、测试、打包、版本控制、小组开发、文件管理、资源管理等一整套开发环境和管理工具。二是开发资源库，也称应用源，指一些可供开发使用的类库资源、对象资源（VBX、OCX等）、函数资源、应用资源（如查询生成器、数据库编辑器等）等。

这是对应开发的强有力支持。

开发工具的选择除与操作系统对应外，还考虑到开发软件面向的层次不同。一般来说，企业应该具有面向不同层次、开发出的产品能够相互兼容的一整套开发软件。另外，用这套软件还应能开发出与选定的常用软件交互的产品，这些功能往往是由操作系统支持的，而且各种软件也不再是独立的。针对信息系统软件的繁杂性，管理人员必须对其进行认真筛选，并进行有效的管理，才能充分保障系统各部分协调一致地安全运行，使系统发挥最大功效。

【小知识 6-3】

新型的物流系统中，无论是第三方物流、供应链物流、准时物流、零库存系统等等，物流信息都起着主导的作用。通过有效的物流管理，灵活运用物流信息，再加上一个强有力的物流软硬件系统，造就了今天的物流奇迹。

6.2.4 物流管理信息系统

物流管理信息系统（LMIS），是管理信息系统（MIS）在物流领域的应用。物流管理信息系统是众多的应用管理信息系统之一。广义上来说，物流管理信息系统应包括物流过程的各个领域的信息系统，包括运输、仓储、海关、码头、堆场等，是一个由计算机、应用软件及其他高科技的设备，通过全球通信网络连接起来的、纵横交错的、立体的、动态互动的系统。而狭义上来说，物流管理信息系统只是管理信息系统在某一涉及物流的企业中的应用，即某一企业（物流企业或非物流企业）用于管理物流的系统。

一般来说，物流管理信息系统包括物品管理、配送管理、运输与调度管理、客户服务、财务管理、人力资源管理、质量管理等子系统，如图 6-2 所示。

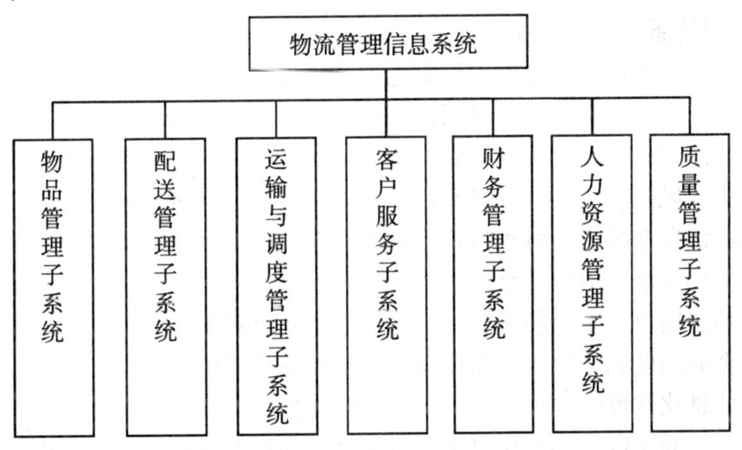

图 6-2 物流管理信息系统内容结构图

（1）物品管理子系统，是物流管理信息系统的重要组成部分，它可以使企业物品仓库的管理全面信息化。物品管理子系统主要包括采购计划管理、采购合同管理、物品出入库管理、物品进销存查询等功能模块，主要负责从物品的采购计划、审批、物品的国内外采购合同、合同执行情况的跟踪反馈到物品到货入库、物品发货、结算与统计等业务的调度管理。

（3）配送管理子系统，负责对配送各环节进行调度管理，主要包括备货管理、配送加工管理、分拣配货管理、配装管理、配送运输管理和送达服务等功能模块。

（3）运输与调度管理子系统，负责运输任务的产生、各种单据的生成和传输、运输过程的跟踪管理、运费的结算以及相关信息的查询等业务。主要包括运输任务产生、运输过程管理、服务结算、运输跟踪和运输信息查询等功能模块。

（4）客户服务子系统。该子系统是物流公司和客户之间的接口和桥梁，也是物流公司进行采购、发货和运输的依据。客户服务子系统包括网上下单、货物跟踪、合同修改和网上支付等功能模块。

（5）财务管理子系统，主要是依据会计准则来完成企业各种经济活动的财务会计核算，正确计算企业所需各种会计报表并根据需求提供财务数据分析，体现企业经营状况，结合其他管理子系统为企业财务管理和决策提供依据和帮助。其操作模块包括商品采购核算、商品销售核算、往来支付核算、总账管理、固定资产核算、工资核算、其他辅助核算、银行对账及银行信用管理、数据分析、系统维护等。

（6）人力资源管理子系统，是企业信息管理的重要组成部分，该子系统的目标是以员工为对象，以全面、丰富的人力资源数据为基础，实现企业人力资源的科学管理，不断提高员工素质，用较少的人力资源、物料消耗，创造好的经济效益。

（7）质量管理子系统，是指根据确定的质量管理方针、目标和职责，并通过质量体系中的质量策划、质量控制、质量保证和质量改进来使其实现的所有管理职能活动的系统。

6.3 案例：某物流园信息化建设项目

6.3.1 项目背景（需求分析）

物流园区是整个物流系统的信息汇集地和指挥地。综合性、大规模的物流园区，同时也是指挥、管理和信息的中心，通过园区将信息集中，达到指挥调度的功能。现代物流企业面向的是供应链管理环境，没有良好的管理信息系统的支持几乎无法展开在市场中的竞争，但是信息化的风险和巨额的投资又使一些中小物流企业观望不前。物流园区通过引入技术较为成熟的信息系统，同时也将这些物流企业从能力和管理上整合起来，通过整合园区内各企业的信息系统，形成一个统一的指挥管理中心，提高了整个园区工作的效率。而通过信息技术的运用也让中小物流企业获得了信息化管理带来的优势，逐步建立起具备现代管理水平的企业制度和文化，从而推动了整个产业管理的信息化。

物流园区信息化建设的起点要高。物流园区的信息化建设，虽然应用层面在园区，但从规划和园区发展的角度，必须跳出园区看园区，必须要站到全国一盘棋的高度来分析园区信息化建设的目标和内容。物流作为一个动态的概念，不是在一个物流园区内部就能实现其全部使命的；一个物流园区的发展，特别是园区企业的业务，也不可能局限于本地区、本园区来发展。如果只是局限于本地区来建设和发展园区，园区必将成为一个空架子，仅仅只能将原来分散的一些物流企业从地理位置上进行整合，而不能为物流企业，也不能为当地的经济带来推动作用。信息化技术的最主要特点就是能实现无国界、无时空限制。如果将物流园区的信息化建设停留在园区内部，局限于园区自身的应用，那么信息化的本质和精髓也就得不到充分发挥，效益得不到充分的体现。这也是许多地方开展信息化建设只有投入，没有效益的重要原因。

6.3.2　项目定位

1）关键原则

（1）信息化建设应当是利润中心，而不是成本中心。

（2）信息化建设应当与实际业务模式相配合，才能发挥最大的作用。

（3）信息化建设不是单纯的买设备，应该是包含系统规划、设备选择、技术支持、售后服务等方面的整套方案，同企业的经验管理、业务流程等有机地结合在一起。

（4）物流园区的信息化建设应当遵循系统规划、分步实施的原则，既考虑到当前实际效益，又为以后的业务拓展做好准备。

2）功能定位

（1）搭建高度可扩展的信息化基础平台。

①满足业务发展需求。随着公司业务和规模的发展，就会需要添加一些基础应用，包括 OA 办公自动化、e-mail 应用等等。这是设计 IT 可扩展架构最基本的一个要素。

②合理利用设备。合理地利用之前的设备，能够有效地降低用户成本。

③数据安全考虑。对每个企业来讲，数据安全都是最重要的一个方面。保障架构在搭建运行时的安全，数据不丢失、业务不中断，这是非常重要的一个原则。

④考虑后续扩展。在后续扩展架构的时候，现平台能否实现平滑扩展，比较便利地管理，而不至于出现大的变动，这也是每家企业用户都比较关注的。

另外，后续随着业务的发展，大量应用子系统也要跟着上线，平台必须考虑所有新的系统接入进来以后，如何与平台对接，实现集团结算、集团 OA、集团客服等工作。

（2）站在管理的高度设计应用系统。

①工作流程合理化。应用系统的流程设计关系到将来业务运作的顺畅，流程设计应该尽可能地考虑合理性，保证企业以较低沟通成本、较高的效率进行工作；另外工作流程引入自定义机制，实现一定限度的流程定制，满足企业发展过程中的灵活变更需求。

②系统功能完整。系统功能应该尽量完整，让企业可以将业务流程中碰到的方方面面都纳入系统管理的范畴，真正做到信息化不留死角。

③报表分析功能强大。报表分析引入自定义机制，可以根据不同的管理人员不同的管理需求，定制不同的分析表，帮助其做出有针对性的决策。

（3）应用子系统。应充分满足现有操作的简便快捷性，操作系统是否简便，关系到操作人员能否顺利上手，尽快展开常规工作，因而往往关系到企业的人员成本，甚至直接关系到企业信息化的成败。

6.3.3　风险评估

企业信息化项目实施将引起各个方面的巨大变化。一个完整的企业信息管理系统集成了企业运营的各个方面。这种集成能使企业多方受益，如对市场的迅速反应、灵活的产品配置、减少库存以及更加有效的供应链管理等等。但是应当清楚企业信息化项目实施更是一场高风险的管理革命。对于在信息化项目实施过程中的风险必须在项目启动之前加以认真分析，并针对风险产生的原因采取相应措施加以预防和控制。

1）管理观念风险及控制措施

（1）管理观念的转变。企业信息化项目的实施不仅仅是一个技术项目，更是一个管理项目。企业信息化带来的不仅仅是一套软件，更重要的是整套先进的管理思想。只有深刻理解、全面消化吸收新的管理思想，并结合企业实际情况加以运用，才能充分发挥企业信息化项目的作用。仅由技术主管负责实施系统，缺少部门管理人员和业务人员的积极参与，或者没有高级管理人员、尤其是企业一把手的亲自负责，都不利于项目的顺利实施。通过多层次的专业培训，通过信息化提升企业竞争力这一认识已深入人心，尤其是各级企业管理人员的认识普遍提高，这些都为信息化项目在全公司顺利实施奠定了良好基础。

（2）组织架构的调整。为适应企业信息化项目实施带来的变化，企业必须在组织架构和部门职责上作相应的调整。因此，实施企业信息化项目往往需要同时进行企业流程重组。在流程重组中，会涉及部门职能的重新划分、岗位职责的调整、业务流程的改变、权力利益的重新分配等复杂因素，如果企业不能妥善地处理这些问题，将会给企业带来不稳定因素，同时也对信息化项目的实施造成困难。针对这个问题，公司也召开了多次座谈会进行讨论，并邀请专业咨询机构对现有管理流程进行了实地调研，征求进行流程改革的建议。一些下属企业也结合自身情况，进行相应的调整。

2）软件风险与控制

软件风险主要包括软件本身存在的功能风险和选择软件时产生的选择风险。

（1）软件功能风险。由于各个企业现有业务流程纷繁复杂，通用的企业信息化项目软件本身可能存在各种功能不足或潜在的软件缺陷，称之为“软件功能风险”。目前市场上的商业化软件存在的主要软件功能风险包括：软件功能对企业需求的满足程度、系统的集成性、软件的成熟性和稳定性不够。

公司是一个综合的、以制造业为主的企业集团，下属的各个企业具有较大行业跨度，即便同是制造企业，由于产品、工艺和企业发展渊源的不同，在业务处理流程上具有较大的区别。这就使得各个企业对信息系统的功能要求存在差异，通用的软件系统未必都能满足要求。针对这种情况，一方面通过对现有各个企业的业务流程进行调整、优化，使其符合一般企业管理的基本流程要求，另一方面要选择那些在功能设计上具有较大柔性，并且便于二次开发的通用软件。

（2）软件选择风险。面对市场上林林总总的商业化软件，企业在进行软件选择时，会遇到所谓的“软件选择风险”。软件选择风险包括：企业是否清晰地定义了自己的需求和期望；企业如何综合地评估被选软件，包括软件功能、价格、软件商的技术支持能力等方面；企业如何将自身实际需求与软件很好地进行匹配，从而选择最适合自己企业实际情况的软件系统。如果未能意识到上述的软件选择风险，必将影响最终系统的实施。

选择合适的信息化项目实施咨询机构，帮助企业明确实施的具体要求，制定实施的具体步骤与完善前期管理基础和技术数据基础，并且参与对信息化项目实施人员的考察、评价和选择，将有助于降低软件选择风险。

3）实施风险与控制

实施风险是企业在实施信息化项目过程中可能遇到的各种风险，主要包括：实施人员的组织、项目进度的控制、实施成本的控制、质量控制以及实施结果的评价。

（1）实施人员的组织。实施人员对于系统的成功实施至关重要。由具有丰富项目实施和企业流程管理经验的咨询人员和企业内部的管理人员、业务人员以及技术人员一起组成项目实施小组，共同进行项目实施工作，可以提高项目实施的成功率，缩短实施周期，减少实施风险。由于信息系统的复杂性，涉及的部门很多，许多实施工作需要各部门的协作才能完成。因而，在实施项目的组织过程中主要解决的问题是协调部门之间关系、统筹安排跨部门的实施人员、避免出现扯皮现象。

（2）项目进度的控制。企业信息化项目实施通常需要 3 ~ 6 个月，甚至 1 年的时间。在这一漫长过程中，进行项目管理、控制项目进度、确保整个实施过程能够按照预定的时间表进行，对项目的成败至关重要。特别是在实施过程中必须要保证那些里程碑性目标按时达到，否则会造成项目半途而废或系统上线严重延误。为保证项目按计划顺利实施，公司已指定一名副总经理全程跟踪项目的实施情况，并把项目实施情况作为总经理办公会的主要议题，从人力、财力上给予大力支持。同时，准备通过引入第三方监理机构对整个项目的实施质量和进度作全程监控，保证项目实施的时间和进度依计划进行。

（3）实施成本的控制。企业信息化项目的实施成本通常包括：硬件费用、软件使用许可费用和软件培训费用、实施咨询费用及维护费用等。根据国外企业信息化项目实施的成熟经验，一般实施咨询费用是软件使用许可费用的 15 ~ 20 倍。在实施过程中，如何合理分配实施费用，结合项目进度和时间安排，将实施成本控制在计划之内，是实施企业信息化项目时需要认真对待的问题。由于不能按照项目进度计划开展工作，造成时间的延误和实施成本上升，致使最终系统上线也不能符合时间和预算的要求，客观上造成实施的不成功。实施成本支出的必要性得到公司领导和部门领导的一致认可，在进行项目预算时，集团信息化项目组必须会同公司财务部、专业咨询机构对实施费用的构成、使用计划、稽核方式进行详细研究，制定详细的使用方案，确保项目的顺利实施。

（4）质量控制以及实施结果的评价。除了需要对企业信息化项目实施进行时间和成本的控制外，对实施的质量和实施的最终结果也需要做出评价。为保证项目保质保量、按时进行，公司已经着手进行信息化项目实施监理机构的选聘工作，通过第三方资深机构的介入实现对项目的实施质量和实施结果进行实时监控。

6.3.4　技术方案

项目总体采用迭代式开发流程，将利用快速原型开发法，与用户确认系统界面原型，并不断地进行集成测试，在迭代开发的各个阶段将获得的成果交由用户及时进行确认、测试和反馈，并将结果反映到系统的迭代开发中来。

项目功能结构包括：

（1）信息化基础平台。包括：组织架构管理、用户管理、权限管理、费用代码管理、费用组管理、客户管理、商品管理、系统初始化管理、数据交换服务管理、消息预警服务管理、园区门户管理、网上客服平台管理等方面内容。

（2）金融物流模块。包括：监管员管理、项目调研管理、立项审批管理、融资申请管理、进出库监管、货值贬值监管、监管员动态管理、其他变更管理、相关附件管理、利息费用管理、报表管理等。

（3）仓库管理模块。包括：库房管理、收货管理、上架管理、移库/调拨、盘点管理、预警管理、拣货管理、发货管理、仓单质押管理、保税管理、计费管理、报表中心等功能。

（4）结算中心模块。包括：计费管理、发票管理、催请款管理、实收实付销账管理、财务接口、结账处理、财务报表中心等内容。

6.3.5 实施原则和项目组织机构及主要职责

1）实施原则

为了保证项目实施工作按计划、有序、快速地推进，必须制定相关的原则以指导各项工作和各方人员。所有工作的方法、策略、规范都必须围绕着这些原则来制订。当出现与原则相违背的情况时，应首先保证原则的严肃性、有效性和不可破坏性。只有这样，才可能保证整个项目的成功。

（1）项目实施总体原则。

①以管理系统已经实现的功能为主，进行产品的实施；

②要求客户公司总经理指定全权负责人，业务、IT 人员共同参加，分工协作；

③严格遵守统一的推广实施方案，保证所有分公司采用一致的实施政策与流程；

④首先满足基本操作，循序渐进，不断完善；

⑤关键用户和最终用户通过参与实施活动，完成知识转移；

⑥集中开展项目实施活动，各地分公司的实施在总部实施完成后进行；

⑦提早做好数据准备工作。

（2）需求控制原则。

①系统要覆盖当地现有系统与业务相关的主要功能；

②每个实施点的变更或新增的需求必须在该实施点第一次 UAT（User Acceptance Test，用户接受度测试）之前提出，并通过需求变更流程决定其处理方式。在此之后提出的所有需求仍可以通过需求变更流程决定其处理方式，但将不影响该实施点的系统上线；

③有争议且对进度有重大影响的需求提交总部项目领导裁定。

（3）项目组与实施单位的协作原则。

①项目组在实施工作开展前应提供详细的实施计划，并得到实施单位的确认；

②在实施工作开展前，实施单位应按项目组要求及时组成关键用户组，并按要求准备好诸如测试案例、所用打印单证、EDI 需求等相关材料；

③在实施过程中，实施单位应根据实施计划予以全力支持和配合，必要时关键用户与 IT 人员应脱产或半脱产配合项目组的实施推广工作；

④有关的需求提交与反馈统一由关键用户组执行，关键用户组应首先过滤不合理需求；

⑤项目组应提供统一的问题与需求反馈机制，并及时对实施单位提出的问题与需求做出响应。

2）项目组织机构及主要职责

实施集成化信息资源管理系统时，企业的管理改革也要配合进行。为了保证项目按计划进度顺利实施，首先要组织落实。通常要成立三级项目组织，即项目领导小组、项目实施组和实施职能组。

（1）项目领导小组。项目领导小组简称领导小组，由企业一把手主持，包括企业信息主管、技术依托单位的相应项目负责人、项目实施组组长，共约 3 ~ 5 人。项目领导小组从战略层次领导整个项目的实施工作。

（2）项目实施组。在全公司范围内实施企业信息化工程，有可能会使组织、业务流程与功能分配发生变化，因此成立一个由企业最高管理层及各个业务部门人员组成的项目实施组显得尤为重要，不能单纯由 IT 部门负责项目实施。项目实施组的成员应包括各主要业务部门的主管或业务骨干，这些人员不仅要熟悉本部门的工作，也要了解其他相关部门的情况及相互关系。其中一部分最好兼任有关职能组组长的工作。他们应当是热心管理改革并能为实施企业信息化系统而勤奋工作的人员。经验表明，没有得力的人员参与企业信息化系统的实施，将会延误进度，严重的甚至导致项目流产。

（3）实施职能组。与企业实施企业信息化系统有关的部门，指定几名骨干组成实施职能组，在部门主管指导下，研究本部门实施企业信息化系统的方法和步骤，掌握与本部门有关的软件功能，准备并录入数据，学会应用各种报表提供的信息，培训本部门的使用人员，参加制定工作准则与工作规程，做好新旧管理模式的切换，运行新系统。每个职能组的成员数约 3 ~ 5 人，实施职能组要随时研究工作，并对项目实施组负责。

项目领导小组、项目实施组和实施职能组的关系是环环相扣的。下层的负责人是上层的成员，如实施职能组的负责人是项目实施组成员，项目实施组组长是项目领导小组的成员。整个项目的负责人是企业第一把手，他是高举火炬照亮项目前进道路的领路人。总之，集成化信息资源管理系统建设必须有全体管理人员积极参与和应用，同时，又要有计算机专业人员通力合作，才能取得成功。而当前应着重强调的是：必须有企业自己的一批管理骨干参与。

6.3.6　效益分析

实施企业信息化建设是进行现代化管理的必要手段，更是增强核心竞争力的重大举措。这项建设本身是一项庞大的系统工程，在系统硬、软件方面需要较大的投资，一旦系统投入运行后将产生巨大的经济效益和社会效益。

1）*企业运营效益分析*

（1）时间效益。由于计算机的运行速度快、精度高，工作程序标准、规范，又有数据库系统的支持，使得信息的查询方便灵活，从而大大提高了管理工作的效率，节省了工作时间。同时与手工的工作方式相比，数据的准确性、一致性也大大提高。

（2）竞争效益。目前企业之间的竞争日趋激烈，优胜劣汰的严峻形势对于企业的管理人员提出了更高的要求，而企业的竞争就是管理水平和管理效益的竞争，是技术水平和对于信息处理的运用水平的竞争。通过管理信息系统的建设，大大提高了企业的决策和管理水平，增加了企业的竞争能力。

（3）综合的社会效益。在信息社会的今天，传统的管理方式无法适应当今世界的发展步伐，信息已经成为第六能源，应用计算机掌握信息已经成为国内外越来越多企业作为提高劳动生产率、增加效益、掌握市场主动权的法宝，信息化建设为企业提供了彻底改变传统管理方式的保证，通过企业的信息化建设，使各种信息得到共享和交换，改变了工作人员的工作方式、思想观念和行为习惯，使人们从繁琐和繁重的工作中解脱出来，进行创造性的劳动，从而提高了工作效率，实现了科学决策，实现了企业整体效益的提高。

2）*企业经济效益分析*

（1）计算方法。信息化项目实施后体现的效益分为两种类型：一是增量效益，即由于实施信息化项目所带来的市场占有率提高、销售额增加；二是减量效益，即减少生产经营中各个环节的成本和费用。

(2) 计算依据。依据公司现有的生产经营数据、财务数据、行业数据、银行数据和一般信息系统的效益参数。

(3) 增加销售收入。建立销售合同及用户信息系统后，不仅能及时了解用户对产品的需求量，而且通过分析用户（特别是老用户）的需求量和合作周期，可以有针对性地推销服务，主动开拓市场、提高销售额、增加销售利润。

(4) 精简人员，降低工资成本。由于计算机系统有极好的数据收集功能和极快的数据处理运算能力，建立集成化信息资源管理系统后，公司内部绝大多数重复性、事务性工作和程序性决策就可由该系统完成，这样，可使管理人员一人多岗，减少人员编制。

(5) 降低流动资金财务费用。库存占用资金是公司流动资金的主体，加强资金库存管理，做好融资计划是减少库存占用资金的主要方法。以控制物流为主线，减少资金的占用及物资的浪费是企业信息化项目实施的一个主要目的。

(6) 节约物资消耗，降低管理成本。对业务办公过程实行计算机管理，可准确地制定工作计划，减少人为的工作失误；对办公用品实行计算机管理，控制办公用品库存数量，杜绝领多还少的现象；通过物料消耗数据分析，可以使办公用品的使用更加合理。

【小思考 6-2】

物流管理信息系统实施一般包括哪些步骤？

答：物流管理信息系统实施一般包括物流信息系统需求分析、项目定位、系统风险评估、系统技术方案设计、计划实施步骤、物流信息系统效益分析。

本章小结

现代物流的重要特征是物流的信息化，现代物流也可以看做是物资实体流通与信息流通的结合。在现代物流运作过程中，通过使用计算机技术、通讯技术、网络技术等技术手段，大大加快了物流信息的处理和传递速度，从而使物流活动的效率和快速反应能力得到提高。建立和完善物流信息系统，对于构筑物流系统，开展现代物流活动是极其重要的。

信息是事物之间相互作用、相互影响、相互联系的表征的描述。信息系统是用以收集、处理、存储、分发信息的相互关联的组件的集合，其作用在于支持组织的决策与控制。物流信息是反映物流各种活动内容的知识、资料、图像、数据、文件的总称。物流信息可以按物流信息的来源、物流的功能、管理层次等分类。

物流信息系统是指管理人员利用一定的设备，根据一定的程序对信息进行收集、分类、分析、评估，并把精确信息及时地提供给决策人员，以便他们做出高质量的物流决策。物流信息系统包括：订货系统、研究与开发系统、决策支持系统、报告系统。其硬件由主机设备、输入输出设备、存储设备和网络通信设备等构成。其软件由系统软件、应用软件和开发软件构成。

物流管理信息系统（LMIS），是管理信息系统（MIS）在物流领域的应用。物流管理信息系统是众多的应用管理信息系统之一。一般来说、物流管理信息系统包括物品管理、配送管理、运输与调度管理、客户服务、财务管理、人力资源管理、质量管理等子系统。

核心概念

信息　信息系统　物流信息　物流管理信息系统

基本训练

● 知识题

1. 判断题

(1) 知识管理信息是部门负责人制定局部和中期决策所涉及的信息。（　　）

(2) 系统软件是管理信息系统的核心。（　　）

(3) 物流信息系统由四个部分组成：订货系统、研究与开发系统、决策支持系统和报告系统。（　　）

2. 选择题

(1) 物流信息系统的发展可分为(　　)阶段。

A. 5 个　　B. 4 个　　C. 6 个　　D. 3 个

(2) 物流信息工作包括(　　)。

A. 信息应用　　B. 收集信息　　C. 信息研究　　D. 信息处理

(3) (　　)是物流管理信息系统的重要组成部分，它可以使企业物品仓库的管理全面信息化。

A. 客户服务子系统　　B. 运输与调度管理子系统

C. 配送管理子系统　　D. 物品管理子系统

3. 简答题

(1) 简述物流信息的特征。

(2) 简述物流信息的分类方法。

(3) 简述物流信息工作的主要内容。

(4) 构成信息系统的硬件有哪些，各有什么作用？

● 技能题

以一家连锁超市为例，写出构建其物流信息系统的步骤及软硬件构成。

观念应用

● 案例分析

苏州市烟草公司（常熟）卷烟物流配送中心（以下简称配送中心），是一家仅限于卷烟配送的物流中心，承担着苏州市内 35 000 户卷烟零售户的卷烟配送工作。该中心努力创新，不断追求突破，积极引进国外先进生产设备，创新管理模式，极大提升了生产力水平，减少了资源浪费。目前配送中心已实现网络化结算配送模式，从商户订货到货物配送，只需 3 天就可拿到货品。

物流配送中心的副经理刘杰说，在 2009 年之前卷烟货品的仓库、理货、储存、分拣都很分散，而且货品全部手工分拣，所以整体的标准也不能统一。在 2011 年之前，分拣配送都是采用传统人工模式，卷烟在品种数量的调配上都不一定能达标。现在，配送中心实现了统一分拣、仓储、配送，确保了工作效率，之前需要 10 人完成的工作现在仅 2 人就能完成，劳动力水平也得到提升。商品仓储的安全性也得到了保障，大大降低了商品的安全隐患。刘副经理说，在之前因为管理不健全，还发生过货品被调包的情况，现在再也不用担心这种情况的发生，客户整体信任度也提高了。

在营销方面，配送中心也突破了传统的销售模式，实现客户终端零售户服务，打造出良好的服务品质。配送中心的建立，共投资人民币 3.78 亿元，其中土建方面 1.40 亿元，设备方面 7 000 多万元。随着发展，物流中心积极探索巩固营销网络，发展信息化的物流。现在物流中心已经全面实现网络信息化。“我们的服务网络是全自动的保姆式的服务，终端销售网络经得起任何变化的冲击，零售户对此也完全依赖，还有助于我们培养客户的忠诚度”刘副经理说。

刘副经理说，配送中心主要的仓储分拣设备包括收获设备——自动收缩传送机；储存设备——高架库；分拣设备——A 字架分拣机与电子标签。高架库是由德国引进的无人库区，利用电子计算机控制高架仓库的货物入库、存取、出库等整个过程，仓库作业全自动化。高架库共九层高，共有三个传送通道，能储存22 000大箱货物（一个大箱有5件货物，一件有50条卷烟），是普通仓库储存货物量的9倍。高架库的引进，极大地节约了占地面积，提升了空间利用率，使用3年没出现过一次问题。配送中心还采用A字架分拣机和电子标签的分拣方式，A字架分拣机有4条生产线，每条生产线每小时可分拣9 000条卷烟，A字架分拣机还实现了零差错率。电子标签分拣系统是半自动的分拣设备，需要辅助以人工分拣，分拣速度高，每小时可达15 000条，但是电子标签分拣有一定的差错率，允许的差错率在万分之三到万分之五。刘副经理说，A字架分拣机和电子标签是根据工作量进行合理调配使用的，一般在销量大的时候分拣工作就会向电子标签倾斜。目前整体的操作员工正常要达140人，一天之内可分拣卷烟46万条。与过去的手工分拣比较，极大地节约了人力，统一了管理。自动化设备的升级，有效提高了工作效率和生产力水平。“以前大家都各自为政，整个操作没有统一的标准，而现在整体的工作既有了统一的标准，也完全实现了效率的可控性”刘副经理说。

自2013年4月25日，苏州五县一市6个烟库统一并到配送中心，生产流程变得统一，也有了统一的标准。但是，合并之初的配送中心并没有管理经验，配送中心积极探索，规范流程，建立统一的考核标准和规章制度；对在职人员进行岗位培训；推行规范化管理制度“7S”管理。刘副经理说，7S管理源于日本的5S管理制度，这是日本企业独特的管理办法，5S管理内容包括整理（seiri）、整顿（seiton）、清扫（seiso）、清洁（seiketsu）、素养（shitsuke）5个日语外来词。7S则在这个基础上增加了安全（safety）和节约（save）。7S管理方式，保证了公司优雅的生产和办公环境，良好的工作秩序和严明的工作纪律，同时也是提高工作效率，生产高质量、精密化产品，减少浪费、节约物料成本和时间成本的基本要求。

配送中心还结合了员工绩效扣分制的方法，员工办公物品必须摆放到位，保持整洁整齐，配送中心按照军事化管理来要求员工，通过半年时间的推行，配送中心实现了规范化、标准化和常态化。在7S管理和员工绩效扣分制推行的开始，员工们还有逆反心理，对立情绪较强，通过半年多的使用后，配送中心的整体管理建设面貌提升，员工的工作效率也大大提升。为了体现人文关怀，在半军事化的管理下，配送中心还结合人性化管理，每个季度都会举行专项活动，比如第一个季度有趣味运动会，第二个季度有安全活动月等来丰富员工的业余生活。

配送全部自动化。刘副经理说，目前常熟已经作为试点开始使用TMS运输管理系统，计算机有了TMS系统之后，就能够自动计算货运线路，自动调度配载货物。能够有效地节约成本，提高效率。刘经理还说，TMS有优点，但也有缺点，想要实现TMS最大的价值，还是需要打破行政区划。刘副经理说，虽然配送中心现在已经拥有国际化的设备和管理技术，但是还是需要始终保持高压的状态，不能掉以轻心，时刻准备迎接更大的挑战。

资料来源　佚名. 苏州卷烟物流配送实现信息化，订货到配送仅3天［EB/OL］.（2014-01-16）［2014-01-17］. http：//sz. xinhuanet. com/2014-01/16/c_118999763. htm.

问题：

请从物流信息系统的特点出发，谈谈苏州市烟草公司（常熟）卷烟物流配送中心解决了哪些问题。

● 单元实训

1. 通过在物流企业进行的调查，了解企业对物流的认识、物流的现状及企业的物流信息化进程，并写成调查报告。

2. 到企业或机房熟悉某个物流管理信息系统的结构、功能及业务流程，并进行实际操作。

第 7 章　物流模式

学习目标

通过本章学习，应该达到以下目标：

知识目标：了解传统物流模式所带来的问题，认识国际物流的特点与发展，明确第三方物流的概念、类型与发展趋势，了解第四方物流存在的问题及应对策略，熟悉绿色物流的概念及主要内容。

技能目标：认识传统物流运作所面临的挑战，明确国际物流模式的运行内容和第三方物流的运作原理。

能力目标：认识物流模式的发展趋势，掌握国际物流、第三方物流、第四方物流运作的基本业务要求，具备基本的业务能力。

引　例

近期，国内电商巨头阿里巴巴、京东等纷纷在全国布局拿地，工业地产尤其是物流仓储已成为地产投资的热点之一。在线零售市场的兴起与蓬勃不仅影响和改变了传统零售市场的格局，带动了第三方物流的发展，而且对现代物流设施市场产生了重大影响。专家认为，未来民营第三方物流将成为市场发展的新动力，预计定制仓库占高标准仓库的比例将会大大提升。

电子商务是当下我国现代物流设施市场最重要的需求来源之一。据艾瑞研究预测，至2017 年，我国网络零售额将达 4.1 万亿元人民币。随着电子商务市场份额的扩大以及在线零售市场本身规模的扩大，未来电子商务对物流仓储设施的需求将会继续增加。

一方面，自建物流已具备规模效应的大型电商将继续坚持其自建自营策略，从而削弱电商对公共型现代物流仓储设施的租赁需求。大型电商从最初的部分自建物流到全方位布点全面自营物流，进而发展到当前个别已初具规模的大型电子商务企业开始尝试向第三方开放物流平台。

另一方面，自营物流越来越高的进入壁垒，令多数电商尤其是中小规模的电子商务企业对社会化第三方物流的依存度不断提升，从而不断提升公共型物流仓储的租赁需求。易商集团首席执行官沈晋初表示，专业物流开发商及其他意图进入现代物流设施供应的企业不仅面临着现有大型电商自营物流先发优势产生的阻碍，更需要克服土地资源日益稀缺、拿地难度日益增加、开发运营所需资金及学习成本高等障碍。

资料来源　郑钧天. 电商需求激增　民营第三方物流将成市场新动力［N］. 经济参考报，2014-06-13.

7.1　电子商务物流模式概述

完整的电子商务应该完成商流、物流、信息流和资金流 4 个方面的活动。商流、信息流、资金流活动均可通过网上进行，物流活动却成了电子商务发展最主要的制约因素之一。目前，我国发展电子商务很重要的一项任务就是选择适当的物流模式，并在此基础上发挥物流的作用，促进我国电子商务的发展。

7.1.1 物流模式分类

电子商务的具体实施有多种模式。由于从事的专业不同，ISP（互联网服务提供商）、ICP（互联网内容提供商）及其他信息服务提供商更多地是从如何建立电子商务信息服务网络、提供更多的信息内容、保证网络的安全性、方便消费者接入、提高信息传输速度等方面考虑问题。至于电子商务在线服务背后物流体系的建立问题，则因为涉及另一个完全不同的领域，信息产业界对此疑问较多。实际上，在商流、信息流、资金流可以在网上进行的情况下，应将物流体系的建立视为电子商务的核心业务之一。电子商务下的物流模式主要分为以下几种：

1）企业自营物流模式

企业自营物流是指企业自身经营物流业务，并组建全资或控股的子公司完成物流配送业务。

对于已开展普通商务的公司，可以建立电子销售商务系统，同时可以利用原有的资源承担电子商务的物流业务。物流渠道的制造商或经销商开展电子商务业务，比 ISP、ICP 或 Internet 经营者为从事电子商务而开辟销售渠道和物流系统更加方便、更加完善。

（1）自营物流的优势分析

企业自身组织物流配送，能够掌握交易的最后环节，有利于企业掌握对客户的控制权，有利于控制交易时间。自营物流企业直接支配物流资产，控制物流职能，能保证供货及时，完善服务质量，从而能维护企业和顾客的长期关系。

①掌握控制权。企业自营物流，可以根据掌握的资料对物流活动的各个环节进行有效的调节，能够迅速地取得有关供应商、销售商以及最终顾客的第一手信息，解决管理物流活动的过程中出现的问题，以便随时调整自己的经营策略。通过自营物流，企业可以全过程地有效控制物流系统的运作。

②避免商业秘密的泄露。一般来说，企业为了维持正常的运营，对某些特殊运营环节必须会采取保密措施，比如原材料的构成、生产工艺等等。当企业将物流业务外包，特别是引入第三方物流来经营其生产环节中的内部物流业务时，其基本的运营情况就不可避免地会向第三方公开。企业物流外包，企业经营中的商业秘密就可能会通过第三方物流泄露给竞争对手，动摇企业的市场竞争力。

③降低交易成本。企业靠自己完成物流业务，就不必针对相关的运输、仓储、配送和售后服务的费用问题和物流企业进行谈判，避免了交易结果的不确定性，降低了交易风险，减少了交易费用。

④盘活企业原有资产。目前在中国生产企业中，拥有铁路专用线的企业占了3%，拥有机械化装卸设备的企业占了33%，73%的企业拥有自己的仓库，而拥有汽车车队的企业更是达到了73%。企业选择自营物流模式，在改造企业经营管理结构和机制的基础上能使原有物流资源得到充分的利用，盘活原有的企业资产，为企业创造利润空间。

⑤提高企业品牌价值。企业自营物流，能够更好地控制市场营销活动：一方面，企业可以为顾客提供优质服务，顾客能更好地熟悉企业、了解产品，感受到企业的亲和力，切身体会到企业的人文关怀，提高企业在顾客心目中的形象；另一方面，企业可以最快地掌

握顾客信息和市场发展动向，从而根据顾客需求和市场信息制定和调整战略，提高企业的市场竞争力。

（2）自营物流的劣势分析

①企业投资庞大。企业为了建立自己的物流系统，必须在仓存设备、运输设备以及相关的人力资本等方面有较大的投入，而这不利于企业抵御市场风险，必然会减少企业对其他重要环节的投入，削弱企业的市场竞争能力。

②企业配送效率低下，管理难以控制。对绝大部分企业而言，物流并不是企业所擅长的活动。在这种情况下，企业自营物流就等于迫使自己从事不专长的业务活动，企业的管理人员往往需要花费过多的时间、精力和资源去从事物流工作，结果可能是辅助性的工作没有做好，又没有发挥关键业务的作用。

③规模有限，物流配送的专业化程度非常低，成本较高。对规模较小的企业来说，企业产品数量有限，采用自营物流，不足以形成规模效应。一方面，导致物流成本过高，产品成本升高，降低了市场竞争力；另一方面，由于规模的限制，物流配送的专业化程度较低，企业的需求无法得到满足。

④无法进行准确的效益评估。通常，许多自营物流的企业内部各职能部门独立地完成各自的物流活动，没有将物流费用从整个企业分离出来进行独立核算，因此企业无法准确地计算出产品的物流成本，所以无法进行准确的效益评估。

【小知识 7-1】

卓越亚马逊是一家中国 B2C 电子商务网站，前身为卓越网，被亚马逊公司收购后，成为其子公司。其经营图书、音像、软件、玩具礼品、百货等。亚马逊全资收购卓越网后，使亚马逊全球领先的网上零售专长与卓越深厚的中国市场经验有了较好的结合。卓越亚马逊的物流承袭了亚马逊物流的许多成功经验，并根据卓越网在中国市场的销售经验和中国市场的实际，创造了一套具有卓越亚马逊自身特色的物流管理模式。自建物流中心也是卓越亚马逊一个基于消费者需求和体验出发的“非常规”举措。卓越亚马逊认为，这种直接物流分配模式对网站来说，虽然可能意味着增加成本，但对于全程掌控消费者的体验来说却至关重要。

2）第三方物流模式

（1）第三方物流的优势分析

第三方物流企业的优势主要体现在如下四个方面：

①可以使企业专心致志地从事自己所熟悉的业务，将资源配置在核心业务上。由于资源有限，企业很难成为业务上面面俱到的专家。为此，企业应把主要资源集中于其擅长的主业上，而把物流等辅助功能留给第三方物流公司。

②灵活运用新技术，实现以信息换库存，降低成本。3PL 能以快速、更具成本优势的方式满足这些需求，而这些服务如果单靠制造商常难以实现。同样，3PL 还具有可以满足制造企业的潜在客户需求的能力，从而起到促进生产商与零售商沟通的作用。

③减少固定资产投资，加速资本周转。企业自建物流需要投入大量的资金购买物流设施、建设仓库和信息网络等。这些资源对缺乏资金的企业特别是对中小企业而言，是沉重的负担。而如果使用 3PL 不仅减少了设施的投资，还解放了仓库和车队方面的资金占用，加速了资金周转。

④提供灵活多样的客户服务，为客户创造更多的价值。对原材料供应商来说，如果客户有需求，就需要迅速补充货源，而这就需要有仓库。通过3PL的仓库服务，可以满足客户需求，不必因为建造新设施或长期租赁而调拨资金，并在经营灵活性上受到限制。如果是最终产品供应商，利用3PL还可以向最终客户提供超过自己提供给他们的更多样的服务品种（如提供本企业一时不能满足客户要求的暂时缺货、短时的仓储管理等服务），为客户带来更多的附加价值，使客户满意度提高。

(2) 第三方物流的劣势分析

我国的第三方物流尚未成熟，没有达到一定的规模化与专业化，成本节约、服务改进的优势因而显得并不明显，而且常常会造成外包物流的失败。一方面，物流公司缺乏合格的物流专业人员，不能满足客户的需求；另一方面，在中国很多企业对外包物流没有经验，合同不规范或双方都不知道怎样规定合同条款中的服务要求，很多条款的规定都是模糊的，这就导致了以后的纠纷。

3）物流联盟模式

采取纯粹的自营或者是纯粹的外包物流的策略是要非常慎重的。而物流联盟是介于独立的企业与市场交易关系之间的一种组织形态，是企业间由于自身某些方面发展的需要而形成的相对稳定的、长期的契约关系，可以降低自营或外包的风险。

物流联盟模式是指两个或两个以上的企业为实现特定的物流目标而采取的长期联合与合作。利益是物流联盟产生的最根本原因。其目的是实现企业的共赢。在现代物流中，组建物流联盟作为企业物流战略的决策之一，其重要性是不言而喻的。组建联盟要注意保持在联盟中的控制能力。

物流联盟包括：①纵向一体化物流联盟。该方式是指上游企业和下游企业发挥各自的核心优势，发展良好的合作关系，从原材料采购到产品销售的全过程实施一体化合作，形成物流战略联盟。②横向一体化物流联盟。该方式是指由处于平行位置的几个物流企业结成联盟。目前，国内真正能提供物流全方位服务的大型物流企业尚不存在，因此，横向一体化物流联盟能够弥补现有物流市场条块分割的现状。③混合模式。该方式是指以一家物流企业为核心，联合一家或几家处于平行位置的物流企业和处于上下游位置的中小物流企业加盟组成。这些物流企业通过签订联盟契约，共同采购，共同配送，构筑物流市场，形成相互信任、共担风险、共享收益的集约化物流伙伴关系。

(1) 物流联盟模式的优势分析

首先，企业通过物流联盟模式可以迅速开拓全球市场，例如，Laura Ashley 正是与联邦快递联盟，实现了其全球物流配送，从而使业务在全球范围内展开。在电子商务企业中，长期供应链关系发展成为联盟形式，有助于降低企业的风险。

其次，单个企业通过物流联盟在这一领域形成大的组织，在一定程度上会加快这一区域的经济发展。这些企业进行联盟能有效地降低物流成本，提高企业竞争力。

另外，企业通过物流联盟能够在物流设备、技术、信息、管理、资金等各方面优势互补，达到共同提高、逐步完善的目的，从而使物流业朝着专业化、集约化方向发展。

(2) 物流联盟模式的劣势分析

企业形成物流联盟模式后，对外的竞争优势凸显，但各自之间的竞争力趋于平衡，没有多大的优势。企业间的风险是共同的，只要有一家企业出现危机，其他企业就会受到影响，这是物流联盟的不足之处。联盟成员之间难免会出现意见不合，这又是一个要解决的问题。

7.1.2　企业物流模式的选择

企业到底是自营物流还是外包，不能一概而论。企业在进行物流决策时，应立足于自己的实际需要和资源条件，以提高自身的核心能力和市场竞争力为导向，综合考虑以下主要因素，慎重选择物流模式。

1）物流子系统的战略地位

作物流模式决策，首先要考虑物流子系统的战略重要性，它是电子商务企业决定其采用何种物流模式的首要影响因素。物流地位越重要，企业自营物流的可能性就越大，反之亦然。而考虑物流子系统的战略地位，主要是看其是不是构成企业的核心能力。物流子系统是否构成企业的核心能力，一般可从以下几方面进行判断：首先，是否高度影响企业的业务流程；其次，是否需要相对先进的技术，采用此种技术能否使公司在行业中领先；最后，是否是企业长期积淀的、在短期内不会被其他企业所模仿的。

如果得到肯定的回答，那么就可以断定物流子系统在战略上处于重要地位。由于物流系统是多功能的集合，各项功能的重要性和相对能力水平在系统中是不平衡的，因此，还需对各项功能进行分析。某项功能是否具有战略意义，关键就是看它的替代性。如其替代性很弱，几乎只有本企业才具备这项能力，企业就应保护好、发展好该项功能，使其保持旺盛的竞争力。在外购时是采用第三方物流服务还是组建物流联盟，主要由物流子系统对企业的重要性来决定。在物流子系统构成企业战略子系统的情况下，为保证物流的连续性，最好是与物流公司长期合作，建立物流联盟；而在物流子系统不构成企业战略子系统的情况下，采用何种物流模式就要在顾客服务水平与成本之间寻找平衡点了。

2）企业对物流的管理能力

企业对物流的管理能力是影响其选择物流模式的又一重要因素。一般而言，在其他条件相同的情况下，如果企业在物流管理方面具有很强的能力，自营物流就比较可取。企业物流管理能力越强，自营物流的可行性就越大；而在企业对物流的管理能力较差的情况下，如物流子系统在战略上处于重要地位，则应该寻找合适的物流伙伴建立物流联盟，反之采用第三方物流较为合适。应当注意的是：具备了物流能力，并不意味着企业一定要自营物流，还要与物流公司比较在满足一定的顾客服务水平下，谁的成本更低，只有在企业的相对成本较低的情况下，选择自营的方式才有利；如不是，企业应把该项功能分出去，实行物流外包。如果物流子系统是企业的非战略系统，企业还应寻找合作伙伴，向其出售物流服务，以免资源浪费。

3）对企业柔性的要求

随着科技的进步与经济的发展，企业要根据市场不断调整自己的经营方向、经营重点、市场、产品，这就对企业的柔性提出了越来越高的要求。相对而言，外包物流能够使企业具有较大的柔性，能够比较容易地对企业业务方向、内容、重点、数量等进行必要的调整。所以，处于变化发展速度较快行业中的企业，其商品种类、数量比较不稳定，非规则化，变动较多、较大，需要根据情况相对较快地调整其经营管理模式及相应的业务，为保证企业具有足够的柔性，应采用外购物流服务。而业务相对稳定，物流商品种类比较稳定、数量大的企业，柔性要求比较低，采用自营物流的可能性就比较大。

4）物流系统总成本

在选择是自营物流还是物流外包时，必须弄清两种模式下物流系统总成本的情况。其计算公式为：

$$\text{物流系统总成本}=\text{总运输成本}+\text{库存维持费用}+\text{批量成本}+\text{总固定仓储费用}+\text{总变动仓储费用}+\text{订单处理和信息费用}+\text{顾客服务费用}$$

这些成本之间存在着二律背反现象：减少仓库数量时，可降低保管费用，但会带来因运输距离和次数的增加而导致的运输费用增加。如果运输费用的增加部分超过了保管费用的减少部分，总的物流成本反而增大。所以，在选择和设计物流系统时，要对物流系统的总成本加以论证，最后选择成本最小的物流系统。

5）企业产品自身的物流特点

对于大宗工业品原料的装运或鲜活产品的分销，应利用相对固定的专业物流服务供应商和短渠道物流；对于全球市场的分销，宜采用地区性的专业物流公司提供支援；对于产品线单一或为主机厂做配套的企业，则应在龙头企业的统一指导下自营物流；对于技术性较强的物流服务如口岸物流服务，企业应采用委托代理的方式；对非标准设备的制造商来说，企业自营物流虽有利可图，但还是应该交给专业物流服务公司去做。

6）企业规模和实力

一般说来，大中型企业由于实力较雄厚，有能力建立自己的物流系统，制订合适的物流需求计划，保证物流服务的质量。另外，还可以利用过剩的物流网络资源拓展外部业务，为别的企业提供物流服务。而小企业则受人员、资金和管理资源的限制，物流管理效率难以提高。

此时，企业为把资源用于核心业务上，就适合把物流管理交给第三方专业物流代理公司。如实力雄厚的麦当劳公司，每天必须把汉堡等保鲜食品运往中国各地，为保证供货的准确和及时性，就组建了自己的货运公司。

7）第三方物流的客户服务能力

在选择物流模式时，考虑成本尽管很重要，但3PL为本企业及企业顾客提供服务的能力是选择物流服务至关重要的因素。换言之，3PL满足企业对原材料及时需求的能力和可靠性、对企业零售商和最终顾客不断变化的需求的反应能力等，应该作为首要的因素来考虑。

7.2 国际物流

7.2.1 国际物流概述

国际物流是国际贸易的一个必然组成部分，各国（或地区）间的进出口贸易最终要通过国际物流来实现。国际物流是现代物流体系中的重要领域，在经济全球化、市场国际化的态势下获得了迅猛发展，成为一种重要的物流模式。

国际物流是指世界各国（或地区）之间，由于国际贸易活动而发生的商品实体从一个国家（或地区）流转到另一个国家（或地区）的物流活动。由于国际分工与协作机会的增多、各国对外贸易依存度的不断提高，企业的国际物流作用日益凸显。为促进国际贸易的发展、实现国际资源的有效配置，企业必须大力发展国际物流，更新物流观念，扩展物流空间，按国际物流要求改造传统的物流模式。

1）国际物流的特点

（1）物流环境的复杂性。由于各国（或地区）社会制度、自然环境、经营管理方式、生产习惯不同，一些物流因素变动较大，因此，在国际间组织货物实现从生产到消费的流动，是一项更为复杂的工作，特别是一个国际物流系统要在几个不同法律、人文、习俗、语言等的环境下运行，必定会形成各种差异，无疑会增强物流的复杂性。

（2）物流系统的广泛性。国际物流系统涉及多个国家（或地区），系统的地理范围广，而广阔的范围带来的直接后果是难度的加大和风险的增加。如国际物流跨越不同的国家和地区，运输距离长，运输方式多，对物流运输要求高，因此，国际物流系统必须在综合考虑其广泛性的基础上融入现代化系统技术。

（3）标准化要求高。一方面，国际物流的通畅，统一标准非常重要，没有统一标准，国际物流不但水平不能提高，甚至连运行都无法保证；另一方面，国际物流必须有国际化信息系统的支持，如与各国海关公共信息系统的联网、提供以“电子数据交换（EDI）”为基础的信息支持，已成为国际物流的客观要求。

（4）风险性大。国际物流的风险性主要来自政治风险、经济风险和自然风险。政治风险主要是指由于所经国家（或地区）的政局动荡，如战争、罢工、政变等，货物可能受到损害或灭失；经济风险主要是指因国际物流发生的资金流动可能存在汇率风险和利率风险；自然风险则是因自然因素如台风、飓风、地震等引发的风险。

2）国际物流的发展

（1）从属物流阶段（第二次世界大战以前）。在第二次世界大战之前，国际间已经有了不少的经济交往，但是无论从数量还是从质量上来讲，当时的进出口贸易都没有将运输放在主要地位，国际物流从属于国际贸易。

（2）系统物流阶段（第二次世界大战后至 20 世纪 70 年代）。第二次世界大战以后，尤其是 70 年代的石油危机以后，国际贸易有了长足的发展，贸易的数量不断增长，交易水平和质量要求也越来越高，物流技术的提高使世界上出现了诸如 20 万吨的油轮、10 万吨的矿石船等大型工具，特别是国际集装箱及国际集装箱船的大发展，系统物流成为国际物流的重要走向。

（3）物流信息化阶段（20 世纪 80 年代至 90 年代）。80 年代中期，随着物流机械化、自动化水平的提高，以及人们需求观念的变化，国际物流着力于解决“小批量、高频率、多品种”的问题，出现了不少新技术和新方法，这就使现代物流不仅覆盖了大量货物、集装杂货，而且也覆盖了多品种的货物，可以说基本覆盖了所有物流对象。同时，伴随国际物流尤其是伴随国际联运式物流出现的物流信息系统，使物流向更低成本、更高服务、更大量化、更精细化方向发展。许多重要的物流技术都是依靠信息才得以实现的，几乎物流的每一活动都有信息支撑，物流质量取决于信息、物流服务依靠信息。

（4）物流国际化阶段（20 世纪 90 年代至今）。这一阶段，国际物流的概念和重要性已为各国政府和外贸部门所普遍接受。贸易伙伴遍布全球，必然要求物流国际化，即物流设施国际化、物流技术国际化、物流服务国际化、货物运输国际化、包装国际化和流通加工国际化等。也就是说，随着经济技术的发展和国际经济往来的日益扩大，物流国际化（全球化）已成为世界性的趋势。

【小知识 7-2】

外贸“圣诞购物季”，中国卖家很忙

在欧美，外贸“圣诞购物季”开始于感恩节后的第一天，不仅仅是指圣诞节，还包括10月的万圣节、11月的感恩节。这两个节日就像是“圣诞购物季”的序曲，为中国卖家一年中的销售旺季拉开了序幕。

面对如此庞大的外贸商机，中国网络卖家当然不会错过。据深圳一位网络外贸卖家介绍：圣诞季销售额比淡季能增长100%，约占全年销售额的40%。为应对圣诞季旺盛的消费需求，中国网络外贸卖家一般在每年六七月份就开始备货，八九月份开始下订单生产，并筹备物流运输。

资料来源　佚名．外贸电商圣诞旺季　国际物流成考验［EB/OL］．［2013－12－24］．http：//ccsbw.com/news/html/Market/11086.html.

3）国际物流模式

国际物流作为一个系统，通常由商品的包装、储存、运输、检验、外贸加工及相应的整理、再包装和配送等子系统构成。其中，储存和运输子系统是国际物流的两大支柱，因为国际物流通过商品的储存和运输实现其自身的时空效用，满足国际贸易的需要。

从国际物流的运作方式来看，国际物流的模式（以出口为例）可以概括为输入→运行→输出三个阶段，如图 7-1 所示。

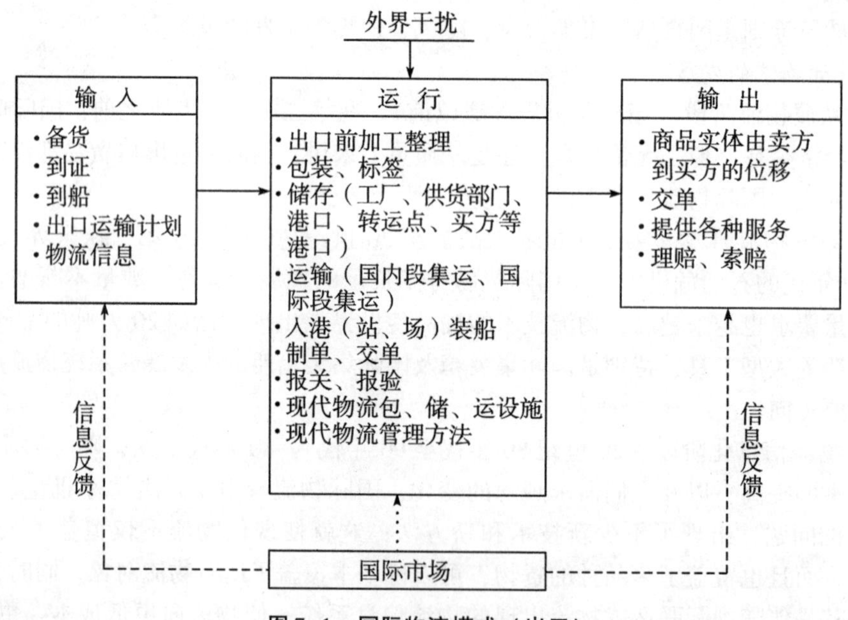

图 7-1　国际物流模式（出口）

（1）输入阶段。输入阶段的主要内容包括：备货，货源落实；到证，接到买方转来的信用证；到船，落实买方派来的船舶或租船订舱；编制出口运输计划；收集与掌握相关的物流信息。

（2）运行阶段。运行阶段的主要内容是：货物出口前的加工整理；产品的包装和标签的粘贴；储存、运输（含国内段集运和国际段集运）；货物入港（站、场）装船（车）；制单、交单、报关、报验；现代管理方法和现代物流包、储、运设施的使用。

（3）输出阶段。输出阶段是国际物流业务的成果形成阶段，包括实现商品实体的空间位移、交单、物流服务，以及可能出现的理赔、索赔等内容。

此外，国际物流模式的运行阶段经常会受到外界不可控因素的干扰，如可能会受到国际、国内政治、经济、技术、法律等的制约，要求国际物流的运行系统能够随机应变。为了提高物流的效率与效益，国际物流模式必须伴随相应的信息反馈。

【小思考 7-1】

为什么说国际物流是企业国际化战略的基础？

答：企业国际化战略的实施，使企业有可能分别在不同国家生产零件、配件，又在另一些国家组装或装配整机，从而实现国际分工与协作。企业这种生产环节之间的衔接离不开国际物流。

7.2.2　国际货物运输

国际货物运输是国际物流的主体内容之一，是国家与国家、国家与地区之间的运输，通常被称为国际贸易运输。在国际贸易中，商品的价格包含着商品的运价，商品的运价在商品的价格中占有较大的比重，一般来说，约占 10%；在有的商品中，要占到 30% ~ 40%。由于商品的运价随着商品的物质形态一起进入国际市场中交换，商品运价的变化直接影响到国际贸易商品价格的变化，因此，国际货物运输成为国际贸易的必然组成部分。

1）国际货物运输的特点

（1）国际货物运输的国别政策性很强。国际货物运输是国际贸易的一个组成部分，在组织货物运输的过程中，需要经常同国外发生直接或间接的业务联系，这种联系不仅是经济上的，也常常会涉及国际间的政治问题，政策性很强。因此，国际货物运输既是一项经济活动，也是一项重要的外事活动，这就要求我们不仅要用经济观点去办理各项业务，而且要有政策观念，按照我国对外政策的要求从事国际运输业务。

（2）国际货物运输是多环节的长途运输。一般来说，国际货物运输的距离都比较长，往往需要使用多种运输工具，通过多次装卸搬运，要经过许多中间环节，如转船、变换运输方式等，经由不同的国家和地区，要适应各国不同的法规和规定。如果其中一个环节发生问题，就会影响整个运输过程，这就要求我们做好筹划与组织工作，避免在某环节上出现脱节问题，给运输带来损失。

（3）国际货物运输涉及面广，情况复杂多变。国际货物运输涉及国内外许多部门，需要与不同国家和地区的货主、交通运输部门、商检机构、保险公司、银行或其他金融机构、海关、港口以及各种中间代理商等打交道。同时，各个国家和地区的法律、政策规定不一，贸易、运输习惯的不同，金融货币制度的差异，以及政治、经济和自然条件的变化，都会对国际货物运输产生较大的影响。

（4）国际货物运输的时间性强。按时装运进出口货物，及时将货物运至目的地，对履行进出口贸易合同具有重要意义，特别是一些鲜活商品、季节性商品和敏感性强的商品，更要求迅速运输，以利于提高出口商品的竞争能力，巩固和扩大销售市场。因此，国际货物运输必须加强时间观念，争时间、抢速度，以快取胜。

（5）国际货物运输的风险较大。国际货物运输中环节多，运输距离长，涉及面广，情况复杂多变，加之时间性又很强，以及运输沿途国际形势的变化，各种自然灾害和意外事故的发生，战乱、封锁、禁运或海盗活动等，都可能直接或间接地影响到国际货物运输，因此，国际货物运输的风险较大。为了转移运输过程中的风险损失，各种进出口货物和运输工具，都需要办理运输保险。

2）国际货物运输方式

在国际货物运输中，涉及的运输方式很多，其中包括海洋运输、铁路运输、航空运输、河流运输、邮政运输、公路运输、管道运输、大陆桥运输以及由各种运输方式组合的国际多式联运等。我国常用的国际货物运输方式有以下几种：

（1）海洋运输。在国际货物运输中，运用最广泛的是海洋运输。目前，海运量在国际货物运输总量中占80%以上。海洋运输之所以被如此广泛采用，是因为它与其他国际货物运输方式相比，主要有下列明显的优点：

①通过能力强。海洋运输可以利用四通八达的天然航道，它不受轨道和道路的限制，故其通过能力很强。

②运量大。海洋运输船舶的运输能力远远大于铁路运输中的火车，如一艘万吨船舶的载重量一般相当于250～300个车皮的载重量。

③运费低。按照规模经济的观点，由于运量大，航程远，分摊于每吨货物上的运输成本就少，因此运价相对低廉。

海洋运输也存在不足之处。例如，海洋运输受气候和自然条件的影响较大，航期不是很准确，而且风险较大。此外，海洋运输的速度也相对较慢。

（2）铁路运输。在国际货物运输中，铁路运输是仅次于海洋运输的主要运输方式。同时，海洋运输的进出口货物，也大多是靠铁路运输进行集中和分散的。铁路运输有许多优点，一般不受气候条件的影响，可保障全年的正常运输，而且运量较大，速度较快，有高度的连续性，运转过程中可能遭遇的风险也较小。办理铁路货运手续比海洋运输简单，而且发货人和收货人可以在就近的始发站（装运站）和目的站办理托运和提货手续。

（3）航空运输。航空运输是一种现代化的运输方式，它与海洋运输、铁路运输相比，具有运输速度快、货运质量高且不受地面条件的限制等优点。但是，航空运输的费用较高，且运输数量有限。因此，它最适宜运送急需物资、鲜活商品、精密仪器和贵重物品。

（4）公路、内河和邮包运输。公路运输不仅可以直接运进或运出对外贸易货物，而且也是车站、港口和机场集散进出口货物的重要手段。内河运输是水上运输的重要组成部分，它是连接内陆腹地与沿海地区的纽带，在运输和集散进出口货物中起着重要作用。邮包运输是一种较简便的运输方式。各国邮政部门之间订有协定和合约，通过这些协定和合约，各国的邮件包裹可以相互传递，从而形成了国际邮包运输网。由于国际邮包运输具有国际多式联运和“门到门”运输的性质，加之手续简便，费用也不高，故已成为国际贸易中普遍采用的运输方式之一。

（5）集装箱运输和国际多式联运。集装箱运输是以集装箱作为运输单位开展自动化货物运输的一种现代化的先进运输方式。它适用于海洋运输、铁路运输及国际多式联运等。国际多式联运，是在集装箱运输的基础上产生和发展起来的一种综合性的连贯运输方式。它一般以集装箱为媒介，把海、陆、空各种传统的单一运输方式有机地结合起来，组成一种国际间的连贯运输。

3）国际货物运输的装运条款

装运条款的内容及其具体签订与合同的性质和运输方式有着密切的关系。我国的进出口合同大部分是 FOB、CIF 和 CFR 合同，而且大部分货物是通过海洋运输的。按照国际贸易惯例，在上述条件下，卖方只要按合同规定在装运港履行交货手续，取得装船单据并将其交给买方或其代理人，即算完成交货义务。因此，上述合同的装运条款应包括装运时间、装运港、目的港、是否允许分批装运与转船、装运通知、装卸时间、装卸率，以及滞期、速遣条款、滞期费和速遣费等内容。

（1）装运时间。它又称装运期，是买卖合同的主要条件，如违反这一条件，买方有权撤销合同，并要求卖主赔偿其损失。

（2）装运港和目的港。装运港是指货物起始装运的港口。目的港是指最终卸货的港口。

（3）分批装运和转船。分批装运是指一笔成交的货物，分若干批装运。根据《跟单信用证统一惯例》的规定，同一船只、同一航次中多次装运货物，即使提单表示不同的装船日期及不同的装货港口，也不作分批装运论处。在大宗货物交易中，买卖双方根据交货数量、运输条件和市场定价需要等因素，可在合同中规定分批装运条款。

（4）装运通知。它是在采用租船运输大宗进出口货物的情况下，在合同中加以约定的条款。规定这个条款的目的在于明确买卖双方的责任，促使买卖双方互相合作，共同做好船货衔接工作。

（5）装卸时间、装卸率和滞期、速遣条款。装卸时间是指允许完成装卸任务所约定的时间，它一般以天数或小时数来表示。装卸率，即指每日装卸货物的数量。装卸率的具体确定，一般应按照习惯的正常装卸速度，遵照实事求是的原则。装卸率的高低，关系到完成装卸任务的时间和运费水平，规定过高，完不成装卸任务，要承担滞期费的损失；反之，规定过低，虽能提前完成装卸任务，可得到船方的速遣费，但船方会因装卸率低而增加运费，致使租船人得不偿失。因此，装卸率的规定应适当。

（6）滞期费和速遣费。如果在约定的允许装卸时间内未能将货物装卸完，致使船舶在港内停泊时间延长，给船方造成经济损失，则延迟期间的损失，应按约定金额补偿给船方，这项补偿金叫滞期费；反之，如按约定的装卸时间和装卸率，提前完成装卸任务，使船方节省了船舶在港的费用开支，船方将其获取的利益的一部分给租船人作为奖励，这部分费用叫速遣费。按惯例，速遣费一般为滞期费的一半。滞期费和速遣费通常约定为每天若干金额，不足一大，按比例计算。

7.2.3　国际物流发展趋势

由于现代物流业对一国经济发展、国民生活提高和竞争实力增强有着重要的影响，因此，世界各国都十分重视物流业的现代化和国际化，从而使国际物流发展呈现出一系列新的趋势和特点。

1）系统更加集成化

传统物流一般只是货物从运输起点到终点的流动过程，如产品出厂后从包装、运输、装卸到仓储这样一个流程。而现代物流，从纵向看：它将传统物流向两头延伸并注入新的内涵，即从最早的货物采购物流开始，经过生产物流再进入销售领域，其间要经过包装、运输、装卸、仓储、加工配送等过程到最终送达用户手中，甚至最后还有回收物流，整个过程包括了产品出“生”入“死”的全过程。从横向看：它将社会物流和企业物流、国际物流和国内物流等各种物流系统，通过利益输送、股权控制等形式有机地组织在一起，即通过统筹协调、合理规划来掌控整个商品的流动过程，以满足各种用户的需求和不断变化的需要，争取做到效益最大和成本最小。国际物流的集成化，是将整个物流系统打造成一个高效、通畅、可控制的流通体系，以此来减少流通环节、节约流通费用，达到实现科学的物流管理、提高流通的效率和效益的目的，以适应在经济全球化背景下“物流无国界”的发展趋势。可以说，过去单个物流企业之间的竞争，已经演变成一群物流企业与另一群物流企业之间的竞争、一个供应链与另一个供应链的竞争、一个物流体系与另一个物流体系的竞争。物流企业所参与的国际物流系统的规模越大，物流的效率就越高，物流的成本就越低，物流企业的竞争力就越强。国际物流的这种集成化趋势，是一个国家为适应国际竞争正在形成的跨部门、跨行业、跨区域的社会系统，是一个国家流通业正在走向现代化的主要标志，也是一个国家综合国力的具体体现。当前，国际物流向集成化方向发展主要表现在两个方面：一是大力建设物流园区，二是加快物流企业整合。物流园区建设有利于实现物流企业的专业化和规模化，发挥它们的整体优势和实现互补优势；物流企业整合，特别是一些大型物流企业跨越国境展开“横联纵合”式的并购，或形成物流企业间的合作并建立战略联盟，有利于拓展国际物流市场，争取更大的市场份额，加速该国物流业向国际化方向深度发展。

2）管理更加网络化

在系统工程思想的指导下，以现代信息技术提供的条件，强化资源整合和优化物流过程是当今国际物流发展的最本质特征。信息化与标准化这两大关键技术对当前国际物流的整合与优化有着革命性的影响。同时，标准化的推行，使信息化的进一步普及获得了广泛的支撑，使国际物流可以实现跨国界、跨区域的信息共享，物流信息的传递更加方便、快捷、准确，加强了整个物流系统的信息连接。现代国际物流就是这样在信息系统和标准化的共同支撑下，借助于储运和运输等系统的参与、借助于各种物流设施的帮助，形成了一个纵横交错、四通八达的物流网络，使国际物流覆盖面不断扩大，规模经济效益更加明显。以法国 KN 公司为例，该公司在没有自己的轮船、汽车等运输工具的条件下，通过自行设计开发的全程物流信息系统，对世界各地的物流资源进行整合，在全球 98 个国家、600 多个城市开展物流服务，形成了一个强大的物流网络。该公司空运业务已排名世界第五，每周运输量 1.9 万次，海运业务一年毛利约为 40 亿欧元。

3）标准更加统一化

国际物流的标准化是以国际物流为一个大系统，制定系统内部设施、机械装备、专用工具等各个分系统的技术标准；制定各系统内分领域的包装、装卸、运输、配送等方面的工作标准；以系统为出发点，研究各分系统与分领域中技术标准与工作标准的配合性；按配合性要求，统一整个国际物流系统的标准；最后研究国际物流系统与其他相关系统的配合问题，谋求国际物流大系统标准的统一。随着经济全球化的不断深入，世界各国都开始重视该国物流与国际物流的相互衔接问题，努力使该国物流在发展初期，其标准就力求与国际物流的标准体系相一致。因为如果不这样做，以后不仅会加大与国际交往的技术难度，更重要的是，在关税和运费本来就比较高的基础上，又增加了与国际标准不统一所造成的工作量，将使整个外贸物流成本增加。因此，国际物流的标准化问题不能不引起更多的重视。跨国公司的全球化经营，正在极大地影响物流全球标准化的建立。一些国际物流行业和协会，在国际集装箱和 EDI 技术发展的基础上，开始进一步对物流的交易条件、技术装备规格，特别是单证、法律条件、管理手段等推行统一的国际标准，使物流的国际标准更加深入地影响国内标准，使国内物流日益与国际物流融为一体。

4）配送更加精细化

随着现代经济的发展，各产业、部门、企业之间的交换关系和依赖程度越来越错综复杂，物流是联系这些复杂关系的纽带，它使经济社会的各部分有机地连接起来。市场需求的瞬息万变和竞争的日益激烈，要求物流在企业和整个系统内必须具有更快的响应速度和协同配合的能力。更快的响应速度，要求物流企业必须及时了解客户的需求信息，全面跟踪和监控需求的过程，及时、准确、优质地将产品和服务递交到客户手中。协同配合的能力，要求物流企业必须与供应商和客户实现实时的沟通与协同，使供应商对自己的供应能力有预见性，自身能够提供更好的产品、价格和服务；使客户对自己的需求有清晰的计划性，以满足自己生产和消费的需要。国际物流为了实现零阻力、无时差的协同，需要做到与合作伙伴间业务流程的紧密集成，加强预测、规划和供应，共同分享业务数据、联合进行管理执行以及完成绩效评估等。只有这样，才能使物流作业更好地满足客户的需要。由于现代经济专业化分工越来越细，大部分企业除了自己生产一部分主要部件外，大部分部件需要外购。国际间的加工贸易就是这样发展起来的，国际物流企业伴随着国际贸易的分工布局应运而生。为了适应各制造厂商的生产需求，以及多样、少量的生产方式，国际物流高频度、小批量的配送也随之产生。早在 20 世纪 90 年代，台湾电脑业就创建了一种“全球运筹式产销模式”，就是采取按客户订单分散生产的形式，将电脑的所有零部件、元器件、芯片外包给世界各地的制造商去生产，然后通过国际物流网络将这些零部件、元器件、芯片集中到物流配送中心，再由该配送中心发送给电脑生产厂家。20 世纪 80 年代以来，美国、欧洲等一些发达国家进行了一场“物流革命”。其内容是对物流各种功能、要素进行整合，使物流活动系统化、专业化，由此出现了专门从事物流服务的“第三方物流”企业。随后，各种专业化的物流服务企业在欧美发达国家大量涌现并加速发展，使物流服务功能更强大，服务质量更精细。物流产业已经成为发达国家服务业中的一个重要组成部分。

5）园区更加便利化

为了适应国际贸易的急剧发展，许多发达国家都致力于港口、机场、铁路、高速公路、立体仓库等的建设，一些国际物流园区也应运而生。这些园区一般选择靠近大型港口和机场兴建，依托重要港口和机场，形成处理国际贸易的物流中心，并根据国际贸易的发展和要求，提供更多的物流服务。如日本，为了提高中心港口和机场的国际物流功能，重点在京滨港、名古屋港、大阪港、神户港进行超级中枢港口项目建设，对成田机场、关西机场、羽田机场进行扩建，并在这些国际中心港口和空港附近设立物流中心，提高国际货物的运输和处理能力。这些国际物流中心一般都具有保税区的功能。此外，港口还实行 24 小时作业，国际空运货物 24 小时运营。在通关和其他办证方面，也提供许多便利。国际物流实际上是货物在两个关税区的转接和跨国界的流动，要实现国内流通体系和国际流通体系的无障碍连接，必须减轻国际物流企业的负担、简化行政手续、提高通关的便利化程度。日本在这方面实行了同一窗口办理方式，简化了进出口以及机场、港口办理手续，迅速而准确地进行检疫、安全性和通关检查。因此，国际物流园区的便利化发展，不仅有赖于物流企业本身的努力，而且特别倚重政府的支持。而如何围绕机场、港口建立保税区、保税仓库，提供“点到点”服务、“一站式”服务，则是国际物流中心规划必须深入考虑的问题。

6）运输更加现代化

国际物流的支点离不开运输与仓储，而要适应当今国际竞争快节奏的特点，仓储和运输都要求现代化，要求通过高度的机械化、自动化、标准化手段来提高物流的速度和效率。国际物流运输的最主要方式是海运，有一部分是空运，但是它们还要与国内的其他运输方式相结合，因此，国际物流要求建立起海路、空运、铁路、公路的“立体化”运输体系，来实现快速便捷的“一条龙”服务。为了提高物流的便捷化，当前世界各国都在采用先进的物流技术，开发新的运输和装卸机械，大力改进运输方式，比如应用现代化物流手段和方式，发展集装箱运输、托盘技术等等。美国的物流效率之所以高，原因在于美国的物流模式善于将各种新技术有机融入具体物流运作中，因而能在世界上率先实现高度的物流集成化和便利化。这也使美国从事物流的企业，利润和投资收益持续增加，进而引发新的研发投资，形成良性循环。总之，融合了信息技术与交通运输现代化手段的国际物流，对世界经济运行将继续产生积极的影响。

【小思考7-2】

为什么说集装箱运输是国际货物运输的发展方向？

答：集装箱运输因其适合自动化运输作业、安全性好而成为一种现代化的先进运输方式；集装箱运输适用性强，能适应海洋运输、铁路运输及国际多式联运等运输方式的要求。

7.3 第三方物流

7.3.1 第三方物流的概念与类型

1）第三方物流的概念

第三方物流（third party logistics，3PL），国外常称为契约物流、物流联盟、物流社会化或物流外部化。第三方物流是指物流劳务的供方、需方之外的第三方企业，通过契约为客户提供整个商品流通过程的服务，具体内容包括商品运输、储存、配送以及附加值服务等。

第三方物流是在物流渠道中由中间商提供服务，中间商以合同的形式在一定期限内，提供企业所需的全部或部分物流服务，包括从简单的存储运输等单项活动到提供全面的物流服务。全面的物流服务包括物流活动的组织、协调和管理，设计、建议最优物流方案，物流全程的信息搜集、管理等。第三方物流提供者是一个为外部客户管理、控制和提供物流服务作业的公司。它们并不在物流供应链中占有一席之地，仅是第三方，但通过提供一整套物流活动来服务于供应链。

第三方物流是随着物流业的发展而发展的，是物流专业化的重要形式。物流业发展到一定阶段必然会出现第三方物流，而且第三方物流的占有率与物流产业的水平之间有着规律性的关系。目前，在欧美一些国家，第三方物流在物流市场上已经占据了相当可观的比例。如德国总的物流市场规模已达346亿美元，其中第三方物流企业的营业额为80多亿美元，占市场份额的23.33%；而在美国，则有57%的物流量是通过第三方物流来完成的；在社会化配送发展最好的日本，第三方物流业在整个物流市场的份额更是高达 80%。所以，第三方物流的发展程度反映和体现着一个国家物流业的发展整体水平。

【小思考 7-3】

什么是第一方物流与第二方物流?

答：一种观点认为第一方物流是指由卖方、生产者或供应方组织的物流，这些组织的核心业务是生产和供应商品，为了自身生产和销售业务的需要而进行自身物流网络及设施设备的投资、经营与管理。第二方物流是指由买方、销售者组织的物流，这些组织的核心业务是采购并销售商品，为了销售业务的需要投资建设物流网络、物流设施和设备，并进行具体的物流业务运作组织和管理。

另一种观点认为第一方物流是指生产企业和流通企业自己运作物流业务，第二方物流是指提供诸如运输、仓储等单一服务的物流企业。

2）第三方物流的类型

由于我国第三方物流业尚处于起步阶段，企业数量和业务类型都较少，尚未形成明显的企业类型。在这里主要介绍欧美国家第三方物流企业的类型。

（1）按提供服务的种类分类。

①以资产为基础的物流企业。以资产为基础的物流企业主要通过运用自己的资产来提供专业的物流服务。这些资产可以是运输工具（车队、船队、机群）或仓库、物流中心，如美国的 UPS、FedEx 等。

②以管理为基础的物流企业。以管理为基础的物流企业通过信息系统和咨询服务提供物流管理。它们经常以一个运输部门的身份，负责部分或全部的客户相关业务。另外，它们也具有进出口和配送部门的功能。还有一类物流咨询公司，它们不负责物流操作上的业务，而是提供概念上和战略上的物流规划设计服务，为各类企业提供物流解决方案。

③综合物流企业。这类提供综合物流服务的企业拥有资产，一般是货车或仓库，或两者都有。但是它们所提供的服务，并不以使用自己的资产为限。一旦需要，便可与其他企业签订子合同，提供相关的服务。

④以行政管理为基础的物流企业。以行政管理为基础的物流企业主要提供行政性的管理服务，比如运费的支付等。

（2）按所属的细分物流市场分类。

①操作性的物流企业。在操作性的细分市场中，物流企业通常以成本优势进行竞争，它们一般精于某项物流业务的操作。如快递公司中的 UPS、FedEx、DHL 等公司就是操作性物流企业的典型代表。

②行业倾向性的物流企业。行业倾向性的物流企业常为满足某一特定行业的需求而设计自己的作业能力。如荷兰的 Pakhoed 公司，为满足化工行业的需求而设计了作业能力和基础设施。

③多元化的物流企业。多元化的物流企业通常会提供一系列相关又不具相互竞争性的服务。比如，在班轮运输中的相关服务：集装箱、码头、汽运、仓储和水运。

④顾客化的物流企业。面对一些有很高专业需求的客户，顾客化的物流企业之间的竞争主要在于服务而不是费用。物流企业不仅为原材料的运入和产成品的运出安排运输，还提供最终产品装配的操作和为顾客进行产品测试。这类企业也是最典型意义上的第三方物

流企业。

【小思考7–4】

我国参与第三方物流市场竞争的企业有哪些?

答:我国参与第三方物流市场竞争的企业主要有:由传统运输公司或仓储公司演变而来的区域性物流企业、由某一传统领域全国性的国有企业演变而来的物流企业、大型外资跨区域的物流企业、新兴内资跨区域的物流企业等。

7.3.2 第三方物流的特点与优势

1)第三方物流的特点

(1)第三方物流是合同导向的一系列服务。第三方物流中的合同是指长期合同,它不同于一般的运输或仓储合同,一般合同针对一次交易,只包含一项或分散的几项物流服务,第三方物流则根据合同条款的要求,提供多功能甚至全方位的物流服务。它不是满足临时需求,而是满足一段时期的需求。第三方物流企业提供的服务,也不严格限于物流方面,可以根据用户需要,包含一些商流、信息流方面的服务,只不过物流是其核心。

(2)第三方物流是个性化物流服务。第三方物流服务的对象一般都较少,只有一家或数家。服务时间却较长,往往长达几年。因此,要求第三方物流服务应按客户的业务流程来定制,体现个性化的物流服务理念。传统的运输、仓储企业由于服务众多客户而只能提供单一的、标准化的服务,无法满足用户的个性化需求。

(3)第三方物流是建立在现代信息技术基础上的。现代信息技术的发展是第三方物流产生的必要条件。计算机、网络和现代通信技术,实现了数据处理的实时化、数据传递的高速化,使库存管理、运输、采购、订单处理、配送等物流过程自动化、一体化水平不断提高,用户可以通过信息平台与物流企业进行交流和协作,消除物流外包带来的管理上的不便,这就使用户企业有可能把原来在内部完成的物流作业交给物流公司运作。第三方物流企业只有运用现代信息技术及时地与客户交流和协作,才能够赢得客户、赢得市场,才能生存和发展。

(4)第三方物流企业与用户企业是联盟关系。第三方物流企业与用户企业不是一般的市场交易关系,而是介于市场交易与纵向一体化之间的联盟关系。这就要求物流企业与用户企业之间相互信任,充分共享信息,共担风险和共享收益,以取得比单独从事物流活动所能取得的更好效果。其表现在物流服务提供者的收费政策上,不看重单项业务的盈利,而着眼于整个时期的利润。无论对哪一方来说,合作伙伴对自己都有战略价值,所以这种联盟关系一般时间都较长。

2)第三方物流的优势

(1)有利于企业集中主业,提高核心竞争力。通过第三方物流的实施,把那些不属于核心能力的功能弱化或外包,而将企业有限的人力、物力和财力集中于企业核心业务,使资源得以优化配置,提高企业的核心竞争力。

(2)有利于减少库存。企业不能承担过多的生产资料和产品无限制的增长,尤其是高价值的部分要被及时送到各装配点,实现零库存,以保证库存的最小量。第三方物流提供者借助精心策划的物流计划和适时运送手段,能最大限度地减少库存,改善企业的现金流量,实现成本优势。

(3)节省费用,减少资本积压。专业的第三方物流提供者能利用规模生产的专业优势和成本优势，通过提高各环节能力的利用来节省费用，使物流外包企业能从分离费用结构中获益。

（4）提升企业形象。第三方物流提供者与顾客不是竞争对手，而是战略伙伴。他们为顾客着想，通过全球性的信息网络使顾客的供应链管理完全透明化，顾客随时可通过 Internet 了解供应链的情况；第三方物流提供者是物流专家，能利用完备的设施和训练有素的员工对整个供应链实现完全的控制，减少物流的复杂性；他们通过遍布全球的运送网络和服务，大大缩短了交货期，帮助顾客改进服务，树立自己的品牌形象。第三方物流提供者通过“量体裁衣”式的设计，制订出以顾客为导向、低成本高效率的物流方案，使顾客在同行中脱颖而出，为企业在竞争中取胜创造了有利条件。

（5）提高企业经营效率。首先，可以使企业专心致志地从事自己所熟悉的业务，将资源配置在核心事业上。其次，第三方物流企业作为专门从事物流工作的行家里手，具有丰富的专业知识和经验，有利于提高货主企业的物流水平。最后，第三方物流企业是面向社会众多企业提供物流服务，可以站在比单一企业更高的角度，实现物流活动的合理化。如建立企业间、跨行业的物流系统网络，构筑现代物流大系统。

7.3.3　第三方物流运作的效益原理

第三方物流企业的业务原理模型可以用以下公式描述：

$$C = \sum_{i=1}^{M} C_i = \sum_{i=1}^{M}\sum_{j=1}^{N} W_{ij}C_{ij} \qquad i \in I,\ j \in J(i)$$

假设第三方物流企业承包了 M 个企业的物流业务，这 M 个企业就构成了第三方物流企业的客户集 I，其中第 i 个供方企业的客户集为 J（i），其中有 N_i 个客户，需要将其货物运到每个用户手中，其运量为 W_{ij}，单位物资全程费用为 C_{ij}。从这个公式中可以得出第三方物流运作的效益原理：

（1）第三方物流企业的规模效益源泉。第三方物流企业最基本的特征是集多家企业的物流业务于一身，物流业务的规模扩大了。物流业务规模的扩大，可以使企业充分利用物流设施、人力、物力、财才等资源，发挥规模效益；有的还可以采用专用设备、设施，提高工作效率；有的甚至采用先进技术，跟高科技接轨、跟全国甚至全世界接轨，取得超级效益。规模效益是第三方物流一个最重要的效益源泉。

（2）系统协调是第三方物流企业的第二个效益源泉。系统协调是指第三方物流企业在自己所拥有的供应商群 I 及其各自的客户群 N_i 中进行的协调活动。这些协调活动包括：

①联合调运活动可以打破各个供应商、各个客户群之间的界限，在这些供应商、客户之间统一组织运输，这样不但可以更节省车辆，还可以更充分利用车辆。

②打破各个客户群之间的界限，统一组织配送，即进行联合配送，这样就比在原来的各个客户群内部组织配送更节省费用。

③由于掌握了众多的供应商和他们各自的客户群，其相互之间可能会有互为供需的关系，通过自己的协调，可促使他们之间形成新的更合理的供需关系。这种新的供需关系不但可以帮助供应商开拓市场，而且还大大有利于第三方物流公司节约物流费用。

④统一批量化作业。例如，订货、质检、报关、报审等，实行批量化作业可以节省时间、提高工作效率。

（3）专业化效益。在第三方物流企业中，由于业务量大，所以多个物流作业可以实行专业化，如运输、仓储、装卸、搬运、包装、信息处理等都可以实现专业化。专业化可以促进科技化和先进化，从而使经济效益大幅度提高。专业化不仅是指作业专业化、设备专业化，还指人的专业化。

（4）群体效益。第三方物流企业不但能够提高自身的效益，而且也能提高自己的客户企业的效益。客户企业的物流业务由第三方物流企业承包后，不但自己的物流任务可以完成得更好，而且还可以通过减少琐碎的物流事务活动，集中精力发展自己的核心业务，提高企业的优势，使企业取得更大的经济效益。

7.3.4 物流一体化与第三方物流

1）物流一体化

所谓物流一体化，就是以物流系统为核心的由生产企业经物流企业、销售企业直至消费者的供应链的整体化和系统化。20 世纪 80 年代，美国、法国等西方发达国家就提出了物流一体化的理论，指导其物流发展并取得了明显的效果，采用该理论的生产商、供应商和销售商均获得了显著的经济效益。美国十几年的经济繁荣期与其重视物流一体化的理论研究与实践、加强供应链管理、提高社会生产的物流效率和物流水平是分不开的。亚太物流联盟主席、澳大利亚著名的物流专家 Mr. Phil Croucher 指出，物流一体化就是利用物流管理，使产品在有效的供应链中迅速移动，使参与的各方企业都能获益，使整个社会获得明显的经济效益。

物流一体化的发展可进一步分为三个层次：物流自身一体化、微观物流一体化和宏观物流一体化。物流自身一体化是指物流系统的观念逐渐确立，运输、仓储和其他物流要素趋向完备，子系统协调运作、系统化发展。微观物流一体化是指市场主体——企业将物流提高到企业战略的地位，并且出现了以物流战略作为纽带的企业联盟。宏观物流一体化是指物流业发展到一定水平，物流业占到一国国民总产值的一定比例，处于社会经济生活的主导地位。它使跨国公司从内部职能专业化和国际分工程度的提高中获得了规模经济效益。

2）第三方物流与物流一体化

物流一体化是物流产业化的发展形式，必须以第三方物流充分发育和完善为基础。物流一体化的实质是一个物流管理的问题，即专业化物流管理人员和技术人员充分利用专业化物流设备、设施、物流运作的管理经验，以求取得整体最佳的效果。同时，物流一体化的趋势，为第三方物流的发展提供了良好的发展环境和巨大的市场需求。

从物流业的发展看，第三方物流是在物流一体化的第一个层次出现萌芽的。但是，这时只有数量有限的功能性物流企业和物流代理企业。第三方物流在物流一体化的第二个层次得到迅速发展，专业化的功能性物流企业和综合性物流企业以及相应的物流代理公司出现，物流一体化就进入了第三个层次。

西方发达国家在发展第三方物流、实现物流一体化方面积累了较为丰富的经验。德国、美国、日本等先进国家认为，实现物流一体化，发展第三方物流，关键是具备一支优秀的物流管理队伍。其要求管理者必须具备较高的经济学和物流学专业知识和技能，精通物流供应链中的每一门学科，整体规划水平和现代管理能力都很强。

第三方物流和物流一体化理论，为中国的国有大中型物流企业带来了一次难得的发展机遇和契机，即探索适合中国国情的第三方物流运作模式，降低生产成本，提高效益，加强竞争力。

7.3.5　第三方物流的发展趋势

第三方物流的概念与实践起源于欧美，后进入日本，在我国处于起步阶段。了解其他国家的第三方物流发展趋势，对我国物流行业的发展有一定参考价值。

1）欧美第三方物流的发展状况

调查显示，近几年欧美第三方物流市场发生了如下变化：

（1）以合同形式采购物流服务的比例增加。运输与仓储服务传统上是以交易为基础进行的。这些服务相当标准化，并能以最低价格购买。虽然公路运输行业的分散与竞争，使行业中拥有众多小型设备的承运人开始提供低价服务，但是以这种方法购买运输服务有许多缺点，这就要求需要这种运输的人必须在日常工作中接触大量独立的承运人。这会增加交易成本，并使高质量送达服务出现困难。公司有特殊要求，需要一些定制服务并部分参与对承运人的投资时，他们必须准备签订长期合同。因此，物流服务采购中以合同形式采购的比例越来越大。

（2）降低交易成本。在欧美一些国家，许多国内公路运输是通过作为货运市场中间人的代理公司进行的。这样就大大减少了托运人与运输公司的直接交易。近年来，在美国出现了提供公路运输服务的电子中间商，以电子交易中心的形式存在，通过该中心，公司可以在特定路线以特定时间交易“运输能力”。它提供在线信用系统服务，并提供物流公司的最新财务状况供潜在客户查询，从而使“虚拟市场”得以出现，许多物流资产可以在不同时期进行交易。

（3）标准服务。以合同为基础的公司采购物流服务时，只需雇用少数物流服务供应商。英国大约 39% 的公司只雇用一个供应商，而另外 47% 的公司则雇用 1～5 个供应商，理由是考虑成本和服务。在欧洲，大多数外包物流是以区域（一般是国家）划分给多个物流供应商的。对 68 个欧洲的世界 500 强制造商的调查表明，59% 的公司采用了这种策略。

（4）更严格地选择合同方。过去，许多公司选择运输方式或承运人时并不全面考虑所有选择的可能性。现在，公司已把许多与物流相关的服务外部化。这些服务的外部支出在公司预算中尤其重要。这一现象再加上对服务质量的重视、减少承运人及采用合同关系，使对承运人的选择变成一项重要的决策，需要对市场更全面的评价和采用更正规的选择程序。

（5）合同方在设计物流系统时更紧密地参与。目前，许多制造商正使用开放式的规范采购零部件，以取代传统的根据设计规范采购。开放式的规范仅仅给出总的框架要求，这样就给供应商以较大的创新空间，有利于经济而有效地开发符合客户要求的部件。在物流服务的采购上，也具有同样的趋势。这是因为外部合同方比内部的物流经理更加客观地看待物流系统。

（6）采取零库存原则。采取零库存的先决条件之一是快速和可靠的运送。在没有缓冲存货的情况下，生产和配送作业对送货时间的准确性较为敏感。

（7）开发电子数据交换系统。许多供应商与客户的关系已通过建立 EDI 系统而得以加强，尤其是合同供应商提供的是综合物流服务。对美国公路承运人和货主关系的分析表明：具有 EDI 连接的比例已从 1994 年的 29.3% 上升到 1996 年的 37.4%，电子交易从

18.2%上升到31.5%。EDI使客户对合同作业更有信心。

（8）物流设备越来越专业化。在欧美发达国家，许多公司都采用多种方式外包其物流业务，其中，最彻底的方式是关闭自己的物流系统，并将所有的物流职能转移给外部物流合同供应商。对许多自营物流的公司来说，这样做风险太大，一般采取逐渐外包的方式。

从总体上看，第三方物流是成功的，超过一半的第三方物流客户认为与第三方物流服务提供者的合作是“非常成功的”，合作会带来成本的大大降低和服务水平的提高。从物流服务的供给方来看，运输、仓储、货运代理等企业，因为行业竞争的加剧、利润率降低，也纷纷转向综合物流供应商。虽然在服务水平及物流专业技术方面存在一定的问题，但欧洲发达国家在物流外部化、物流服务采购方式以及物流服务提供者与使用者的关系等方面，都取得了一定的成绩，值得我国物流业借鉴。

2）第三方物流的发展趋势

第三方物流的发展趋势主要表现在两个方面：一是第三方物流将进一步发展壮大、成熟完善，所涉及的层面将更加广泛。这主要是指第三方物流服务业将会优化整条物流供应链，大力发展信息技术和通讯技术，建立战略联盟合作伙伴关系，组织高效率的物流作业网络，以及网罗高素质的物流专业人才。二是随着第三方物流的逐步发展，其系统复杂性也将逐步提高，这将会导致第三方物流某些领域的分化，但是这种分化不是第三方物流的灭亡，而是第三方物流成熟的标志。

首先，是发展壮大、成熟完善，特别是中国的第三方物流业，现在基本上还处在初级阶段。21世纪，中国第三方物流企业无论是数量还是实力，都会有新的发展。对第三方物流服务提供者来说，不仅要做大做强、优化物流系统的每一个环节，而且要优化整条物流供应链。例如，运输服务无疑是物流供应链中最重要的一个环节。但是，自从集装箱运输在全球范围内大规模地普及以来，平均运费已下降50%左右，在个别贸易领域下跌得更为严重。在这种情况下，如果从第三方物流服务提供者的角度出发，转向优化整条物流供应链，如帮助客户实现零库存管理、降低仓储保管费、进行流通加工、提供各种增值服务等，这可以创造新的利润源泉。

其次，现代物流作业过程具有环节复杂、层次繁多、收发信息量大、技术性要求高等特点。对跨国运作来说，各种物流信息是伴随着国际物流作业活动的展开而产生并瞬间消失的。因此，第三方物流服务提供者必须准确、及时、高效地捕捉各种信息并进行处理，才能科学地指导现代物流的高效运转。

最后，无论是发货人还是收货人，现代物流服务的顾客都希望用一个计算机接口、一个联系界面、一份合同和一套单据，便能解决所有的问题。顾客的这种要求迫使任何一家第三方物流服务提供者都不得不与其他物流公司建立战略联盟合作伙伴关系，以提高物流作业效率和扩大其物流服务范围。

此外，随着第三方物流的不断发展与完善，其复杂性也逐渐增强，使得任何一家第三方物流企业对其业务都无法高效地完成，从而使第三方物流内的某些领域由于其重要性或高度完善性，有可能独立发展，成为第三方物流的一个重要分支。例如，随着运筹学方法在物流技术中的不断应用，配送领域可能会从第三方物流中独立出来，成为专门的配送中心，而不是物流企业的一个部门。目前，第四方物流的提出也正是这一趋势的体现。当然，这一趋势的出现，并不代表第三方物流的消失，而是其成熟的标志。

【小知识 7-3】

我国东西部经济差距的缩小使第三方物流需求的地域不仅集中在东部沿海地区，而将扩大到广大的西部地区。物流企业也可以有针对性地在西部地区发展网点，根据西部地区企业的需求来提供第三方物流服务。

7.4　第四方物流

7.4.1　第四方物流概述

1）第四方物流的起源与概念

第四方物流（fourth party logistics，4PL）的概念最早是由 Anderson 咨询公司在 1998 年首次提出并注册的。约翰·加特托纳对它的定义是："第四方物流供应商是一个供应链的集成商，它对公司内部和具有互补性的服务供应商所拥有的不同资源、能力和技术进行整合和管理，提供一整套供应链解决方案"。4PL 是迄今为止较为先进的供应链管理新理念，被称为"下一层次上的供应链外包"。每种物流形态的产生都有一定的原因和背景，4PL 作为一种新型物流形态也不例外。其原因在于 3PL 的缺陷，4PL 是以 3PL 为基垫，结合国际化经济的发展、信息技术的改进而诞生的。

2）第四方物流的特点

（1）供应链方案提供者的角色定位

由于第三方物流公司缺乏对整个供应链进行运作的战略性专长和真正整合供应链流程的相关技术，第四方物流得以帮助企业实现持续的成本降低和有别于传统外包业务的真正的增值。第四方物流的运作是依靠业内优秀的第三方物流供应商、技术供应商、管理咨询顾问和其他增值服务商，为客户提供独特的和广泛的解决方案，这种供应链设计能力是任何一家公司所不能单独提供的。

（2）客户增值的能力定位

全球市场的成长和全球供销渠道的大量增加使全球物流活动更加复杂，从而要求企业对全球供应链的物流活动进行管理、协调和控制，尤其是跨国公司。跨国公司的全球生产与服务网络提升了物流服务的附加值，使物流服务形成一个国际化的良性循环系统。第四方物流的运作正是顺应了这种国际化的趋势。

（3）整合供应链的任务定位

20 世纪 90 年代以后，随着对供应链认识的进一步提高和管理技术的进一步发展，企业开始重视上下游企业之间的分工与合作，即供应链的管理。通过提升整个供应链的效率，增强了供应链的竞争能力，降低了产品成本。第四方物流公司在供应链管理的过程中进行管理、协调各方之间关系的运作，降低了管理费用，这是社会分工进一步细化的结果，同时也是物流成本降低的内在要求所致。

3）第四方物流的运作模式

国内目前有关 4PL 的研究，主要是围绕着 Accenture 报告中所描述的 4PL 的三种运作模式来展开的，即协同运作模式、方案集成模式和行业创新模式。

(1) 协同运作模式

4PL 和 3PL 协同开发市场，4PL 向 3PL 提供一系列的服务，包括技术、供应链策略、进入市场的能力和项目管理的能力。4PL 在 3PL 公司内协作，其思想和策略通过 3PL 这样一个具体实施者来实现，以达到为客户服务的目的。4PL 和 3PL 一般会采用商业合同的方式或者战略联盟的方式合作。

(2) 方案集成模式

在这种模式中，4PL 为客户提供运作和管理整个供应链的解决方案。4PL 对自身和 3PL 的资源、能力、技术进行综合管理，借助 3PL 为客户提供全面的、集成的供应链方案。3PL 通过 4PL 的方案为客户提供服务，4PL 作为一个枢纽，可以集成多个服务供应商的能力和客户的能力。

(3) 行业创新模式

在行业创新模式中，4PL 为多个行业的客户开发和提供供应链解决方案，以整合整个供应链的职能为重点；同时，将 3PL 加以集成，向下游的客户提供解决方案。在这里，4PL 的责任非常重要，因为它是上游 3PL 的集群和下游客户集群的纽带。

4) 第四方物流的价值分析

4PL 是一个供应链的整合者及协调者，通过调配与管理组织本身与其他互补性服务所有的资源、能力和技术，来提供综合的供应链解决方案。4PL 主要是对企业的供应链进行监控，以实现快速、高质量、低成本的物流服务。它能在解决企业物流问题的基础上，整合社会资源，解决物流信息充分共享、社会物流资源充分利用的问题。4PL 将相关的最优资源和策略应用到企业的运作中来，从而提高企业的业绩，促进经济发展。4PL 的作用主要体现在以下几个方面：

(1) 持续降低企业物流整体成本

4PL 能够充分利用其物流网络及现有的信息技术对物流活动中的所有环节进行整合、协调，并管理物流各环节中各参与方的活动，处理其利益冲突，从而能够帮助企业持续降低物流的整体运作成本。

(2) 显著提高物流营运效率

4PL 能提高库存周转率，改善客户的库存管理水平，并通过提高物流设备利用率或资产重组，将利用率低的资产进行处理，加快固定资产的周转率。此外，4PL 通过采用先进的物流管理系统，能提高物流工作单执行的质量，提高客户满意度，加速客户付款流程，从而加快应收账款的周转率，提高资金的利用率。

(3) 树立高品质的物流服务

4PL 可以提供专业化的供应链物流管理运作能力和高素质的物流人才，制订出以顾客为导向的快捷、高质、低廉的物流服务方案，改善物流服务质量。这种服务有利于参与市场竞争，有利于树立企业和品牌的形象，有利于和服务对象结成长期的、稳定的、战略性合作伙伴关系，这对企业长远的、战略性的发展有非常重要的意义。

(4) 培植企业的核心竞争力

核心竞争力是企业在市场竞争中保持持续优势的源泉。采用第四方物流，能使企业更好地配置自身的资源，专注于核心业务，集中优势资源拓展主业，大大提升企业的核心竞争力，并为企业的后续发展提供永久的动力。

事实表明，4PL 的发展可以满足整个物流系统的需求，很大程度地整合了社会资源，减少了货物物流时间，节约了资源，提高了物流效率，同时也减少了环境污染。

7.4.2　第四方物流在我国的发展现状及存在的问题

1）第四方物流在我国的发展现状

4PL 前景诱人，但其门槛非常高。要想进入 4PL 领域，企业必须在一个或几个方面具备很强的能力，并且有能力通过战略合作伙伴关系很容易地进入其他领域。国内已经有这方面的实践案例。2005 年 11 月 1 日，威尚集团旗下的安得物流公司宣告其定位物流高端的 4PL 公司——广州保税区安得供应链技术有限公司正式成立，这是国内具有实际业务与运作实力的第三方物流公司孵化的第一家 4PL 公司。紧接着，2005 年 11 月 28 日，安得物流公司就与广州著名的家电销售商东泽电器签署了战略合作协议，双方在 3PL 的基础上共同打造“第四方物流”，为东泽电器提供从供应商到经销商、从经销商到单一客户的一整套涉及货物运输、仓储、货物跟踪等全流程的解决方案，从而开始了 4PL 公司正式的业务运作。

另据《大众日报》2005 年 12 月 12 日报道，海尔集团物流有限公司与寰宇空港物流签订北京首都机场的物流合作项目协议，也标志着海尔物流进入了 4PL 领域。海尔集团认为，21 世纪的竞争将不再是单个企业之间的竞争，而是供应链与供应链之间的竞争。谁的供应链总成本低、对市场响应速度快，谁就能赢得市场。一只手抓住用户的需求，一只手抓住可以满足用户需求的全球供应链，这就是海尔物流创造的核心竞争力。也正是基于这一经营理念，海尔才会顺理成章地走在了现代物流发展的最前沿——进入 4PL 领域。

然而，纵观我国的物流市场，还没有出现严格意义上的 4PL 服务商，大多是“概念化”、“形式化”的，没有真正认识什么是 4PL，没有深入调查、分析我国目前是否真的需要 4PL，只是将 4PL 停留在了商业炒作阶段。

2）我国第四方物流发展中存在的问题

（1）管理体制与法制不完善

我国现代物流的发展仍处于起步阶段，相关制度和法规有待完善。与企业发展息息相关的融资制度、产权转让制度、用人制度、社会保障制度、市场准入与退出制度等方面的改革还远不能适应企业发展的需要。企业在改善自身物流效率时，必然要在企业内外重新配置物流资源，而制度和法规的缺陷阻碍了企业对物流资源的再分配。物流企业跨区域开展物流业务时常常受地方保护主义困扰，企业在选择外部更为高效的物流服务、处置原有储运设施和人员时，所遇阻力巨大，这些必然影响企业物流效率的提高。

在我国，铁道部、交通部、民航总局、商务部、农业部以及国家发改委等都有自己的物流部门。由于体制没有理顺，各部门之间分工又有交叉，分散或多元的管理方式造成了物流行业管理中存在条块分割、部门分割、重复建设等种种问题。

（2）第三方物流在市场上的份额很低

发展提高第三方物流的服务功能和地位是发展第四方物流的关键。在我国，第三方物流企业有的是传统物流企业转变而来，有的来源于国外独资和合资企业，还处在转型发展时期。第三方物流在整个物流市场上的占有率很低，短期内不具备整合物流资源的能力。

（3）第四方物流的需求及供给方尚未成熟

从第四方物流的需求角度看，一般来说，大宗的国际贸易合同是产生第四方物流需求的前提，因为所有的生产商、销售商甚至运输商都无法完全控制国际供应链中的所有因素，这正是第四方物流的用武之地。然而，我国现实的情况是，在国内物流市场化程度不高、物流产业还不成熟的环境下，大部分企业还保留着“大而全，小而全”的经营模式，对物流效率缺乏重视，物流需求大多是通过企业自身完成的，第三方物流尚处于发展初期。据统计，在我国第三方物流企业中由传统的仓储运输企业转化而来的占48%，这些企业大多还是提供仓储、运输这类物流基础性服务。所以，目前对第四方物流的市场需求度明显不足。

（4）物流基础设施建设落后

我国物流基础设施和装备条件与第四方物流的发展要求还存在一定差距。我国初步形成了由铁路、公路、水路、民用航空及管道等五种运输方式组成的运输体系，基础设施、技术装备、管理水平、运输市场等方面都得到了巨大的发展，但是还不能满足第四方物流发展的需要。我国交通运输基础设施总体规模小，运送量偏低，2005 年我国需要运输的实物量增长在20%左右，而实际完成的货运总量只增长了10.6%，与需求增幅之间至少存在9%的差距。各种物流设施及装备的技术水平和设施结构不尽合理，设施和装备的标准化程度较低，不能充分发挥现有物流设施的效率。

（5）物流专业人才匮乏

现代物流人才的缺乏。物流业之间的竞争，不仅需要有先进的技术和雄厚的资金，还要有一批高素质的物流人才。第四方物流发展要求物流人才不仅具备物流的基础知识和丰富的实践经验，还要具备 IT、人力资源管理、技术集成等全方位的知识和能力，我国目前严重缺少这类高素质的物流人才。

（6）物流信息化程度低

信息化是物流的灵魂，而强大的物流信息网络是第四方物流开展的前提条件。利用信息网络技术可以掌控物流供应链的各环节，最有效地整合全国的物流资源，提高物流的运作效率，降低物流成本。目前，信息技术的不成熟、投资费用偏高等问题使得信息化程度低，缺少能够实现供应链上所有企业和第三方物流服务提供商信息共享的公共信息平台。

7.4.3 我国发展第四方物流的应对策略

由于4PL是在解决企业物流问题的基础上整合社会资源，以实现物流信息充分共享、社会物流资源充分利用的物流方案提供商，因此，发展4PL可以分别从政府、物流服务商以及客户企业三个角度进行考虑。

1）从政府的角度出发

首先，必须打破行业垄断和行政垄断。4PL是以整合供应链资源为基础的，如果仍然保持原先条块分割、多头管理的局面，4PL将不可能有所发展。因此，打破垄断、对物流业发展进行统筹规划是发展4PL的前提条件。

（1）加强物流基础设施的规划和建设

政府应该统筹规划，整合物流资源，加强协调，加大物流基础设施的投资力度，并积极引导社会各方力量涉足物流业的投资建设，为物流和配送打好基础。同时，应该制定规范的物流产业发展政策，在全国范围内合理地建立具有一定规模和区位优势的物流园区、物流基地和物流中心，加快物流产业标准化、规范化进程。

(2) 发挥政府主导作用，利用政策引导 4PL 的市场需求

4PL 的发展必须要有市场需求作支撑，政府在引导和培育我国 4PL 市场需求中的作用不容小觑。加入 WTO 后，提高我国物流企业的国际竞争力、应对跨国物流公司的竞争，短期内不可能通过改造落后的物流企业来实现，只有通过发挥后发优势发展 4PL 才可能实现。根据比较优势理论，制造业在中国落地生根，物流业与其相辅相成，相得益彰，并且还是扩大制造业利润的重要源泉。因此，政府应在政策上给予适当的倾斜，引导企业通过 4PL 实现成本节约和价值增值。

(3) 加速电子商务与现代物流产业的融合

我国目前正在推进信息化进程，同时物流业在我国经济中的地位越来越突出，这就需要将当前蓬勃发展的电子商务和现代物流产业结合起来，而结合二者的最佳途径就是发展电子商务物流，建立全国物流公共信息平台。建立在 Internet 上的物流公共信息平台，可让所有用户输入的资料都直接进入数据库，以便进行各种数据处理。所有的数据都可以在这个平台上永久储存，实现所有用户在这个平台上的互动经营，解决了物流信息充分共享、社会物流资源充分利用的问题。目前，欧美等一些发达国家已在宏观上建立了比较完善的物流网络体系，并且在企业运作过程中也能提供网络化服务，我国也应尽快建立该网络体系，重点培育具有一定物流基础的物流信息平台。

2) 从物流服务商的角度出发

(1) 大力发展第三方物流

大力发展 3PL 是当前提高我国物流产业发展水平最重要的措施。在整个物流供应链中，4PL 是 3PL 的管理和集成者，4PL 是通过 3PL 整合社会资源的。只有大力发展 3PL 企业，4PL 才有发展的基础。为满足现代物流业的发展需要，必须大力发展 3PL，培育大型企业集团，提高物流业的效益，为协作企业创造“第三方利润源”。

(2) 加速物流产业信息化，建立全国物流公共信息平台

发展 4PL 是解决整个社会物流资源配置问题的最有力手段。我国目前正在推进信息化进程，利用先进的 RFID、EDI、GPS 等信息技术把当前蓬勃发展的现代物流产业进行信息化改造，利用网络技术建立物流产业的公共信息平台，通过信息技术和网络技术整合物流资源，这样可以使我国物流产业产生质的飞跃，从容应对跨国物流企业的竞争。

(3) 加快物流人才培养

人才是企业的灵魂，4PL 企业需要大量的物流人才。当前的物流人才远远不能满足 4PL 发展的需要，因此我们要通过高等院校和专业物流咨询机构，在实践中培养、锻炼人才，从而打造一支适应现代物流产业发展的企业家队伍和物流经营骨干队伍。要大量吸收在信息技术、人力资源管理、网络技术等方面的人才，激励这些人才把自己具备的专业知识和物流知识融合在一起，促进第四方物流的发展。大力引进和培育掌握现代知识的物流复合型人才，打造一支适应现代物流产业发展的高素质人才队伍，以促进和保障未来第四方物流在我国的发展，提升我国物流产业的整体水平。

(4) 整合物流资源，由竞争走向合作

我国物流资源较为丰富，但传统意义上的物流各个环节之间缺乏有效的整合，国内干线物流资源利用率不高，且在物流配送方面几乎没有一个专业的服务体系。

目前，我国许多物流企业正在按照传统模式建立自身的物流体系，包揽了“干线物

流—配送—投递到户”的全过程，而独家统管全程物流只是一种理想，这样势必会造成资源配置的不合理。因此，通过对从事异地间配送的物流公司和从事物流末端投递到户的配送公司的资源整合，由竞争走向合作，实现优势互补，建立贯通物流全程的新物流体系，是加速我国4PL进程的捷径。

3）从客户企业的角度出发

从客户企业角度出发，必须彻底革新旧有的观念。“大而全”的发展模式已无法适应时代的要求，为了真正做到以客户为中心，企业必须向专业化方向发展，包括人、财、物在内的所有资源都必须优先投入到企业的核心业务中去，以逐步建立企业的核心竞争力。而类似于物流服务这样的“副业”完全可以外包给专业的物流服务提供商，这样不仅有利于企业节约成本，而且还能进一步提升物流服务的质量，实现企业、物流服务提供商和客户“三赢”的局面。

【小思考7-5】

第四方物流与第三方物流有何区别？

答：第四方物流与第三方物流相比，其服务内容更多，覆盖的地区更广，对从事货运物流服务的公司要求更高，即要求它们必须开拓新的服务领域，提供更多的增值服务。第四方物流的优越性，是它能保证产品得以“更快、更好、更廉”地送到需求者手中。在当今经济形势下，货主、托运人越来越追求供应链的全球一体化，以适应跨国经营的需要。跨国公司由于要集中精力于其核心业务，因而必须更多地依赖物流外包。基于此理，它们不只是在操作层面上进行外协，而且在战略层面上也需要借助外界的力量，昼夜都能得到“更快、更好、更廉”的物流服务。第三方物流要么独自提供服务，要么通过与自己有密切关系的转包商来为客户提供服务，它不大可能提供技术、仓储和运输服务的最佳整合。因此，第四方物流成了第三方物流的“协助提高者”，也是货主的“物流方案集成商”。

7.5 绿色物流

7.5.1 绿色物流概念

《国家标准物流术语》（GB/T 18354-2001）中对绿色物流的定义为：在物流过程中抑制物流对环境造成危害的同时，实现对物流环境的净化，使物流资源得到最充分利用。从管理学的角度讲，绿色物流是指为了实现顾客满意，连接绿色需求主体和绿色供给主体，克服空间和时间限制的有效、快速的绿色商品和服务的绿色经济管理活动过程。“绿色物流”里的绿色，是一个特定的形象用语，它泛指保护地球生态环境的活动、行为、计划、思想和观念在物流及其管理活动中的体现。

1）绿色物流的内涵

绿色物流的内涵包括以下五个方面：

（1）集约资源

这是绿色物流的本质内容，也是物流业发展的主要指导思想之一。通过整合现有资源，优化资源配置，企业可以提高资源利用率，减少资源浪费。

（2）绿色运输

运输过程中的燃油消耗和尾气排放，是物流活动造成环境污染的主要原因之一。因此，要想打造绿色物流，首先要对运输线路进行合理布局与规划，通过缩短运输路线、提高车辆装载率等措施，实现节能减排的目标。另外，还要注重对运输车辆的养护，使用清洁燃料，减少能耗及尾气排放。

（3）绿色仓储

绿色仓储一方面要求仓库选址要合理，有利于节约运输成本；另一方面，仓储布局要科学，使仓库得以充分利用，实现仓储面积利用的最大化，减少仓储成本。

（4）绿色包装

包装是物流活动的一个重要环节，绿色包装可以提高包装材料的回收利用率，有效控制资源消耗，避免环境污染。

（5）废弃物物流

废弃物物流是指在经济活动中失去原有价值的物品，根据实际需要对其进行搜集、分类、加工、包装、搬运、储存等，然后分送到专门处理场所后形成的物品流动活动。

2）绿色物流产生的原因

（1）人类环境保护意识的觉醒

随着世界经济的不断发展，人类的生存环境也在不断恶化。其具体表现是：能源危机，资源枯竭，臭氧层空洞扩大，环境遭受污染，生态系统失衡。以环境污染为例，全球 20 多个特大城市的空气污染已超过世界卫生组织规定的标准。人类的认识往往滞后于客观自然界的发展，当前生态环境保护的意义逐渐被人类所认识。20 世纪 60 年代以来，人类环境保护的意识开始觉醒，人类开始关心和重视环境问题，认识到地球只有一个，不能破坏人类的家园。于是，绿色消费运动在世界各国兴起。消费者不仅关心自身的安全和健康，还关心地球环境的改善，拒绝接受不利于环境保护的产品、服务及相应的消费方式，进而促进了绿色物流的发展。与此同时，绿色和平运动在世界范围内展开，环保勇士以不屈不挠的奋斗精神，给各种各样危害环境的行为以沉重打击，对于激励人们的环保热情、推动绿色物流的发展，也起到了极其重要的作用。

（2）各国政府和国际组织的倡导

绿色物流的发展与政府行为密切相关。凡是绿色物流发展较快的国家，都得益于政府的积极倡导。各国政府在推动绿色物流发展方面所起的作用主要表现在：一是追加投入以促进环保事业的发展；二是组织力量监督环保工作的开展；三是制定专门政策和法令来引导企业的环保行为。环保事业是关系到人类生存与发展的伟大事业，国际组织为此做出了极大的努力并取得了显著成效。1992 年，第 27 届联大决议通过把每年的 6 月 5 日作为世界环境日，每年的世界环境日都规定有专门的活动主题，以推动世界环境保护工作的开展。联合国环境规划署、世贸组织贸易与环境委员会等国际组织召开了许多环保方面的国际会议，签订了许多环保方面的国际公约与协定，也在一定程度上为绿色物流发展铺平了道路。

（3）经济全球化潮流的推动

随着经济全球化的发展，一些传统的关税和非关税壁垒逐渐淡化，环境壁垒逐渐兴起。为此，ISO 14000 成为众多企业进入国际市场的通行证。ISO 14000 的两个基本思想是预防污染和持续改进。它要求建立环境管理体系，使经营活动、产品和服务的每一个环节对环境的影响最小化。ISO 14000 不仅适用于第一、二产业，也适用于第三产业，更适用于物流业。物流企业要想在国际市场上占有一席之地，发展绿色物流是其理性选择，尤其是中国加入 WTO 后，逐渐取消大部分外国股权限制，外国物流业进入中国市场，给国内物流业带来了巨大冲击，也意味着未来的物流业会有一场激烈的竞争。

（4）现代物流业可持续发展的需要

绿色物流是现代物流业可持续发展的必然。物流业作为现代新兴产业，有赖于社会化大生产的专业分工和经济的高速发展。而物流要发展，一定要与绿色生产、绿色营销、绿色消费等绿色经济活动紧密衔接。人类的经济活动不能因物流而过分地消耗资源、破坏环境，以至于造成重复污染。此外，绿色物流还是企业最大限度地降低经营成本的必由之路。一般认为，产品从投产到销出，制造加工时间仅占 10%，而几乎 90% 的时间为仓储、运输、装卸、分装、流通加工、信息处理等物流过程。因此，物流专业化无疑为降低成本奠定了基础。

7.5.2 绿色物流内容

1）绿色供应商管理

供应商原材料、半成品的质量好坏直接决定着最终产成品的性能，所以要实施绿色物流还要从源头上加以控制。由于政府对企业环境行为的严格管制，并且供应商的成本绩效和运行状况对企业经济活动构成直接影响，因此在绿色供应物流中，有必要增加对供应商选择和评价的环境指标，即对供应商的环境绩效进行考察。

2）绿色生产管理

绿色生产也包括绿色原材料的供应、绿色设计与制造以及绿色包装。绿色产品的生产首先要求构成产品的原材料具有绿色特性，绿色原材料应符合以下要求：环境友好性；不加任何涂镀，废弃后能自然分解并能为自然界吸收；易加工且加工中无污染或污染最小；易回收、易处理、可重用。

绿色制造则追求两个目标，即通过可再生资源、二次能源的利用及节能降耗措施缓解资源枯竭，实现持续利用；减少废料和污染物的生成排放，提高工业品在生产过程和消费过程中与环境的相容程度，降低整个生产活动给人类和环境带来的风险，最终实现经济和环境效益的最优化。

包装是商品营销的一个重要手段，但大量的包装材料在使用一次以后就被消费者遗弃了，从而造成了环境问题。例如，中国比较严重的白色污染问题，就是不可降解的塑料包装随地遗弃引起的。绿色包装是指采用节约资源、保护环境的包装，其特点是材料最省、废弃最少且节约资源和能源；易于回收利用和再循环；包装材料可自然降解并且降解周期短；包装材料对人的身体和生态无害。

3）绿色运输管理

交通运输工具的大量能源消耗，运输过程中排放大量的有害气体以及噪音污染，运输易燃、易爆、化学品等危险原材料或产品可能引起的爆炸、泄露等事故，都会对环境造成很大的影响。因此，构建企业绿色物流体系就显得至关重要。

（1）合理配置配送中心，制订配送计划，提高运输效率以降低货损量和货运量；开展共同配送，减少污染。共同配送是以城市一定区域内的配送需求为对象，人为地进行有目的、集约化的配送。它是由同一行业或同一区域的中小企业协同进行配送。共同配送统一集货、统一送货，可以明显地减少货流；有效地缓解交通拥挤状况，提高市内货物运输效率，减少空载率；有利于提高配送服务水平，使企业库存水平大大降低，甚至实现“零”库存，降低物流成本。

（2）实施联合一贯制运输。联合一贯制运输是指以件杂货为对象，以单元装载系统为媒介，有效地巧妙组合各种运输工具，从发货方到收货方始终保持单元货物状态而进行的系统化运输方式。通过运输方式的转换可削减总行车量，包括转向铁路、海上和航空运输。联合一贯制运输是物流现代化的支柱之一。

（3）评价运输者的环境绩效，由专门运输企业使用专门运输工具负责危险品的运输，并制定应急保护措施。企业如果没有绿色运输，将会加大经济成本和社会环境成本，影响企业经济运行和社会形象。

4）绿色储存管理

储存在物流系统中起着缓冲、调节和平衡的作用，是物流的一个中心环节。储存的主要设施是仓库。现代化仓库是促进绿色物流运转的物资集散中心。绿色仓储要求仓库布局合理，以节约运输成本。布局过于密集，会增加运输的次数，从而增加资源消耗；布局过于松散，则会降低运输的效率，提高空载率。仓库建设前还应当进行相应的环境影响评价，充分考虑仓库建设对所在地的环境影响。例如，储存易燃、易爆商品的仓库不应设置在居民区，储存有害物质的仓库不应设置在重要水源地附近。采用现代储存保养技术是实现绿色储存的重要条件，如气幕隔潮、气调储存和塑料薄膜封闭等技术。

5）绿色流通加工管理

流通加工是指在流通过程中继续对商品进行生产性加工，以使其成为更加适合消费者需求的最终产品。流通加工具有较强的生产性，也是流通部门对环境保护大有作为的领域。

绿色流通加工的途径主要分两个方面：一方面变消费者分散加工为专业集中加工，以规模作业的方式提高资源利用效率，以减少环境污染；另一方面是集中处理消费品加工中产生的边角废料，以减少消费者分散加工所造成的废弃物污染。

6）产品绿色设计、绿色包装和标识

绿色物流建设应该起自于产品设计阶段，以产品生命周期分析等技术提高产品整个生命周期的环境绩效，在推动绿色物流建设上发挥先锋作用。包装是绿色物流管理的一个重要方面，乳白色塑料的污染已经引起社会的广泛关注：过度的包装造成了资源的浪费。在日本，经营食品的商人已放弃塑料包装，在食品界掀起了一场“绿色革命”，取得了较好的成效。他们的食品包装已不只是好看和实用，适应环境需要也成为包装业的重要课题。人在给食品包装时尽量采用不污染环境的原料，用纸袋包装取代塑料容器，这也减少了将用过后的包装收集到工厂再循环所面对的技术和成本困难，绿色包装设计在这方面发挥了很大作用。

7.5.3　绿色物流实施策略

1）树立绿色物流观念

观念是一种带有根本性和普遍意义的世界观，是一定生产力水平、生活水平和思想素质的反映，是人们活动的指南。由于长期的低生产力，人们更多地考虑温饱等低层次问题，往往为眼前利益而忽视长远利益，为个体利益而忽视社会利益，企业因这种非理性需求展开掠夺式经营，忽视长远利益和生态利益及社会利益，进而招致了来自大自然的警告。

2）推行绿色物流经营

物流企业要从保护环境的角度制定其绿色经营管理策略，以推动绿色物流进一步发展。

（1）选择绿色运输。通过有效利用车辆，减少车辆运行次数，提高配送效率。例如，合理规划网点及配送中心、优化配送路线、提高共同配送、提高往返载货率；改变运输方式，由公路运输转向铁路运输或海上运输；使用绿色工具，降低废气排放量，等等。

（2）提倡绿色包装。包装不仅是商品卫士，而且也是商品进入市场的通行证。绿色包装不仅要醒目环保，还应符合4R要求，即少耗材（reduction）、可再用（reuse）、可回收（reclaim）和可再循环（recycle）。

（3）开展绿色流通加工。由分散加工转向专业集中加工，以规模作业方式提高资源利用率，减少环境污染；集中处理流通加工中产生的边角废料，减少废弃物污染，等等。

（4）搜集和管理绿色信息。物流不仅是商品空间的转移，也包括相关信息的搜集、整理、储存和利用。绿色物流要求搜集、整理、储存的都是各种绿色信息，并及时运用于物流中，促进物流的进一步绿色化。

3）开发绿色物流技术

实施绿色物流的关键所在，不仅依赖绿色物流观念的树立、绿色物流经营的推行，更离不开绿色物流技术的应用和开发。没有先进物流技术的发展，就没有现代物流的立身之地；同样，没有先进绿色物流技术的发展，就没有绿色物流的立身之地。而我们的物流技术与绿色要求有较大的差距，如物流机械化方面、物流自动化方面、物流的信息化及网络化方面，与西方发达国家相比，还有较大的差距。因此，要大力开发绿色物流技术，否则绿色物流就无从谈起。

4）制定绿色物流法规

绿色物流是当今经济可持续发展的一个重要组成部分，它对社会经济的不断发展和人类生活质量的不断提高具有重要意义。正因为如此，绿色物流的实施不仅是企业的事情，而且还必须从政府约束的角度，对现有的物流体制强化管理。

一些发达国家的政府非常重视制定政策法规，在宏观上对绿色物流进行管理和控制，尤其是控制物流活动的污染发生源。物流活动的污染发生源主要表现在：运输工具的废气排放污染空气，流通加工的废水排放污染水质，一次性包装的丢弃污染环境，等等。因此，它们制定了诸如污染发生源、限制交通量、控制交通流等的相关政策和法规。国外的环保法规种类很多，有些规定相当具体、严厉。目前，国际标准化组织制定的最新国际环境标志也已经颁布执行。

5）加强对绿色物流人才的培养

绿色物流作为新生事物，对营运筹划人员和各专业人员的素质要求较高，因此，要实现绿色物流的目标，培养和造就一批熟悉绿色理论和实务的物流人才是当务之急。

【小思考7-6】

建设现代绿色物流体系有何意义？

答：建设现代绿色物流体系，要求在物流过程中抑制物流对环境造成危害的同时，实现对物流环境的净化，使物流资源得到最充分的利用；强调全局和长远利益，强调对环境

的全方位关注，是一种新的物流发展趋势。当前，加快绿色物流体系建设对区域经济可持续性发展具有重要意义。

一是能优化区域资源配置，促进区域产业结构调整。绿色物流体系在资源层次上强调经济资源的高效利用和整合，避免不合理的区域物流设施重复建设；在产业层次上强调循环生态型的供应链关系，即产业上下游多个企业形成资源高效循环利用的产业链，有效承接产业转移，融入全球区域经济一体化的分工与合作。

二是能减少区域环境污染，提升区域生态文明形象。建设绿色物流体系要求整合区域物流运输车辆，减少车辆进出城市的次数，物流节点布局远离商贸与居住区，减少交通排放与噪音；在保证区域经济发展的同时力求绿色物流作业与绿色物流活动，如绿色包装、回收利用、大力发展水运、散装运输、减少物流垃圾与废弃物等，注重经济发展与环保物流之间的双向作用关系，实现区域绿色物流。

三是能提升区域物流服务水平，提高区域经济发展竞争力。建设绿色物流体系要求大力发展区域物流基础设施与第三方物流，如大力发展综合交通设施、物流园区与配送中心、物流公共信息平台、物流装备与技术等；通过对小散多弱的储运企业的整合，形成有实力的第三方物流企业，由此提高区域物流的运作效率，并通过规模化与网络化降低区域物流成本，为区域产业的积聚与扩散提供坚实的条件与基础，有效增强区域投资吸引力，有效提供区域就业岗位并促进区域经济发展。

本章小结

传统的物流模式是指运输和仓储模式，传统物流模式所带来的问题主要表现在：物流质量低、物流效率不高、物流业的发展与其他产业不协调、缺乏物流系统发展的统一规划、对物流的重要性认识不足等。商务全球化给传统物流带来了多方面的挑战。

国际物流是现代物流体系的一种重要模式，具有环境的复杂性、系统的广泛性、标准化要求高和风险性大等特点。从运作方式来看，国际物流（以出口为例）可以概括为输入→运行→输出三个阶段；国际货物运输的方式包括海洋运输、铁路运输、航空运输、河流运输、邮政运输、公路运输、管道运输、大陆桥运输以及由各种运输方式组合的国际多式联运等。

第三方物流是指物流劳务的供方、需方之外的第三方企业，通过契约为客户提供的整个商品流通过程的服务，包括商品运输、储存配送以及附加值服务等。第三方物流因其自身的特点具有多种优势；第三方物流运作主要是基于企业的规模效益、系统协调、专业化效益和群体效益。物流一体化必须以第三方物流充分发育和完善为基础。

第四方物流是一个供应链的集成商，一般情况下，政府为促进地区物流产业的发展，会领头搭建第四方物流平台，提供信息共享及信息发布服务，是供需双方及第三方物流的领导力量。4PL 可持续降低企业物流整体成本、显著提高物流营运效率、树立高品质的物流服务形象、培植企业的核心竞争力。

绿色物流是指在物流过程中抑制物流对环境造成危害的同时，实现对物流环境的净化，使物流资源得到最充分利用。绿色物流包括绿色供应商管理、绿色生产管理、绿色运输管理、绿色储存管理、绿色流通加工管理、产品绿色设计、绿色包装和标识。

核心概念

国际物流　第三方物流　物流一体化　第四方物流　绿色物流

基本训练

● 知识题

1. 选择题

(1) 传统物流模式的主要内容是(　　)。

A. 运输　　B. 信息　　C. 仓储　　D. 包装

(2) 国际物流的风险性主要来自于(　　)。

A. 标准化　　B. 经济风险　　C. 政治风险　　D. 自然风险

(3) 物流一体化的实质是(　　)。

A. 第三方物流　　B. 物流管理　　C. 流通加工　　D. 零库存

(4) 发展第四方物流可以分别从(　　)角度进行考虑。

A. 政府　　B. 物流服务商　　C. 客户企业　　D. 网络公司

(5) (　　)是绿色物流的本质内容，也是物流业发展的主要指导思想之一。

A. 集约资源　　B. 绿色运输　　C. 绿色仓储　　D. 绿色包装

2. 判断题

(1) 中国物流业由于受多方面因素的影响，物流质量总体水平比较低。　　(　　)

(2) 物流国际化（全球化）已成为世界性的趋势。　　(　　)

(3) 第三方物流是共性化物流服务。　　(　　)

(4) 运输过程中的燃油消耗和尾气排放，是物流活动造成环境污染的主要原因之一。　　(　　)

3. 简答题

(1) 传统物流模式所带来的主要问题有哪些?

(2) 国际货物运输有何特点?

(3) 第三方物流有何优势?

(4) 绿色物流包括的主要内容有哪些?

● 技能题

1. 以出口为例，说明国际物流的模式。

2. 简述第三方物流企业的业务原理。

3. 简述国际物流的发展趋势。

4. 试分析我国第四方物流存在的问题及解决办法。

观念应用

● 案例分析

2013 年 10 月 25 日，国务院副总理汪洋在北京主持召开部分城市物流工作座谈会，听取物流业发展情况汇报和降低物流成本的意见和建议，提出要“培育第三方物流企业，鼓励一体化运作和网络化经营”，以及“提高物流信息化水平，扶持建设一批物流信息平台”。另据报道，商务部流通发展司生产资料流通与物流促进处相关负责人也表示，商务部将制定出台促进第三方物流和物流信息服务平台发展的相关政策文件，目前正在研究制定中。

此前的 6 月份，国务院办公厅印发了《深化流通体制改革加快流通产业发展重点工作部门分工方案》(以下简称《方案》)，就曾提出要大力发展第三方物流，促进企业内部物流社会化，加强城际配送、城市配送、农村配送的有效衔接，推广公路不停车收费系统，规范货物装卸场站建设和作业标准。

中国物流与采购联合会调查数据显示，目前在物流较发达的国家，第三方物流占比情况为：德国 23%，英国 34%，美国和日本在 30% 以上，而我国真正符合现代物流模式的第三方物流仅占国内物流市场的不足 2%。

显然我国第三方物流发展还比较缓慢，随着各行业的发展，急需要国家出台相应的政策和投入物力来推动整个行业发展。总体来看，我国物流业发展相对滞后，物流费用高、效率低，城市“最后一公里”配送难、配送贵的问题比较突出。

资料来源　佚名．商务部将出台政策促进第三方物流［N］．中国联合商报，2013-11-06.

问题：

(1) 根据本章所学知识，谈谈对我国发展第三方物流的认识。

(2) 何为“最后一公里”问题？你觉得如何解决此问题？

● 单元实训

通过互联网，了解近几年欧美第三方物流的主要变化，谈谈你的认识。

第 8 章　供应链管理

学习目标

通过本章学习，应该达到以下目标：

知识目标：理解供应链与供应链管理的基本概念；掌握供应链管理中物流管理的基本功能和目标以及供应链中的物流运作技术；了解供应链管理的现状。

技能目标：学会结合 Internet 利用物流运作技术进行供应链管理。

能力目标：能运用物流运作技术实现供应链管理并进行对策分析。

引　例

联合利华集团是由荷兰 Margarine Unie 人造奶油公司和英国 Lever Brothers 香皂公司于 1929 年合并而成的。总部设于荷兰鹿特丹和英国伦敦，分别负责食品及洗剂用品事业的经营。在全球 75 个国家设有庞大事业网络，拥有 500 家子公司，员工总数近 30 万人，是全球第二大消费用品制造商，年营业额超过 400 亿美元，是全世界获利最佳的公司之一。

为在发展迅猛的包装消费品行业保持领先地位，联合利华意识到必须提升供应链运作的方方面面。而首要任务之一便是将北美供应链战略与更大范围的商业战略统一起来。近年来，领先公司供应链管理的重要性不断提高，公司因此对这一职能寄予了更多新的期望。尽管采购、精益生产、承包制造和第三方物流等旨在削减成本的供应链提升举措都有助于增加盈利，但供应链战略却面临着又一项挑战：与公司的战略意图充分匹配，从而创造价值，实现增长。价值创造要求公司实现品牌增长，超越关键客户的要求，推动公司利润率和现金流的大幅提升——包括当前及将来。作为品牌战略与客户层面执行这两者间的衔接，供应链调整似乎自然而然地成了首要目标。

联合利华的北美供应链战略在过去几十年稳步发展，与其产品零售商一同追随着行业发展趋势。最近，围绕供应链的思考已扩展至从原材料到店内货架的方方面面。实时信息、数据同步和电子标签成了热门名词。联合利华开始与零售商合作，共享关于客户行为的数据和洞察。尽管公司跟上了发展的步伐，但显然，随着时间的推移，这样做只能保持竞争力；若要实现突破性增长，还有待建立更强大的供应链。

联合利华意识到，一种解决方案不可能适合所有情况，而“合适的”供应链模式要求整合多个供应网络——这些供应网络通过组织架构与通用的后台基础设施相连，并采用相同的工作方式。一体化的供应链战略则要求在采购商品的成本、生产力、流动资本与运输费用之间达成适当平衡。进一步来说，供应链战略会通过销售点驱动型价值链，关注整体供应链管理。特殊包装和促销管理被纳入供应链职能的范围之内，旨在增加销售额，并通过结合商业战略，提供超越“完美交货”的价值。从制造商供应链到零售商供应链的转变，不是简单的商品移交，而应是无缝衔接的一体化流程。

联合利华动用了大量资源，对当前绩效和实践进行评估，并开始对顶级消费品公司进行定义。通过与几家行业组织和专业公司的合作，科尔尼公司将联合利华的绩效与十多家竞争公司进行对比分析，涉及食品、家居用品与个人护理用品等细分市场，对存货周转绩效、订单完善比例、订单周期时间、财务绩效、组织、供应链实践和服务，以及复杂性管理一一加以检验。

资料来源 佚名．联合利华供应链管理系统的发展和实践［EB/OL］．［2013-11-21］．http：//www. chinawuliu. com. cn/xsyj/201311/21/264857. shtml.

8.1 供应链管理概述

供应链（Supply Chain，SC）的概念是在 20 世纪 80 年代末提出来的，近年来随着全球制造（Global Manufacturing）的出现，供应链在制造业管理中得到普遍应用，成为一种新的管理模式。虽然供应链管理（Supply Chain Management，SCM）提出的时间不长，但是，由于国际市场的竞争日益激烈，受用户需求的不确定性、技术的迅速革新等因素的影响，其逐渐引起人们的广泛关注。国际上一些著名的企业如惠普公司、IBM 公司、Dell 计算机公司等在供应链实践中都取得了巨大的成绩，使人们更加坚信供应链是进入 21 世纪后企业适应全球竞争的一种有效途径，因而吸引了许多学者和企业界人士研究和实践供应链管理。

8.1.1 供应链与供应链管理

1）供应链的概念及分类

供应链是指在生产及流通过程中，涉及将产品或服务提供给最终用户活动的上游与下游企业所形成的网链结构，即由从物料获取、物料加工到将成品送到用户手中这一过程所涉及的企业和企业部门组成的一个网络。形象一点，我们可以把供应链描绘成一棵枝叶茂盛的大树：生产企业构成树根；独家代理商则是树干；分销商是树枝和树梢；满树的绿叶红花是最终用户；在根与树干、枝与树干的一个个节点中，蕴藏着一次次的流通，遍体相通的脉络便是信息管理系统。供应链是社会化大生产的产物，是重要的流通组织形式和市场营销方式。它以市场组织化程度高、规模化经营的优势，有机地连接生产和消费，对生产和流通有着直接的导向作用。

供应链按划分依据不同可以有多种类型，具体包括：

（1）根据研究对象及其范围划分，供应链可分为企业供应链、产品供应链和基于供应链合作伙伴关系（供应链契约）的供应链等。

（2）根据网状结构划分，供应链可分为发散型的供应链网（Y 形供应链网）、会聚型的供应链网（A 形供应链网）和介于上述两种模式之间的供应链网（T 形供应链网）等。

（3）根据分布范围划分，供应链可分为公司内部供应链、集团供应链、扩展供应链和全球网络供应链四种类型。

（4）根据稳定性划分，供应链可分为稳定的供应链和动态的供应链。

（5）根据功能模式划分，供应链可分为市场反应性供应链和物理有效性供应链。

（6）根据生产决策的驱动力划分，供应链可分为推动式供应链和拉动式供应链。

2）供应链的载体

供应链的载体是计算机管理信息系统。它分为两部分：一是企业内部网 Intranet，即企业内部财务、营销、库存等所有的业务环节全部由计算机管理，目的是使企业内部管理细化；同时，建立一个企业外部网 Extranet，目的是建立一些应用功能，包括与生产厂家各个部门的互联，以达到快速沟通、快速解决问题的目标。财务结算也要通过现代化的电子方式实现联网。此外，还包括代理商与下游企业间的订单体系、管理体系的实现。外部网将执行整个一体化的指令，包括物价指令、库存查询指令、网上培训指令等。通过公共浏览器可以浏览所有的公共信息，并建立整个市场的统计资料，满足信息逆向的流动。二是有严格的由计算机管理的物流配送中心，制定适应供应链的配送原则和管理原则。物流配送中心分为面向内部的和面向外部的两部分，后者不仅仅是物流的配送，因为物流在流动过程中会产生相当多的信息流，所以还包括需求单的确认和发送。同时，对一个单品来讲，既要面向本地区的市场，也要面向外部市场，所以，内外物流中心要配合，要对产品的上下线进行相应的管理。

3）供应链管理的概念

供应链管理是指利用计算机网络技术全面规划供应链中的信息流、物流、商流、资金流以及业务流等，并进行计划、组织、指挥、协调、控制和激励等合理的调控，以期达到最佳组合，发挥最大的效率，迅速以最小的成本为客户提供最大的附加值。供应链管理是在现代科技促进产品极其丰富的条件下发展起来的管理理念，它涉及各种企业及企业管理的方方面面，是一种跨行业的管理，并且使企业之间为追求经济利益的最大化而共同努力。

4）供应链管理的基本思想和基本特点

供应链管理的基本思想就是以市场和客户需求为导向，以核心企业为龙头，以提高竞争力、市场占有率、客户满意度和获取最大利润为目标，以协同商务、协同竞争和双赢原则为运作模式，通过运用现代企业管理思想、方法、信息技术、网络技术和集成技术，达到对整个供应链上的信息流、物流、资金流、价值流和工作流的有效规划和控制，从而将客户、分销商、供应商、制造商和服务商连成一个完整的网链结构，形成一个极具竞争力的战略联盟。

供应链管理的基本特点是：

（1）以顾客满意为核心。让最终顾客更满意是供应链全体成员的共同目标，顾客满意的实质是让顾客获得超出他们承担的产品价格的那部分“价值”，供应链可以使得这部分“价值”升值。比如，由于供应链中供应商与制造商、制造商与销售商彼此之间已经建立了战略合作伙伴关系，因此供应商可以将原料或配件直接发送给制造商，制造商可直接将产品运送给销售商，企业间无须再进行原来意义上的采购和销售，这两项成本就大大削减了；同时，包装和管理等项成本也随物流环节的减少而降低，因此，供应链完全可以以更低的价格向客户提供优质产品。此外，供应链还可通过改善产品质量、提高服务水平、增加服务承诺等项措施来增大顾客所期待的那部分“价值”，从而提高顾客的满意度。

（2）新型合作竞争理念。与传统企业的经营管理不同，SCM 是对供应链全面协调性的合作式管理。它不仅要考虑核心企业内部的管理，还要注重供应链中各个环节、各个企业之间资源的利用和合作，让各企业之间进行合作博奕，最终达到共赢。早期的单纯竞争观念完全站在企业个体的立场上，以自己的产品销售观念争夺市场和销售渠道，其结果不是你死我活就是两败俱伤，不利于市场空间的扩大和经济的共同繁荣。SCM 的合作竞争理念把供应链视为一个完整的系统，将每一个成员企业视为子系统，组成动态联盟，彼此信任，互相合作，共同开拓市场，追求系统效益的最大化，最终分享节约的成本和创造的收益。

(3) 以现代网络信息技术为支撑。SCM 战略是现代网络信息技术与战略联盟思想的结晶，高度集成的网络信息系统是其运行的技术基础，ERP（企业资源计划）是 SCM 广泛使用的信息技术。ERP 是由美国权威计算机技术咨询和评估集团在 20 世纪 90 年代提出来的，它由 MRPⅡ（制造资源计划）发展而来。ERP 综合应用了多项网络信息产业的成果，集企业管理理念、业务流程、基础数据、企业资源、计算机软硬件于一体，通过对信息流、物流、资金流的管理，把供应链上所有企业的制造场所、营销系统、财务系统紧密地结合在一起，以实现全球内多工厂、多地点的跨国经营运作，使企业超越了传统的供方驱动的生产模式，转向需方驱动生产模式的运营，体现了完全按用户需求制造的思想，通过信息和资源共享，实现以顾客满意为核心的战略。

供应链管理的主要特点是：需求性、竞争性、协同性、完整性、紧密性、双赢性、复杂性、交叉性和动态性。面对新经济时代的市场竞争和企业发展趋势，未来的 ERP 将是一个全新的，集管理、技术和信息之大成的供应链管理系统。

5）供应链管理与传统管理模式的区别

(1) 供应链管理把供应链中的所有节点企业看做一个整体，其涵盖整个物流从供应商到最终用户的采购、制造、分销、零售等职能管理领域和过程。

(2) 供应链管理最关键的是需要采用集成的思想和方法来统筹管理整个供应链的各个功能，而不仅仅是传统管理节点企业、技术方法等资源简单的连接。

(3) 供应链管理强调和依赖战略管理，最终是对整个供应链进行战略决策。

(4) 供应链管理具有更高的目标，通过管理库存和合作关系实现高水平的服务，而不是仅仅像传统管理那样完成一定的市场目标。

(5) 传统管理把市场基于企业自己的状况如行业、产品、分销渠道等进行划分，然后对同一区域的客户提供相同水平的服务；供应链管理则强调根据客户的状况和需求决定服务方式和水平。

6）供应链管理模式分析及其指导思想

供应链管理以市场管理模式为主，与传统的企业管理相比，它更加强调整体性和以客户为中心的思想。

(1) 市场供应链模式。其包括：①推式市场的供应链系统。它对市场变化做出反应需要更长的时间，这可能会导致“牛鞭效应”现象，即随着往供应链上游的前进，需求被不断放大，最终导致两种后果：一是该系统可能没有能力满足变化的需求方式；二是当市场对某些产品的需求消失时，该供应链系统的库存将过时。②拉式市场的供应链系统。它是由需求驱动的，因此生产是根据实际的顾客需求而不是预测需求进行协调的。

(2)“推动式”管理与“拉动式”管理的区别。其包括：①“推动式”管理要求企业按计划来配置资源，即企业是被推动运作的，它要根据顾客的偏好与消费者的需求设计新产品，并由供应商提供部分原料、中间产品和相关服务，产品在内部制造出来后通过零售商上市销售到顾客手中。整个过程是由内而外的，由于固有的后勤无效率、生产难度、需求多样性和较差的预测技术，原料堆积如山，各个环节都会付出由于库存、拖延与过长的交货时间所产生的高昂代价。②“拉动式”管理是指根据市场需求由外而内决定生产什么、何时生产、生产多少。在这种管理模式下，顾客的需求、购买行为、潜在消费偏好、意见等都是企业谋求竞争优势所必须争夺的重要资源，是顾客而不是产品主导企业的生产和销售活动，顾客是核心和主要的市场驱动力。

(3) 企业的经营战略调整使供应链管理由“推动式”向“拉动式”转变。传统的供应链管理是一种“推动式”管理，其出发点是将原材料推至产成品、市场，一直推至客户端。随着市场竞争的加剧，生产出的产品必须要转化成利润，企业才能得以生存和发展。为了赢得客户、赢得市场，企业管理进入了以客户及客户满意度为中心的管理阶段，因而企业的供应链运营规则随即由“推动式”转变为以客户需求为原动力的“拉动式”，这是一种企业经营战略的调整。

综上所述，与其他任何管理方法一样，供应链管理也有自己的思想、组织、方法和技术体系。供应链管理的指导思想可以简单地归纳为三句话，即市场拉动、全局最优、战略合作伙伴关系。“市场拉动”意指以顾客和最终消费者为经营导向，努力按顾客和消费者的期望提供他们真正想要的产品或服务，由市场需求拉动生产和供应。“全局最优”是指在既定的顾客服务水平前提下，追求供应链总体效益和总体效率的优化，以降低供应链总成本、缩短供应链总交货周期为原则，对企业的供应、生产、运输、仓储等管理活动流程进行优化、重组。“战略合作伙伴关系”是指供应链合作关系强调长期的战略协议，强调相互之间的信任与合作，利益共享，风险同担。

【小知识 8-1】

供应链管理的七项原则

根据客户所需的服务特性来划分客户群；根据客户需求和企业可获利情况，设计企业的后勤网络；倾听市场的需求信息，设计更贴近客户的产品；时间延迟；策略性地确定货源和采购，与供应商建立双赢的合作策略；在整个供应链领域建立信息系统；建立整个供应链的绩效考核准则等。

资料来源　李红霞．电子商务物流［M］．北京：中国铁道出版社，2012.

8.1.2　实现供应链管理的流程、步骤、职能与意义

1）实现供应链管理的流程

供应链的第一环是制造商，制造商从原料供应商那里得到生产资料后加工成产品，然后，产品由供应链的第二环也是最关键的一环独家代理商（物流配送中心）负责某一特定范围的销售。在独家代理商后产品又被分流到供应链的第三环——各区域的分销商，由其负责所在区域的销售工作。在各区域的分销商下游又分布着供应链的第四环——从属的零售商，由它们将产品销售给最终用户。这就是供应链最简单的基本构架，如图 8-1 所示。

供应链管理的主要流程：

(1) 计划。其包括需求预测和补货，旨在使恰当的产品在恰当的时间和地点被交付，并使信息沿着整个供应链流动。这需要深入了解客户的需求，同时这也是成功实现供应链管理的根本保障。

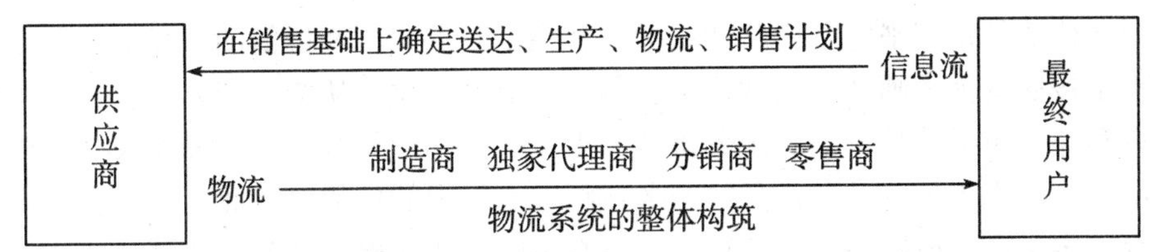

图 8-1　供应链最简单的基本构架

（2）实施。其主要关注运作效率，包括客户订单执行、采购、制造、存货控制以及物流配送等应用系统。其最终目的是综合利用这些系统，提高货物和服务在供应链中的流动效率。其中关键是要将单个企业应用提升为能够运作于整个商业过程的集成系统，也就是要有一套适用于整个供应链的电子商务解决方案，其中包括实施框架、业务流程、技术标准、通信技术、网络技术及软硬件设备等。

（3）执行评估。它是指对供应链运行情况进行跟踪考核，以便制定更有效的决策，更好地反映市场的需求变化。可利用电子商务工具或开发软件等进行有效的数据信息审核和分析。

供应链管理流程如图 8-2 所示。

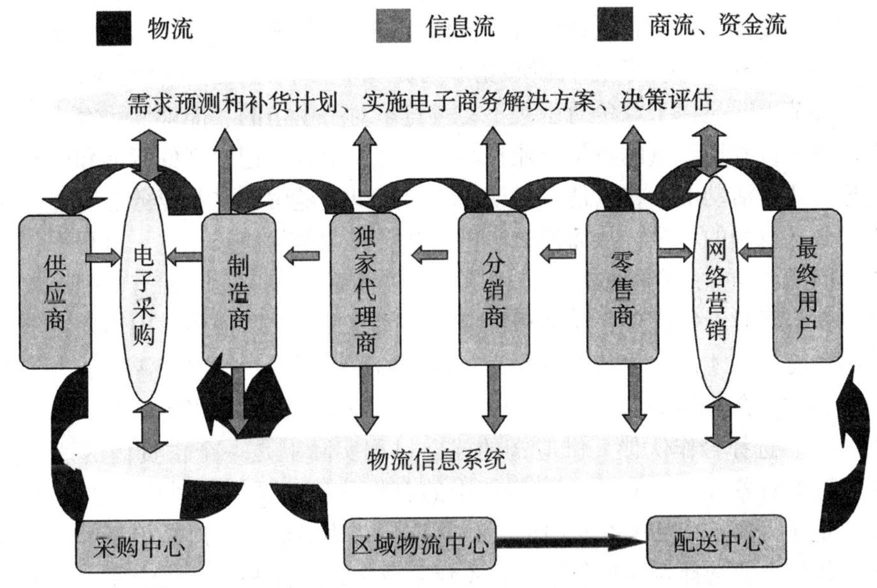

图 8-2　供应链管理流程图

2）实现供应链管理的步骤

（1）分析市场竞争环境，识别市场机会。进行竞争环境分析是为了识别企业所面对的市场特征和市场机会。要完成这一过程，我们可以根据波特模型提供的原理和方法，通过调查、访问、分析等手段，对供应商、用户、现有竞争者及潜在竞争者进行深入研究，掌握第一手准确的数据、资料。这项工作一方面取决于企业经营管理人员的素质和对市场的敏感性；另一方面，企业应该建立一个市场信息采集监控系统，并开发对复杂信息的分析和决策技术。如一些企业建立的顾客服务管理系统，就是掌握顾客需要、进一步开拓市场的有力武器。

（2）分析顾客价值。供应链管理的目标在于提高顾客价值和降低总的交易成本，企业要从顾客价值的角度来定义产品或服务，并在不断提高顾客价值的情况下，寻求最低的交易成本。按照营销大师科特勒的定义，顾客价值是指顾客从给定产品或服务中所期望得到的所有利益，包括产品价值、服务价值、人员价值和形象价值。一般说来，发现了市场机会并不意味着真正了解某种产品或服务在顾客心目中的价值，因此，必须真正从顾客价值的角度来定义产品或服务的具体特征，只有不断为顾客提供超值的产品，才能满足顾客的需求，而顾客的需求拉动是驱动整个供应链运作的源头。

（3）确定竞争战略。从顾客价值出发找到企业产品或服务的定位之后，企业要确定相应的竞争战略。竞争战略的确定可使企业清楚地认识到要选择什么样的合作伙伴以及与合作伙伴联盟的方式。根据波特的竞争理论，企业获得竞争优势有三种基本战略形式：成本领先战略、差别化战略和目标集中战略。当企业确定应用成本领先战略时，往往会与有相似资源的企业联盟，以形成规模经济。商业企业中的连锁经营是应用成本领先战略的典型，它通过采用大规模集中化管理模式，在整个商品流通过程中把生产商、分销商与零售商紧密结合成一个整体，通过物流配送中心把货物从生产商手中及时、完好地运送到连锁店中，进而提供给消费者。这样的途径减少了流通环节，使企业更直接面对消费者。其结果不仅仅是加快了流通速度，也加快了信息反馈速度，从而达到了成本领先的目的。当企业确定应用差别化战略时，它选择的合作伙伴往往具有很强的创新能力和应变能力。

（4）分析企业的核心竞争力。核心竞争力是指企业在研发、设计、制造、营销、服务等某一个环节上明显优于竞争对手且不易被竞争对手模仿的、能够满足客户价值需要的独特能力。供应链管理注重的就是企业核心竞争力，企业应把内部的智能和资源集中在有竞争力优势的业务活动上，将其他业务活动移交给供应链中在这些业务上有优势的专业公司，以此来弥补自身的不足，从而使整个供应链具有竞争优势。在这一过程中，企业要回答这样几个问题：企业的资源或能力是否有价值；资源和能力是否稀有，拥有较多的稀有资源才可以获得暂时竞争优势；这些稀有资源或能力是否易于模仿，因为使竞争对手难以模仿的资源和能力，才是企业获得持续竞争优势的关键所在；这些资源或能力是否被企业有效地加以利用。在此基础上，企业还应重组企业的业务流程和组织结构。

（5）评估、选择合作伙伴。供应链的建立过程实际上是一个供货商的评估、选择过程。选择合适的对象（企业）作为供应链中的合作伙伴，是加强供应链管理中最重要的一个环节，企业需要从产品的交货时间、供货质量、售后服务、产品价格等方面全面考核合作伙伴。如果企业选择合作伙伴不当，不仅会腐蚀企业的利润，还会使企业失去与其他企业合作的机会，从而无形中抑制企业竞争力的提高。对于供应链中合作伙伴的选择，可以遵循以下原则：①合作伙伴必须拥有各自可利用的核心竞争力。合作伙伴唯有拥有各自的核心竞争力，并使彼此的核心竞争力相结合，才能提高整条供应链的运作效率，从而为企业带来可观的价值。这些价值包括及时、准确的市场信息，快速、高效的物流，快速的新产品研制，高质量的消费者服务，成本的降低等。②拥有相同的企业价值观及战略思想。企业间价值观的差异表现在：是否存在官僚作风，是否强调投资的快速回收，是否采取长期的观点等。企业间战略思想的差异表现在：市场策略是否一致，注重质量还是注重价格等。若价值观及战略思想差距过大，合作必定以失败而告终。③合作伙伴必须少而精。若选择合作伙伴的目的性和针对性不强，过于泛滥的合作可能导致过多的资源、机会与成本的浪费。在具体的选择过程中，企业一定要慎重考察如下内容：协作态度，包括良好的业务联系、提供信息的态度、对意外事件的处理态度和措施；质量保证，包括事故的发生情况、质量问题；社会信誉，主要指其他进货商对它的评价；按期交货的保证情况；生产保证情况，主要指安全生产；从运输、联络方面来考察供应商所处的地理条件。一旦选定后，企业应与其建立战略合作关系。

3）实现供应链管理的职能

供应链管理是一种运作管理，它包括企业生产、经营、管理的全部职能，即对企业内部及与外部发生紧密联系的所有业务活动的统一管理，包括人力资源、财务、订单、采购、计划、生产、库存、运输、销售、服务在内的所有企业业务活动。随着市场竞争的加剧，企业的竞争动力从“产品制造推动”转向“用户需求拉动”，由最终用户的需求决定整个链条上的企业活动趋向，供应链管理的发展随之从企业内部活动管理扩展到相关上下游企业之间的内部活动和相互联系活动的管理。供应链管理信息化程度的高低，决定了现代企业的发展命运。作为一种新的管理方法，供应链管理就是对整个供应链中各参与组织、部门之间的物流、信息流与资金流进行的计划、协调和控制等。其目的是通过优化、提高所有相关过程的速度和确定性，最大化所有相关过程的净增加值，提高组织的运作效率和效益。供应链中的物流是指从供应商到顾客手中的物质产品流。供应链中的信息流包括产品需求、订单的传递、交货状态及库存信息。供应链中的资金流（financial flows）包括信用条件、支付方式以及委托与所有权契约等。这些活动常常是跨部门、跨企业、跨产权主体甚至是跨行业的。

供应链管理涉及的具体功能包括：订单处理、原材料存储、生产计划安排、库存设计、货物运输和售后服务等。有的学者认为供应链管理是物料管理的延伸，但实际上供应链管理与物料控制及储运管理有很大的差别，主要表现在以下三个方面：①供应链管理强调与企业外部的合作，而不是仅仅关注企业内部的优化。②供应链管理认为库存不是必需的，而是起平衡作用的工具，其强调低库存甚至零库存。③供应链管理以系统工程的方法来统筹整个供应链，并最终依据整个供应链进行战略决策。

4）实现供应链管理的意义

（1）供应链管理能减少从原材料供应到销售点的物流时间。供应链上的企业通过对消费者需求做出快速反应（QR），实现供应链各环节即时出售、即时生产（JIT）、即时供应，也就是使需求信息获取和随后所做出的反应尽量接近实时及最终用户，将消费者需求的消费前置时间降到最低限度。要实现这一点，必须通过供应链的企业共享信息，全方位对上下游市场信息做出快速反应，共同对外营造一种群体氛围，将消费者所需的产品按需求生产出来，并及时送到消费者手中。

（2）供应链管理可减少社会库存，降低成本。供应链通过整体合作和协调，在加快物流速度的同时，也减少了各个环节上的库存量，避免了许多不必要的库存成本的消耗。如果没有供应链上的集成化管理，链上的企业就会只管理它自己的库存，以这种方式来防备由于链中其他组织的独立行动而给本组织带来的不确定性。例如，一个零售商需要安全库存来防止分销商货物脱销情况的出现，而分销商也需要安全库存以防止制造商出现供货不足的情况。由于在一条链上的各个界面都存在不确定因素，又缺乏必要的沟通和合作，所以需要重复的库存。而在供应链的集成化管理中，链中的全部库存管理都可通过供应链所有成员之间的信息沟通、责任分配和相互合作来协调，以减少链上每个成员库存的不确定性。较少的库存又会带来减少资金占用量、削减库存管理费用的结果，从而降低成本。另外，供应链的形成消除了非供应链合作关系中上下游企业之间的成本转嫁，从整体意义上降低了各自的成本，使得企业能将更多的周转资金用于产品的研制和市场开发上，以保证企业获得长期发展。

（3）供应链管理可提高产品质量。供应链中每一个被选择的合作伙伴对某项技术和某种产品都拥有核心竞争力，其产品设计、生产工艺、质量都处于同行业领先地位。供应链管理就是借助计算机网络技术，使分布在不同地区的供应链合作伙伴，在较大区域范围内进行组装集成制造（OEM 方式）或系统集成，使制造出质量近乎完美的产品成为可能。如果构成产品的零部件由一个厂家生产，或由一些专业化程度不高的厂家生产，则产品总体质量很难得到保证。

（4）供应链管理可使企业组织简化，提高管理效率。供应链管理的实施需要 Intranet/Extranet 技术作为支撑，才能保证供应链中的企业实时获取和处理外界信息及链上信息，使企业最高领导人可以通过供应链中的企业内部网络随时了解下情，而基层人员也可以通过网络知道企业有关指令和公司情况。因此，企业的许多中间协调机构、指令传送管理机构就可削减，企业管理组织机构可由金字塔形向扁平形方向发展。组织结构简化，层次减少，使企业对信息反应更快，管理更为有效，可有效地避免传统企业机构臃肿、人浮于事的现象，适应现代企业管理的发展趋势。

（5）供应链管理可以从经营战略上加强企业的竞争优势。当今的市场竞争日益激烈，企业面临的竞争对手可能不只是一个经营单位，而是相互关联的群体，仅靠企业自身的资源不可能有效地参与市场竞争，还必须把经营过程中的有关各方如供应商、制造商、分销商、客户纳入一个紧密的供应链中，这样才能有效地安排企业的产、供、销活动，满足企业利用当今社会一切市场资源进行生产经营的需求，以期进一步提高效率和在市场上获得竞争优势。在一个企业遇到竞争时，它必须跳出竞争单位的范围来看待自己的对手，因为竞争优势的获得取决于更广泛的因素——供应链。

8.1.3 供应链管理模式分析

供应链管理模式通常有两种，一种是推动式，另一种是拉动式，如图 8-3 所示。

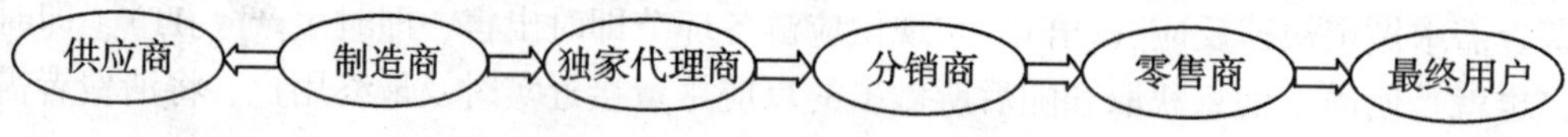

制造商推动的推动式供应链管理模式

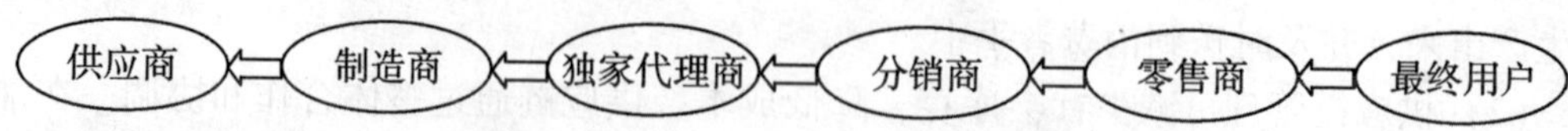

最终用户拉动的拉动式供应链管理模式

图 8-3 推动式和拉动式供应链管理模式

传统的供应链管理模式叫做“推动式”，即以制造商为核心，产品生产出来后由独家代理商、分销商、零售商逐级推向最终用户。在这种供应链上，供应商、独家代理商、分销商、零售商处于被动地位，集成度较低，彼此间通常采取提高安全库存量的办法来应付需求的变动，因此库存较大，对需求变动的响应能力较差，难以适应个性化强、变化快的市场。

现今流行的供应链管理模式叫做“拉动式”，该模式源于最终用户，由用户拉动零售商、分销商、独家代理商、制造商、供应商的活动，整个供应链上的企业集成度较高，信息交换迅速，对需求变动的响应能力较快，整个供应链系统的库存量较低，可以满足用户定制化服务的需求。根据国际著名咨询公司 Mercer 管理顾问公司的报告，有近一半接受调查的公司经理将供应链成本管理作为公司的十项大事之首。美国 Kearney 咨询公司同时指出，供应链可以耗费整个公司高达 25% 的运营成本，而对一个利润率仅为 3% ~4% 的企业而言，哪怕降低 5% 的供应链成本，也足以使企业的利润翻番，由此可见其影响程度非同一般。可以说，把握住供应链成本就是把握住了真正的核心竞争力。

供应链上的核心企业要根据自己的实际情况选择适合的供应链管理模式。拉动式供应链虽然整体绩效出色，但对整个供应链上的企业条件和技术基础要求较高；而推动式供应链的运作方式则相对容易实现。因此，企业选取哪种供应链管理模式，与企业的业务状态、管理文化、经济环境、基础条件关系密切，切忌生搬硬套。

在市场全球化和外包策略被广泛用来提升企业核心竞争力的今天，许多企业都把供应链作为获取竞争优势所必须采取的战略步骤。利益由成本驱动并产生，供应链成本将成为这些企业之间优势差异的新的突破潜力，由其产生的有效性不仅能实现更好的消费者价值，而且将大大消除企业一体化快速反应过程中的资源浪费。

8.1.4　电子商务与供应链管理

供应链管理的载体是计算机管理信息系统，它分为两部分：

其一是企业内部网（Intranet），即企业内部财务、营销、库存等所有的业务环节全部由计算机管理，目的是使企业内部管理明细化。

其二是有由计算机进行严格管理的物流配送中心，制定适应供应链的配送原则和管理原则。

电子商务为供应链管理的有效实施奠定了基础，而供应链管理是企业开展电子商务的最佳也是唯一可行的切入点。供应链管理与电子商务相结合，产生了电子商务供应链管理。

1）电子商务与供应链管理的关系

在供应链中，所有的节点企业基于为用户提供质量最好、价值最高的产品或服务的共同目标而紧密地连接在一起。松散的连接是不能增值的，不管供应链中哪一点失误，都可能导致整个供应链出现产品或服务的质量问题，而 EC（电子商务）、QR、ECR 等的出现与应用，则消除了用户和供应商之间的障碍。

知识经济时代的到来，信息替代劳动力和库存成为提高生产力的主要因素，而企业用于提高决策水平的信息更多地来源于电子商务。供应商通过 EDI 给用户发出货运通知单，通知用户什么产品将于什么时候起运，用户利用这条信息更改其库存水平。而分销商把销售点和预测信息传送给它的供应商，供应商再根据这些信息进行计划和生产。当供应链中节点企业能很好地通过电子商务实现信息共享后，企业就可以提高生产力、提高质量，为产品提供更大的附加值。

电子商务的运用，能有效改善供应商、制造商、分销商和用户之间在供应链中的关系，而且在企业内部，电子商务也可以改善部门之间的联系。如 Internet 加强了用户“拉动式”机制，使用户在直接从供应商那里获得产品的同时，还获得有用信息，而且通过Internet，企业能以更低的成本加入到供应链联盟中。

进一步分析，电子商务与供应链管理之间表现出如下关系：

(1) 电子商务使供应链管理思想得以实现。供应链管理思想强调核心企业与最杰出的企业建立战略合作关系，通过重新设计业务流程，做好本企业能创造特殊价值的、比竞争对手更擅长的关键性业务工作。这样不仅能大大提高本企业的竞争能力，而且能使供应链上的其他企业都受益。电子商务是以管理人员为中心的人机交互式的管理信息系统。它将先进的管理思想运用到企业内外各个层面实施企业流程再造，借助于计算机实现供应链管理的全过程。

(2) 电子商务的应用促进了供应链的发展，也弥补了传统供应链的不足。从基础设施的角度看，传统的供应链管理一般建立在私有专用网络上，需要投入大量资金，只有一些大型企业才有能力进行自己的供应链建设，并且这种供应链缺乏柔性。而电子商务使供应链可以共享全球化网络，使中小型企业能以较低的成本加入到全球化供应链中。由于采用了电子商务的方法，许多核心供应链概念和规则已经以更高的效率在实践中应用了。这些概念包括：信息共享、多方合作、供应链管理设计、外包和合作、延伸或联合业绩度量。

(3) 供应链管理是实行电子商务的过程中不可或缺的重要一环，是电子商务的一个重要部分，又是企业提高经营管理的重要手段。利用电子商务的优势，企业可以及时搜集信息并在此基础上进行统计分析，生成有价值的数据，以运用到企业内部日常经营和与外部上下游供应链的优化管理整合中。供应链管理提供制造商与其他企业体系间的供需联系管道，通过电子商务快速反映顾客的需要，以适时、适地、适量及优惠的价格提供客户所需的产品或服务，为客户、供应商及企业三方创造价值。

(4) 供应链管理是实现电子商务的理论依据。企业建立电子商务是通过现代化的管理手段，用新的管理模式代替旧的管理模式的一场变革。实行电子商务必须以供应链管理理论为依据，在供应链管理思想的指导下进行。借助于计算机这个有利工具，通过网络实现企业供应链管理、提高企业竞争力是一种新的思想和方法，是一次管理革命。这是实现电子商务的基础。没有这样的基础，实现电子商务只不过是空中楼阁。基于供应链的管理思想，原来在传统商务形式下被忽视的个别需求对应、服务活动、按单生产、修理、基于模块化的大规模定制、物流服务等高附加增值活动，在现代电子商务中得到了全面实现和高度关注。

2) 电子商务与供应链管理的集成

集成化供应链管理已成为企业进入21世纪后适应全球竞争的一种有效途径。电子商务与供应链管理的集成与整合已是大势所趋。从管理手段上观察，供应链管理是基于Internet/Intranet的交互式信息管理，这是以电子商务为基础的运作方式。基于Internet的信息技术的应用是供应链管理的基础支持系统，它包含各种功能和供应链管理中各组织单元的信息。供应链管理中的协作生产和物流集成需要诸如订单计划、各节点存货状态、采购计划、生产计划、供应商交货预安排及储运存货情况等信息的集成共享，以有效降低供应链管理中为缓冲需求波动的存货的数量，同时保证交货及时和高效。而电子商务的出现可以为企业实施供应链管理提供有力的信息技术支持和广阔的活动舞台。

电子商务与供应链管理的结合，使得供应链的运作方式发生了改变。电子商务对供应链上的信息流、物流、商流进行优化和整合，促进了企业之间的沟通，有利于新产品的开发，提高了流程效率，维持了低库存零退货。电子商务企业的供应链利用 Internet 技术，可实现企业内部和企业之间的信息集成和信息协作，在国际市场进行信息流与资金流的交换。其中企业内部信息流和资金流的交换是利用 Intranet 实现的，企业之间信息流和资金流的交换是通过 Internet 利用电子数据交换方式实现的。在这些信息技术的全力支持下，供应链上各成员围绕物流和资金流进行信息共享和经营协调，实现柔性的和稳定的供需关系。

8.2　供应链管理中的物流管理

一般认为，供应链是物流、信息流、资金流的统一体，物流管理是供应链管理体系的重要组成部分，管理好物流将对供应链管理体系大有裨益。那么，如何有效地进行物流管理将是供应链管理体系中一项关键性事务。

8.2.1　供应链管理与物流管理

1）供应链管理和物流管理的关系

（1）供应链管理和物流管理的联系。供应链管理起源于第二次世界大战后期同盟国军队对后勤保障系统的研究。后来，商业企业和运输企业于 20 世纪 60 年代开始运用军队后勤管理的部分原理来进行“物流管理”。1985 年迈克尔·波特在其所著的《竞争优势》一书中提出了供应链的概念。基于制造业的观点，波特视供应链为一系列连续完成的活动，是原材料转换成一系列最终产品并不断实现价值增值的过程。2001 年发布实施的《物流术语》国家标准（GB/T18354-2001）定义供应链是生产及流通过程中，涉及将产品或服务提供给最终用户活动的上游与下游企业所形成的网链结构。在这一网链结构模式内，每一交易方既是其客户的供应商，又是其供应商的客户。它们既向上游交易方订购商品，又向下游交易方供应商品。供应链管理则是指在商品供给的链条中，企业间就商品流通过程中发生的各种管理活动加强相互间的合作，改变原有分散的物流管理方式的一种新型物流体制。这种管理贯穿于从供应商的供应商到客户的全过程，所以说供应链管理是物流一体化管理的扩展，其目的是将组织的物流职能和供应链中合作伙伴使用的对等职能的物流部分进行合并或紧密连接，以便将企业内部物流职能和外部供应商、顾客，或者第三方物流联盟连接在一起，形成一个完整的集成化系统。物流管理则是通过物流管理组织对整个物流活动进行计划、组织、指挥、监督、控制、调节等，以不断提高物流的经济效果。这种计划-实施-评价是反复循环进行的。

实践证明，供应链中价值增值的管理即物流管理是最有效的，因为它关注的是商品的流通而不是传统观念上的功能分割或局部效率。

（2）供应链管理和物流管理的区别。它包括：

①从范围来看，物流管理是供应链管理的一个子集。

②供应链管理思想的形成与发展，是建立在多个学科体系（系统论、企业管理等）基础上的，其理论根基远远超出了传统物流管理的范围。

③供应链管理把对成本有影响的和在产品满足用户需求过程中起作用的每一方面都考

虑在内，而物流管理则侧重于考虑自己路径范围内的业务。

④供应链管理的目的在于追求效率和整个系统的费用有效性，强调使整个供应链总成本达到最小。而物流管理的运作在这方面是孤立和个别进行的。

⑤供应链管理包括围绕供应商、制造商、仓库、商店等许多层次的活动，从战略层次到战术层次一直到作业层次。物流管理在层次上没有供应链管理那么多、那么深，在范围上是局部的。

2）供应链管理体系下物流管理的特点

（1）整体性强。一般环境下的物流管理，其信息传递在企业间是逐级进行的，信息偏差会沿着传递方向逐级变大，结果信息扭曲现象在所难免，信息的利用率也很低。另外，一般环境下的物流管理缺乏从整体出发的观念来进行规划，链上的每个组织只关心自己的资源（如库存），相互之间很少有沟通和合作，经常出现的现象是一方面库存不断增加，另一方面当市场需求出现时又无法满足，因而企业库存成本很高，企业间因为物流系统不完善而错失很多市场机遇。

在供应链管理体系下，各方彼此之间是战略合作关系，具有利益一致性，各方的信息交流不受时间和空间的限制，信息的流量增加，信息的传递方式也改为了网络化，进而各方提高了信息共享的程度，避免了信息的失真现象。

（2）物流系统的反应能力提高。供应链管理以 Internet 作为技术支撑，其成员企业能及时获得并处理信息，通过消除不增加价值的程序和时间，使供应链的物流系统进一步降低成本，为实现其敏捷性、精细性运作提供了基础性保障。

（3）物流系统的无缝连接。无缝连接是使供应链获得协调运作的前提条件，没有物流系统的无缝连接，运送的货物过期未到、顾客需求得不到满足而等待、物资采购中途受阻等造成的有形成本和无形成本的增加，会使供应链的价值大打折扣。

（4）顾客的满意度高。在供应链管理体系下，企业能够迅速把握顾客现有和潜在（一般和特殊）的需求及需求量，使企业的供应活动能够根据市场需求的变化而变化，企业能比竞争对手更快、更经济地将商品或服务供应给顾客，极大地提高了服务质量和顾客满意度。

（5）物流服务方式的多样化。随着现代信息技术和物流技术的不断发展，物流服务日益表现出灵活多样的特点。为了适应国际化经营的要求，出现了发生在不同国家间的国际物流、专门从事物流服务的第三方物流企业、进行联合库存管理的分销中心等。所有这些都使得物流服务更加高效快捷，适应了个人、企业、社会不断增长的物流需求。

3）供应链管理体系下的物流管理策略

在供应链管理体系下，要求物流不断提高效率、提供更好的服务，为此，企业可以采取如下措施来加强物流管理：

（1）利用现代信息技术。供应链管理体系下的物流管理高度依赖于对大量数据信息的采集、分析、处理和及时更新。现代信息技术在物流管理中的应用主要有条码技术、射频技术、GPS/GIS 技术以及 EDI 技术等。

（2）建立科学、合理、优化的配送网络和配送中心。产品能否通过供应链快速到达目的地，取决于物流配送网络的健全程度。一般情况下，健全的配送网络由以下两个部分组成：

其一，配送中心。企业要在国家总体规划下稳定发展，统一规划，分步实施，立足于充分利用现有基础，避免重复建设。企业应利用现有储运、批发企业的场地、设施进行改造扩建，建立适应国情、重视技术进步的现代化配送中心，立足于优化流通结构，实现物流合理化。

其二，网络中心。对于采用的软、硬件信息系统，企业要充分了解其内在性能指标和稳定性，只有满足自己需求的技术才是最好的技术，而不是盲目地追求最先进的信息技术。

（3）利用第三方物流。通常，第三方物流企业的专业化物流服务更有效率，通过物流业务的外包，企业能够把时间和精力放在自己的核心业务上，提高供应链管理体系的运作效率。另外，第三方物流在供应链的小批量库存补给、运输以外的服务（如联合仓库管理、顾客订单处理）等方面的优势使供应链管理实现了产品从供应方到需求方全过程的环节最少、时间最短、路程最短、费用最省。

（4）利用延迟化策略。延迟化策略是一种为适应大规模定制生产而采用的策略，这种策略是在顾客需求多样化条件下提出的。在这种策略下，分销中心没有必要储备所有顾客所需的商品，只储备商品的通用组件，从而库存成本大为下降，而此时物流系统则采用比较有代表性的交接运输方式。交接运输是将仓库或分销中心拉到的货不作为存货，而是为紧接着的下一次货物发送做准备的一种分销系统。

总之，供应链管理体系运作是一个价值增值过程，而有效地管理好物流过程，对于提高供应链的价值增值水平有着举足轻重的作用。

8.2.2　物流管理的基本功能

供应链管理体系下物流管理的基本功能有：

（1）库存管理。企业要通过库存管理缩短订货→运输→支付的周期，加速库存周转，消除缺货事件的发生，以利于整个供应链的协调和运转。

（2）订购管理。订购过程是给供应商发出订单的过程，主要包括供应商管理、订购合同管理、订购单管理。通过供应链管理，企业可利用配销单据等对整个补充网络进行计划，并向供应链自动发出订货单；同时，通过合同管理在供需双方间建立长期关系，并通过检查订购数量，将订购单送交供应商并对已接收货物进行支付。

（3）配销管理。对于进入分销中心的物资，其管理过程主要包括以下几个方面：配送需求计划（DRP）、实物库存管理、运输车队管理、劳动管理等。

（4）仓库管理。对于仓库管理，除了入库货物的接运、验收、编码、保管，出库货物的分拣、发货、配送等一般业务外，还包括代办购销、委托运输、流通加工、库存控制等业务。仓库管理的操作强度很大，但条码技术、扫描仪、EDI 的引入改变了传统的工作方式，提高了工作效率，从而实现了物流管理的电子化，达到了对贸易过程实时跟踪的基本要求。

8.2.3　物流管理的目标

如果企业能在很好地规划运作内部资源的同时，整合其所具有的外部资源，就能在强大的竞争环境下保持市场优势。

电子商务正在改变工业化时代企业客户管理、采购、定价及衡量内部运作的模式，消费者开始要求能在任何时候、任何地点、以最低价格和最快速度获得产品。为了满足这一需求，企业不得不调整客户服务驱动的物流运作流程，实施与业务合作伙伴（供应商、客户等）协同商务的供应链管理。作为企业进行电子商务的基础，ERP（企业资源规划）为企业实现现代供应链管理提供了坚实的信息平台。

在企业运作中，物流被看成企业与其供应商和客户相联系的能力。一个企业的物流存在的目的在于帮助企业按最低的总成本创造客户价值。物流作业可分成三个领域：配送、制造和采购。物流过程中这三个领域的结合使在特定位置和地点对供应源和客户之间进行材料、半成品和成品等运输的综合管理成为可能。企业通过存货的移动（存货流）使物流过程增值。

物流管理的目标主要包括：快速反应、最小变异、最低库存、整合运输、产品质量以及生命周期支持等。

快速反应关系到企业能否及时满足客户需求的能力。信息技术提高了企业在尽可能短的时间内完成物流作业并尽快交付所需存货的能力。快速反应的能力把物流作业的重点从根据预测和对存货储备的预期，转移到以从装运到装运的方式对客户需求做出迅速反应方面上来。

最小变异就是尽可能控制任何会破坏物流系统表现的意想不到的事件。这些事件包括客户收到订货的时间被延迟、制造中发生意想不到的损坏、货物交付到不正确的地点等。传统上解决变异的方法是建立安全储备存货或使用高成本的溢价运输，信息技术的使用使积极的物流控制成为可能。

最低库存的目标是减少资产负担和提高相关的周转速度。存货可用性的高周转率意味着分布在存货上的资金得到了有效的利用。因此，保持最低库存就是要把存货减少到与客户服务目标相一致的最低水平。

最重要的物流成本之一是运输成本。一般来说，运输规模越大及需要运输的距离越长，每单位的运输成本就越低。这就需要有创新的规划，把小批量的装运聚集成集中的、具有较大批量的整合运输。

由于物流作业必须在任何时间、跨越广阔的地域来进行，对产品质量的要求被强化，因此绝大多数物流作业是在监督者的视野之外进行的。由于不正确的装运或运输中的损坏导致重新订货所花的费用，远比第一次就正确地履行所花的费用多，因此，物流是发展和维持及不断改善全面质量管理的主要组成部分。

某些对产品生命周期有严格需求的行业，回收已流向客户的超值存货将构成物流作业成本的重要部分。如果不仔细审视逆向的物流需求，就无法制定良好的物流策略。因而，产品生命周期支持也是设计的重要目标之一。

8.3 供应链中的物流运作技术

8.3.1 卖方管理库存

1）卖方管理库存的内涵

卖方管理库存（vendor managed inventory，VMI），是供应链环境下的一种库存运作模式。与传统库存管理模式 RMI（retailer managed inventory，零售商管理库存）完全相反，VMI 是以零售商和供应商双方都获得最低成本为目的，在一个共同的协议下由供应商管理库存，并不断监督协议执行情况和修正协议内容，使库存管理得到持续改进的合作性策略。

它的基本内涵是：用户把库存决策权代理给供应商，由供应商代理分销商（批发商、零售商）行使库存管理和订货决策的权利。其一方面实现了由终端销售信息拉动的上下游信息共享，使得供应商在下游用户的协助下更有效地做计划；另一方面是寄售方式的运作，在一个合作协议下由供应商管理甚至拥有库存直到用户将其售出。VMI 本质上是将多级供应链问题变为单级库存管理问题，把掌控销售和库存信息作为需求预测和库存补货的解决方法。相对于按照用户发出订单进行补货的传统做法，VMI 是根据实际或预测的消费需求做补货决策。

2）VMI 的理论基础

在传统管理环境下，由于竞争模式（企业间非合作竞争）与信息技术的原因，企业无法了解供需的匹配状态，流通环节中的每一个部门（供应商、批发商、零售商）都设置自己的库存，采取自己的库存管理策略，不可避免地产生需求由下游到上游的放大（牛鞭效应），显然无法实现供应链全局的最低成本。

在供应链管理环境下，竞争模式发生了变化，企业依托整个供应链参与竞争，企业之间信息共享也成为可能。VMI 打破了传统条块分割的库存管理模式，在一定的信息结构下以系统集成的思想进行库存管理，使供应链系统获得了以合作为基础的同步运作，有助于 JIT 的实现，并可以有效地避免牛鞭效应。

3）VMI 的实施价值

（1）对分销商（批发商、零售商）的价值。其包括：①降低了库存管理和供应商管理的成本，可以集中发展核心业务；②降低了缺货率和积压率；③供应链库存环节成本的降低带来了最终产品价格的降低，可以提高竞争力并增加销售收入。

（2）对供应商的价值。其包括：①掌控终端需求信息，能得到更为准确的预测结果，从而更有效地安排生产，增强整个生产的柔性；合理制订原材料采购计划；按顾客要求进行生产改进，提高产品质量；消除预期外的短期产品需求导致的额外成本；降低对安全库存的需求。②与下游用户发展长期合作的战略关系、进行有效沟通，有利于供应商的长期发展战略，使其在激烈的竞争中保持市场份额。

（3）对双方的价值。其包括：①供应商在产品管理方面更专业化，可以实现更有效的库存管理和订货决策；②降低双方采购订单、发票、付款、运输、收货等的交易时间和交易成本；③加强双方的伙伴关系，提高供应链的柔性和持续改进能力，为双方长远发展奠定坚实基础。

4）VMI 模式的实施条件

共同利益基础上的相互信任是 VMI 成功的基础，良好的沟通是 VMI 成功的保证。上下游企业只有建立和维护战略伙伴关系，供应链才能实现更好的集成，才能实现在预测、生产、运输计划和竞争策略等方面的共同设计和控制。

要实施 VMI，必须具备以下条件：一是用户库存状态的透明化，即供应商对库存能随时跟踪调查；二是业务处理的标准化，主要指订单的标准化。因此，VMI 的实施需要一些支持性技术建设。其支持性技术主要包括：条码技术、条码应用标识符、ID 代码、EDI/Internet、连续补给程序等。

另外，由于VMI的实施会改变传统管理模式，所以必须依靠先进的信息技术，建立起运行平台。VMI的实施需要系统的解决办法。

5）VMI的实施程序

（1）沟通并制定框架协议：供应商和用户要充分沟通，将合作概念化并拟订框架协议，要在协议中建立VMI运作规程和对双方都有利的库存控制系统，确定处理订单的业务流程、库存控制参数以及库存信息的传递方式；要明确库存所有权及转移时间、订货责任等。

（2）实验性实施：在双方合作的磨合期，可以进一步发现问题并敲定协议中的相关内容。

（3）全面实施：全面实施VMI需要系统的解决办法，销售点信息要及时传送给供应商和用户；库存、产品控制和计划系统都必须在线，使供应商完成日常补货业务。

【小知识8-2】

供应链上的牛鞭效应

牛鞭效应是供应链上的一种需求变异放大（方差放大）现象，是指信息流从最终客户端向原始供应商端传递时，无法有效地实现信息的共享，使得信息扭曲而逐级放大，导致了需求信息出现越来越大的波动。这种信息扭曲的放大作用在图形显示上很像一根甩起的赶牛鞭，因此被形象地称为牛鞭效应。最下游的客户端相当于鞭子的根部，而最上游的供应商端相当于鞭子的梢部，在根部的一端只要有一个轻微的抖动，传递到末梢端就会出现很大的波动。在供应链上，这种效应越往上游，变化就越大，距终端客户越远，影响就越大。这种信息扭曲如果和企业制造过程中的不确定因素叠加在一起，将会导致巨大的经济损失。

【小思考8-1】

为什么会产生牛鞭效应？

答：产生牛鞭效应的原因主要包括：需求预测修正、价格波动、订货批量、环境变异、短缺博弈、库存失衡、缺少协作、提前期。

8.3.2 计算机辅助订货

计算机辅助订货（computer assisted ordering，CAO），是指通过使用计算机合成有关产品流转（由POS系统所记录）、影响需求的外部因素（如季节变化）、实际库存水平、产品接收和可以接受的安全储货水平等方面的信息，为商店订货做准备。这一基于零售系统的技术，在货架存货降至事先确定的水平以下时，自动实现补充订货。这一技术成功的关键有赖于全面的商店库存和精确的POS扫描数据。CAO通常能减少订货方面的成本，提供单品运转和商店这一级上的库存流转的及时信息。

CAO系统通过使用计算机，跟踪商店内所有商品的存货，并将各项有关信息集合起来，及时调整进货比例，准备商店订单。其中主要信息包括以下内容：

（1）商店的基本情况。CAO系统有有关每个商店基本情况的文件，包括商店的产品、价格和促销数据、商店订购和储存的每种产品以及每种产品的货架容量。

（2）实际销售与预期销售。CAO的核心在于掌握了消费者的消费行为，以这些信息为基础决定何时向货架补货，补多少货。消费者的消费行为通过保存在POS数据库中的销售数据来反映，为了计算商店的订货，CAO系统会计算出下一个补货周期的预期销售量，然后统计出适当的订货数量，确保库存不出现缺货。预期销售量由预测系统以每个 POS 数据库中单个产品的销售记录为基础计算得出，预测系统同样会考虑促销、季节和特殊因素。生成的订单反映了销售预期、目前的库存和先前已发出但还没有交货的订单情况。

（3）安全库存水平。CAO 系统还要计算并保持商店某个商品的安全库存水平，即商店的最小库存，保证销售波动时不缺货。安全库存水平根据 POS 数据库中各种销售记录由统计学分析计算得出。生成的补货订单是为了给安全缓冲区补货，同时为下次补货间隔的预期销售提供存货。

（4）物流有效订货数量。CAO 系统首先根据上述几点计算出理论数值，然后经调整计算出物流有效订货量。这个物流信息保留在产品、价格和促销数据库中。

（5）准确的商店库存水平。为了解订货内容，CAO 系统需要知道库存中有何种产品。准确的商店库存水平应通过实时盘库系统或定期盘库系统来维持。

（6）影响需求的特殊因素。CAO 系统还需考虑特殊因素对需求的影响，如促销、季节变化、假期、气候、特殊事件等。当 CAO 系统计算出商店的订货时，商店店员要确认订单，如有需要还可以对订单进行人工更改。一旦确认，订单将通过 EDI 订购单报文自动地传送给配送中心。

CAO 系统给企业带来了诸多便利。对零售商和供货商来说，商店中产品的可获得性是最为重要的，CAO 提高了产品的可获得性。由于现在订单由 CAO 系统作出，配送中心能为补货制订出更好的计划，通过进入每个商店的 POS 数据库，对所有商店的总需求进行预测。因此，采用 CAO 系统既消除了人工操作，缩短了订货至交货的时间，又在提高对商店服务水平的同时降低了仓库的库存。

8.3.3　快速反应

1）快速反应概念

快速反应（quick response，QR），起源于美国纺织服装业，是为了应对国外商品的激烈竞争而形成的一种供应链管理方法。快速反应是指供应链成员企业之间建立战略合作伙伴关系，利用 EDI 等信息技术，进行销售时点以及订货补充等经营信息的交换与共享，以高频率、小批量配送方式连续补充商品，以此来实现销售额增长、提高顾客服务水平以及缩短交货周期、减少库存、减小商品风险目标的一种供应链管理方法。

快速反应要求企业在面对多品种、小批量的买方市场时，不是储备好了成品，而是准备了各种“要素”，在用户提出要求时，能以最快的速度抽取“要素”，及时进行组装，提供用户所需的服务或产品。

2）快速反应实施的步骤

（1）对所有的商品单元进行条码化，利用 EDI 传输订购单文档和发票文档。零售商首先必须安装条码、POS 扫描仪和 EDI 等技术设备，以加快 POS 机收款速度、获得更准确的销售数据并使信息沟通更加流畅；增加内部业务处理功能，采用 EDI 传输更多的文档，如发货通知、收货通知等。

（2）固定周期补货。快速反应的自动补货要求供应商能够更快、更频繁地运输重新订购的商品，以保证零售终端不缺货，从而提高销售额。自动补货针对的是基本商品销售预测的变化，基于过去和目前的存货情况以及其他一些因素，以确定订货量。自动补货是由零售商、批发商在仓库或零售终端内进行的。

(3) 与贸易伙伴密切合作，采用更高级的策略，如联合补货系统、联合产品开发、零售空间联合管理、快速响应的集成等，以对客户的需求做出迅速的反应。

3) 快速反应对整个供应链上的企业产生的影响

快速反应作为一种供应链管理方法，将准时制应用于整个供应链，从原材料供应商一直到最终客户，其实施对整个供应链条上的企业产生了重大影响，这种影响具体表现在如下方面：

(1) 极大地缩短了企业的补货周期。快速反应是零售商与其供应商密切合作的策略。应用这种策略时，零售商和供应商通过利用 EDI 来加快信息的流动，并共同重组其业务活动，实现了订货前导时间的最小化。

(2) 接驳式转运，降低库存。配送中心被要求“移动”产品，而不是“储存”产品。这种要求常常由接驳式转运过程来完成，包括卸下进货、按每个商店理货以及将发货重新装上前往指定商店的卡车。除了几个小时或最多一天外，产品几乎不发生仓储作业或储存。

(3) 提高了供应链整体的运作效率。在实施快速反应以前，尽管整个供应链系统的各个部分具有较高的运作效率，但整个系统的效率却十分低，其原因主要在于供应链的长度。过长的供应链导致了信息在供应链中流通不畅，建立在不精确需求预测上的生产和分销，因数量过多或过少造成的损失非常大。采用快速反应后，零售商与供应商通过共享 POS 系统信息、联合预测未来需求、发现新产品营销机会等，对消费者的需求做出快速反应。

(4) 提高了企业的服务水平与竞争能力。在实施快速反应后，采购人员和财务经理就可以省出更多的时间来进行选货、订货和评估新产品。

【小思考 8-2】

企业如何实现快速反应？

答：首先，建立一套能极其迅速地收集、传递情报信息的系统。例如，花王公司的工作人员可以在1月1日中午交出上一年的各项统计数字报告。日产公司则建立了自己的卫星通讯网络，它能将总部的数据、图表、文件等同时传送到世界各地的分厂，这样，一种新车定型后可以同时在世界各地投入生产，从而迅速抢占世界各地市场。日本、美国的企业大多有精明强干的情报信息收集队伍，情报信息收集人员密切关注世界各国的政治、经济和科学技术等方面的动向，尤其注意收集国外或国内同类型产品的研制、生产、应用等方面的情报。

其次，为了实现快速反应，日本、美国的一些企业非常注重预测分析，同时强调加快决策速度。如 1969 年，瑞士研制出第一块石英电子表，但他们做出了错误的判断，认为发展潜力不大。而密切注意研制、生产信息的日本人获悉后，经过对技术和市场的全面分析，认为大有可为，并立即利用其雄厚的电子基础，研制生产了大批优质电子表，结果“石英技术，誉满全球”，仅 20 世纪 70 年代后 5 年就斗垮了 178 家瑞士手表工厂。

最后，建立“灵活生产体系”，这是将快速反应付诸实施的途径。一个僵化的、效率低下的生产体系不可能做出敏捷的反应。“灵活生产体系”是近来日本企业为实现快速反应、努力改变大批量生产单一型号或几种型号产品的做法而建立起来的适应需求变化的新

生产体系。如丰田汽车公司从 20 世纪 80 年代中期开始安装灵活生产线，在这条灵活生产线上可以生产出 20 种不同型号的汽车，可以一分钟更换一种车型，如第一分钟生产的是卡姆里牌，第二分钟可改产勒克休斯牌，第三分钟可改产皇冠牌，生产线上作业从不间断。

资料来源　中国交通运输协会．物流案例与实践应试指南［M］．北京：电子工业出版社，2011.

8.3.4　POS 技术

1）POS 的概念

销售时点（point of sales，POS）信息是指通过能够自动读取信息的设备，在销售商品时，直接读取和采集商品销售的各种信息，然后通过通信网络或计算机系统将读取的信息传输至管理中心进行数据的处理和使用，即 POS 系统通过条码识读设备快速识读商品外包装上的条码标志，传输相应的商品信息数据，如商品名称、规格、价格、销售数量、销售时间、客户信息以及进货、配送等阶段发生的各种信息，然后由计算机完成结算，并主动生成账单。POS 系统的主要任务是对商品交易物流提供服务和实时管理。POS 系统的功效是基础信息采集、提高数据采集效率、提高管理水平、提高统计效率和将管理领域延伸。

2）POS 系统的应用及特点

（1）POS 系统一般应用于超市。POS 系统早期应用于零售业，现已逐渐扩展到其他行业，如金融业、餐饮业、物流业等，并且利用 POS 系统的范围也从企业内部拓展到整个供应链。

（2）POS 系统通过条码识读设备快速识读商品外包装上的条码标志，并传输相应的商品信息数据。

（3）超市实施 POS 系统管理后，可以记录销售过程中的每一笔交易情况，每售出一件商品，POS 系统数据库中就相应地减少该商品的库存记录，并自动完成商品的盘点。

（4）在商场，建立完善的 POS 系统的同时，也建立了商场管理信息系统。

（5）实施 POS 系统管理后，对于销售环节的各种信息以及某种水平的销售情况的好坏、商品是否过期等，经营管理人员可以随时掌握，避免了超前付款和削价处理的损失。

（6）POS 系统的差错率很低，据统计在三百万分之一。

3）POS 系统流程

POS 系统的运行步骤包括：

（1）超市销售的所有商品都贴有显示该商品信息的条码或 OCR（optical character recognition，光学字符识别）标签。

（2）在顾客购买完商品结账时，收银员使用扫描器自动读取商品条码标签或 OCR 标签上的信息，通过超市内的计算机确认商品的单价，计算顾客购买总金额等，同时返回给收银机，打印出顾客购买清单和付款总金额。

（3）各个店铺的销售时点信息通过 VAN 以在线连接方式即时传送给总部或物流中心。

（4）总部或物流中心（和店铺）利用销售时点信息进行库存调整、配送管理、商品订货等作业。

（5）在与供应链的上游企业结成合作伙伴关系的条件下，零售商利用 VAN 以在线连接方式把销售时点信息即时传送给上游企业，以便上游企业及时准确地制订经营计划，进行决策。

POS 系统的流程如图 8-4 所示。

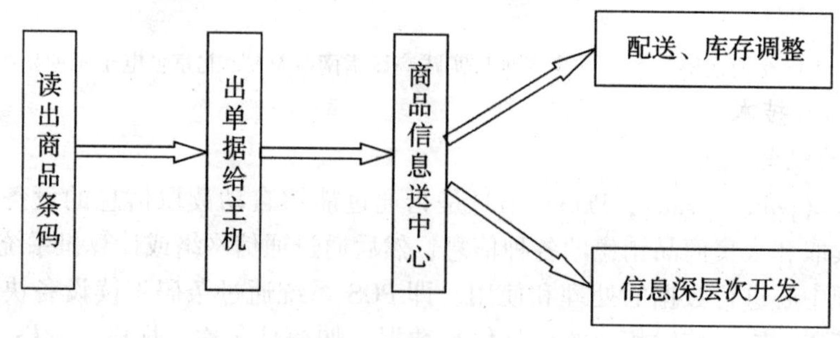

图 8-4　POS 系统的流程图

4）POS 系统的构成

POS 系统的主要外接设备包括：条码设备、电子秤和条码电子秤、磁卡阅读器（如图 8-5 所示）、与银行联网的授权机、外置 Modem。

POS 硬件系统结构包括：前台电子收款机（如图 8-6 所示）、由 PC 组成的局域网和网络中心。

POS 软件系统功能包括：前台 POS 软件功能和后台 MIS 软件功能。

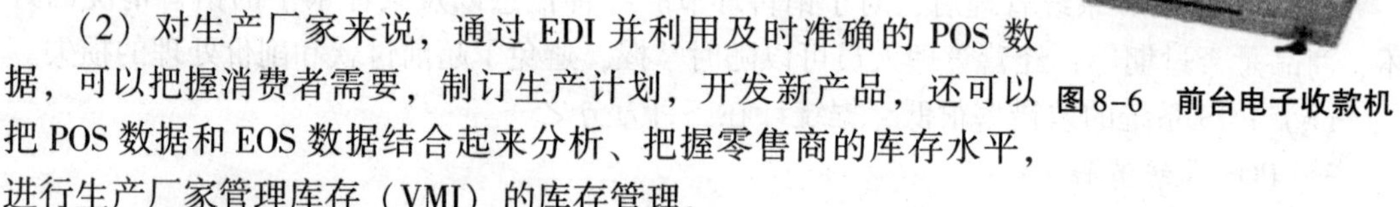

图 8-5　磁卡阅读器

图 8-6　前台电子收款机

5）POS 系统的实施价值

（1）对零售商来说，通过对店铺收银台自动读取的 POS 数据进行整理分析，可以掌握消费者的购买动向，找出畅销商品和滞销商品，做好商品类别管理；可以利用 POS 数据做好库存管理、订货管理等工作。

（2）对生产厂家来说，通过 EDI 并利用及时准确的 POS 数据，可以把握消费者需要，制订生产计划，开发新产品，还可以把 POS 数据和 EOS 数据结合起来分析、把握零售商的库存水平，进行生产厂家管理库存（VMI）的库存管理。

6）POS 系统的特征

（1）单品管理、顾客管理、职工管理。单品管理是指对店铺陈列、展示、销售的商品以单个商品为单位进行销售跟踪和管理；顾客管理是指在顾客购买商品结账时，通过收银机自动读取零售商发行的顾客 ID 卡或顾客信用卡来把握每个顾客的购买品种和购买额，从而对顾客进行分类管理；职工管理是指通过 POS 终端机上计时器的记录，对职工的出勤状况和工作效率进行考核。

（2）自动信息读取、适时信息收集。在顾客购买商品结账时，POS 系统会通过扫描器自动读取商品条码标签或 OCR 标签上的信息。在销售商品的同时获得实时的销售信息是 POS 系统的最大特征。

（3）信息集中、共享。各个 POS 终端获得的销售时点信息通过 VAN 以在线连接方式即时传送给总部，与其他部门发送的有关信息一起由总部的信息系统集中、分析加工，供应链上的企业可利用 VAN 以在线连接的方式根据销售时点信息及时准确地制订经营计划、进行决策。

8.4　供应链管理现状及问题

8.4.1　供应链管理的现状与分析

供应链管理作为一种新兴的管理理念，刚刚被引入我国。它在我国正处于起步阶段，但其支持技术及相关环节在我国已得到了一定的发展。

1）电子商务及支持技术的发展

为了加快供应链中物流、信息流、资金流的流动，并精确、可靠、快速地采集和传送信息，供应链必须运用电子商务并采用先进的技术支持优化业务流程、降低运行成本和费用，以对产品进行接收、跟踪、分拣、储存、提货及包装。

（1）供应链与电子商务。电子商务在我国信息和商业领域中是一个热门话题，一些企业也不乏大胆尝试，如个别商业企业开始积极上网直接面对消费者，同时也出现了充分运用计算机网络信息的商品交易中心。虽然种种原因如市场培育不成熟、没形成相应的电子支付手段等，制约了探索者们的开拓脚步，但电子商务的发展将促进、优化供应链管理的实现。

优化供应链管理的实现，不仅需要高效快速的物流、资金流，更需要快速、正确的信息流，否则，优化供应链管理只能成为一句空话。而电子商务的发展，为信息流的快速、准确提供了保证。假设有一个包括制造商、配送中心、批发商、零售商的供应链，且整个供应链内部都建立了 Intranet，实行信息共享，那么，零售商的顾客消费数据、某个产品的市场销售情况都会通过网络尽快地反馈给制造商，制造商再对产品进行合理的改进。这必将提高产品的市场占有率，从而使整个供应链对市场需求做出快速反应，给供应链带来巨大的效益。

另外，供应链上的各企业还应有效地利用 Internet。Internet 上每日大约有 3 万多人在网络新闻组发布信息，有多达 100 万人在此阅读信息，数据流量达数百兆。网络新闻组有多达 2 万种分类信息，其中不乏有价值的物流商业信息。目前，我国一些大的物流企业也开始利用互联网来获取信息。比如，国内一家物流企业利用 Internet，从代表了世界范围后勤储运合作关系、延伸大趋势的美国 Monlo 与 Nike 的签约中得到启示，开始寻找新的经济增长点。该企业在大范围内开展跨行业的经营活动，同数家外资企业签订了类似的合同，获得了巨大的经济效益。由此可见，有效利用 Internet，也可为整个供应链提供无限商机。

（2）供应链的支持技术。供应链的支持技术包含 ID 代码、条码、EDI、应用标识符、网络通信技术等等。

①ID 代码。它是为实现对物品、贸易单元、托运物、位置及财产等的标识而给其分配的代码。国际物品编码协会（EAN）已制定的 ID 标准有 EAN-13、EAN-14、SSCC-18 以及位置码等。这些 ID 代码的编码规则保证了其在全球范围内的唯一性。

②条码。它是 ID 代码的符号表示，是为实现对信息的自动扫描而设计的。它是实现

快速、准确而且可靠地采集数据的有效手段。目前，EAN 已制定的条码标准有 EAN-13 条码、ITF-14 条码、贸易单元 128 条码等。

③EDI。它是一种信息管理或处理的有效手段，其目标是提高贸易伙伴间的通信效益。它在充分利用现有计算机及通讯网络的基础上，按照统一规定的一套通用的标准格式，在一台计算机上将贸易伙伴之间必须交换的各种数据格式化，通过网络传输，把格式化的数据传到另一台计算机上。为了提高整个供应链的运作效益，国际物品编码协会已在 UN/EDIFACT 标准的基础上制定了流通领域 EDI 标准 EANCOM。

④应用标识符。它是 EAN 和 UCC（美国统一代码委员会）制定的用于传输那些无法在计算机文件中查到或无法用 EDI 方式传输的数据的标准。应用标识符与数据库、EDI 的整合为供应链上的信息处理和传输提供了有效的技术支撑。

但供应链支持技术的实施并不等于供应链有效管理的实施，要实施有效的供应链管理，首先必须改善供应链的业务流程，然后再以较低的成本使这些流程自动化，以进一步降低供应链的成本。具体地讲，需要将条码扫描技术、POS 系统、EDI 以及 EFT 等集成起来，在供应链上建立一个高效的集成系统，以确保产品能不间断地由供应商流向最终用户。与此同时，信息流能在开放的供应链中循环流动，这样才能真正地满足用户对产品和信息的需求，即在适时、准确的时间给用户提供最优质的产品。

2）供应链相关环节的发展

（1）配送业的发展。1997 年，李岚清同志在全国连锁经营工作会议上指出："配送中心是连锁企业商流、物流、信息流的交汇点，承担着各店所需商品的进货、库存、分拣、加工、运输、送货、信息处理等任务，其性质完全不同于传统的仓储设施。配送中心是连锁销售网络的核心，是连锁企业的商流中心、物流中心，更是信息流中心；是连锁经营得以正常运作的关键设施。"在供应链中，制造业是一个源头，制造业的配送中心则是这个供应链的龙头。

近年来，我国配送业发展迅速，呈现出多品种、全方位的特点，配送物资达到 100 多个品种，实行配送的城市已超过 100 个。无论是生产领域的物资配送还是商业领域的连锁配送，均取得了长足的发展。

我国配送中心较为成熟的配送模式：一是大型零售、连锁企业自有的配送中心；二是社会化的中介型配送模式。两种模式的目标都是加速我国流通现代化的进程，尽快在我国实现大型物流配送中心与区域配送中心配套完善的物流配送网络体系。

（2）连锁业的发展。连锁经营是把若干商店联合起来进行统一经营，实行统一进货、统一运输、统一储存、统一形象。当前，连锁经营的发展已呈现出比传统零售业更活跃的势头。连锁网络正在由城市向周边乡村发展，一些连锁企业已有店铺在县镇经营；特许连锁成为企业扩张的重要方式，目前销售额 2 000 万元以上的连锁企业中，1/3 以上有特许加盟店。目前，我国连锁业正处于健康、平稳的发展阶段。连锁企业实行规模扩张，农村市场为连锁企业提供了新的发展空间，股份制连锁企业异军突起。连锁企业一般都有自己的配送中心，但很多都不规范，配送水平落后，这就需要实施供应链管理来改善其配送状况。所以，连锁业要发展，需提高配送水平，这就为供应链的实施提供了契机。

（3）零售业的发展。随着 IT 业的发展、市场全球化和针对客户需求的趋势，传统的零售业正被新型的零售业逐渐替代，从价格到市场策略、从客户关系到产品利润等环节都发生了变革。商家逐渐意识到，要做到从容不迫，就要依靠新技术，如 POS 系统和电子付款方式以及网络科技的应用。POS 系统已被零售业广泛采用，电子付款方式也处于积极的探索之中。可扩展数据仓库系统的建立，将成为零售业竞争优势的来源。所谓可扩展数据仓库，是指为解决单位或企业所面临的复杂业务和经营问题，将历史的内外部详细数据采集到唯一的中央数据库系统中，建立以各种主题为导向的应用，用户利用各种前端分析软件工具，能快速发现解决问题的可能方案或预测模型，从而提高经营决策质量的整体解决方案。随着企业数据的增加，数据仓库可以直接升级。随着网络科技的发展，它已逐渐被应用到商业领域。零售业利用电脑网络把与商品相关的信息直接传送到用户终端，并能让消费者直接订货，从而形成一种新型的通路。因此，未来的通路可以在家里，也可以在你的口袋里，可以说无所不在。无论大小企业，只要拥有对新科技应用的能力，即可拥有竞争的空间。

（4）仓储和运输业的发展。仓储和运输是供应链管理中不可缺少的基础条件。随着各种仓储技术和计算机等高科技产业的发展，我国的仓储和运输业必将有更大的发展。例如，利用 CAO 可减少库存，甚至实现零库存。又如，采用通过式运输，由于仓库和配送中心接收的货物不是用于储存，而是要马上配送给零售商店，因此要求入库与出库的各项活动高度统一，通过消除放置、储存和取货的操作，企业提高了运输效率，极大地降低了分销成本。

8.4.2 我国供应链管理的对策分析

1）我国实现供应链管理面临的问题

尽管供应链中的配送业、零售业、仓储和运输业都有了良好的发展势头，但我国供应链管理的实现仍然面临着极大的困难。在我国，技术和财力方面对实施供应链管理的支持虽然有一定的困难，但却不是主要障碍。主要障碍来自于各组织的观念问题、人才问题、标准化问题、传统企业机构中存在的问题、组织内部和贸易伙伴间的协调问题、绩效评估问题。

（1）观念、人才及标准化问题。供应链管理理念是一种新兴的管理理念，它刚刚被引入我国，在我国的发展刚刚起步。但供应链的许多相关环节在我国却早已得到了一定的发展。近年来，虽然商业连锁超市、配送中心已广为社会所承认，但制造业配送中心以及供应链概念仍面临着传统观念的挑战。长期以来，我国企业界一直在计划经济的工厂调度、科室管理的模式下运作：业务员联系客户，票务室开单，财务科收钱，各管各的；部室功能齐全，每一个职能部门都能独立地完成自己的任务且独立评估，但从属关系交叉；企业往往要到月底结账时才了解销售情况的全貌；想知道某一笔销售业务的明细，需跨多个部门去翻各自的单据传票。这种管理勉强可以适应 20 世纪 80 年代以前较小的业务量，在 80 年代以后的市场经济浪潮中，制造企业明显感到了竞争形势对管理模式的压力。而在上述环境下熏陶出来的干部，往往把这些问题归咎于信息不流通，很少考虑企业因实行连锁经营后或实施供应链管理后，业务扩大的量变所引起的对企业经营管理的质变的需求。有人居然把配送中心会增加企业的重组成本作为否决配送中心的理由之一。由此可以看到，传统的观念是异常顽固的，观念的更新将是实现供应链管理的第一步。

供应链管理要获得长足的发展，人才是一个关键问题。首先，供应链管理理念刚刚引入我国，国内企业、相关人士对此知之尚浅，更缺乏对供应链管理人才的教育和培训。其次，供应链管理是一种跨行业、跨部门的管理方法，它涉及诸多领域的高新技术。其不仅需要专门的技术人才，而且需要既精通供应链管理理论、方法、手段，又熟悉与供应链相关的诸多技术的综合型人才，从而在供应链某环节发生故障时，他们能统观全局，给予合理的解决。

目前，我国流通行业比较混乱，存在着许多不同的标准，如POS标准、EDI标准、条码标准。各行业为了自己的发展，制定出了自己的行业标准，而缺乏与国际相接轨的全国统一的标准，阻碍了我国物流现代化的发展，也阻碍了供应链管理在我国的发展。

（2）传统企业机构中存在的问题。传统企业的组织机构是顽固的、坚硬的，它建立在职能的基础之上，成为阻碍供应链管理实施的又一大障碍。传统组织是按职能分派责任的，如采购职能、产品职能、销售职能等。传统组织中由高级主管领导行使“垂直”职能，他们是“贵族”，享有相当大的权力，并竭力保护其领域不被其他职能“贵族”以不正当的方式侵入。传统组织的“垂直”职能还反映在预算系统中，每个职能都由预算趋使，以控制职能消耗，公司好似运行于消耗之上。公司最基本的目标是控制消耗、增加利润输出，把输出作为组织、计划、控制的基础。

如果单个职能靠预算系统激励优化费用，那么这是以增加整个系统库存为代价的。如果通过维持正常的产品运转和大批量追求单位产品费用，那么就会产生比即时需求更多的库存。同样，如果采购管理通过货物采购追求低材料费，那么原材料库存也会增加。类似于缓冲器的库存将存在于整个供应链中。这不仅增加了财政负担和使流动资金紧张，还隐藏了最终需求的可见性，从而使上游对下游的真正需求无任何清晰的观点。

传统组织机构的又一个问题是费用“透明度”问题，因为与跨职能物流领域相关的费用是很难估量的，不同产品混合的真正费用很难“揭露”。而传统组织机构处于高水平的聚积状态，一般只在职能基础上辨别费用，模糊了费用的透明度。

满足顾客需求始于在途供应，通过制造或装配得以持续，并通过分配方式到达顾客手中。管理该过程的合理想法是视之为一整体，而不是把它分成若干部分。但在传统商业中，或多或少地存在分块情况，这不仅是低效的，而且事实上导致了竞争关系的效力损失。低效过程的增加，即职能间边界管理的增加，导致了从订购到配送循环的差异。仅仅因为传统系统的文书工作、检查和再检查工作，处理瞬时订购的时间常常被拖延。由于组织机构的增加，组织试图采取“消除纸张”的做法，结果却使现有系统拥有更多的历史资料。由于经理在相似的环境中无法分辨自己，无法看见“全景”，这种现象更加复杂；相反，在他们狭窄的职能领域内，自然倾向逐渐提高。

对传统组织最多的指责、批评是它不能给顾客提供“一面性”，顾客不是和一家组织而是和多家组织做生意。这显示了传统组织中没有人或部门被授权通过订购、配送来管理有需求的顾客，也就是服务顾客。传统组织是这样处理订购的：订购登记由一系列活动组成，订购登记点可以是销售或商务部门，然后到信用控制，再到产品计划或到库房成为储备。一旦订购货物处于制造或装配状态，它就成为配送和运输部门的责任了。同时，单证产生是一个独立过程，如订购单、发送单、发票等。问题是这些活动是井然有序的，是顺序执行而不是平行的。每个职能部门执行完任务后，把订单传给下一个职能部门。每一步，订单都好似隔墙抛过一样。

（3）贸易协调问题。在现有企业内部，每个人都习惯于关注系统中单一组件的效率，而没有人去考虑整体效益。例如，运输部门追求低运输费用，采购部门愿意增加订购量以减少单价，销售部门希望高库存以减少缺货损失。这些部门自身的利益追求与供应链的整体利益常发生冲突。在企业之间，各成员不愿意与他人共享信息，也不愿意牺牲自己的利益去争取供应链的最大利益。

2）解决我国供应链管理面临的问题的措施

针对我国供应链管理面临的诸多问题，一方面，我们要加速企业观念的转变；另一方面，我们要积极培养供应链管理方面的人才，并通过建立统一的标准，促进POS、EDI、条码的规范使用。同时，企业还应从自身出发，转换组织机构，采用先进的管理方法，制定合理的绩效评估制度，努力实现供应链管理的优化。

（1）转变观念、重视物流

①促进企业观念的转变，培养人才。供应链管理是一种刚刚在我国兴起的管理理念，但它符合我国物流现代化的发展趋势。因为物流业是第三利润的源泉，而供应链管理正是这种利润的发掘方式。所以，我们应该利用各种报纸、杂志，大力宣传这种方式，使企业从未知到知之甚少，进而到精通，并将其用于实践，再从实践中检验、修正这种方式。同时，企业应着手创建自己的人才培育中心，培养出供应链管理方面的人才，壮大人才队伍。

②组建专门机构，建立国家标准。在市场经济发展逐渐深入的今天，要实现物流现代化，实现供应链管理，把自己的产品以最低的成本推向国内、国际市场，进而占领市场，就必须通过国家引导，成立专门的物流管理机构，专门负责管理与物流相关的事务，并建立与国际接轨的统一标准，从上到下地推广。如条码标准，可由国家先制定出统一的标准，在各行业大力推广，并通过促进零售业商品条码销售信息源源不断地送往制造业，为制造业所消化、汇总、利用，真正为制造业创造效益，使制造业主动地去解决产品的条码标识问题，从而为其向国内、国际市场进军铺下第一块基石。

（2）改革组织机构

①建立面向市场的组织。提高服务水平是企业最基本的挑战，为提高竞争力的服务制定策略绝不是一件易事，它最大的困难在于把策略付诸行动。我们需要建立一个企业，使之能始终如一地在“运动”的基础上为顾客提供高质量的服务。

现在有许多公司都很重视“任务陈述”，视之为商业景象的关键环节。“任务陈述”寻求定义商业目的、边界和趋势，它并未改变任何企业成分。一些公司发现，定义公司的顾客服务任务有重大的价值。然而，一些公司的顾客服务声明只是给出一个基本清晰的提示，即商业为什么要密切顾客关系、建立一个良好的形象。这些声明虽给人以温暖的感觉，但不易于建设，不十分清晰，不为行为提供方针，这是不可取的。

David Norton 曾提出一个有用的模型，它有助于产生一个与提高顾客服务有关的分配方式。它的关键步骤是辨别怎么样算“做好”。也就是说，企业应该做好什么来获得期望目标。“做好”的定义最好由那些与顾客关系密切的人（第一线的人们和支持他们的人们）提出，努力使他们以“顾客第一”的准则来工作，来分辨哪里是需要提高的关键，进而实行改变。面向市场的组织还应该是多功能的，且能给相关问题的观点提供广泛的支持。同时，他们必须得到高层管理人员的全面支持，使之能尽其所知，提出适用的建议。

正如我们所知，仅仅把服务的责任归给顾客服务经理是不够的，因为服务是每个人的责任，需要反映到组织方式中来。

②建立后勤组织。有人认为，传统物流企业所面对的问题的解决方法在于在后勤职能形式中增加一些高水平的机构，使之能连接采购和配送任务。但很显然，这不能解决传统组织机构间的冲突，它仅仅增加了另一个管理层；相反，真正的解决方法在于重建传统“垂直”组织，并带动产生“扁平”或面向市场的组织机构。要实现这种转变，必须认识到后勤是必要的计划定位。也就是说，后勤管理过程使产品计划与物料需求计划、配送需求计划的连接成为必要。任何组织的目标都是保证生产的产品为市场所需，采购供应的产品必须满足立即需求。另外，企业还应认识到订购及相关性的信息流应该是商业的核心。商业组织经营的基本原理是产生订购、发送订购。公司所做的每件事都直接与促进该过程相联系，并且该过程必须反映在它自己的组织设计和计划控制系统中。所以，订购履行过程必须作为公司的整体活动予以设计。

（3）创建顾客订购管理系统，提高顾客订购管理水平

顾客订购管理系统是一个连接信息系统和完成材料需求的实物流动计划。它包括中央管理的预测、材料和产品控制以及采购，核心是市场需求计划。该计划的输入包括关于需求、订购、价格变动、促销活动、有效产品的信息和数据。信息为预测、制订需求计划提供了基础。订购履行的过程，不是相互独立的，而是通过信息系统集成在一起。提高顾客订购管理水平的几个实施步骤如下：

①删除无价值增加的环节。对于现行的订购管理系统，链中的每个要素、每一条链都应批判性地检查，以确定它产生的价值及增加的费用。价值指顾客价值，即对产品的总利用或通过顾客的视觉，使之愿意付款的这样一种效益。

在传统的服务过程中，花费的时间很大比例是无价值增加的时间，如文书工作的延迟，产品作为库存在仓库中消耗的时间，花费在检验、再检验上的时间。所以，要删除所有的无价值增加的环节，订购管理系统是寻找、转移无价值增加环节的极好的猎场。我们发现，很少有人对管理文书工作的方式、活动发生的顺序、活动为什么会发生等提出过疑问。我们应该确定切入点，来合并过程中的各相关步骤，集成相互分裂的执行相关任务的小组，并通过减少文书工作和报告来简化过程。但我们必须认识到，满足顾客需求的时间消耗大部分是多余的，减少它无疑会增强配送服务的一致性及可靠性，从而增加它在顾客眼中的价值。

②建立订购履行小组。企业应建立订购履行小组，把传统组织中相互分裂的活动有组织、自然地组织在一起。也就是说，我们不应该认为过程中的每一个步骤都是独立的，而应把它们紧紧地连在一起，使人员也融在一起。因此，订购履行小组应包括商业或销售、信用控制、会计、产品安排、运输安排等人员，每个人都处于把订购转为资金的商业过程中。订购履行小组的建立，是把订购履行过程中所有的关键人物聚在一起，联系在订购的周围，使之更能分清问题、消除瓶颈、减少订购循环的时间。部门内的团队工作，可删除更多的无价值增加时间，迅速解决有关顾客服务问题、减少订购过程中的前置时间。传统的订购履行就如同接力赛，直到接到链中前一个人的命令时才跑。而订购履行小组就如同橄榄球团队，是一个紧密集成在一起的团队，一起在球场上奔跑并相互传球。很显然，通过订购履行小组，服务过程中的订购履行过程加快了，同时，提高了产品的质量，增强了

竞争优势。

在制造业中，顾客订购管理系统必须与产品计划及材料需求计划紧密地联系在一起。理想情况下，企业中所有关于订购和满足需求的计划、安排活动都应该有组织地放在一起。

(4) 建立先进的管理体系

①引入先进的管理体系、策略、技术。为了实现供应链管理，达到快速适应市场的要求，我们必须引入先进的指导思想和策略。国外先进的管理体系、策略有 JIT（即时服务）、QR（快速反应）、ECR（有效客户反应）、ERP 等。在引进管理体系及策略的同时，我们还要大力推广、应用先进的信息技术、支持技术，并努力提高信息技术的安全性、可靠性。

②集成供应链。它把供应商、生产厂家、分销商、零售商等在一条链路上的所有环节都联系起来并进行优化。其实质在于与相关企业形成融会贯通的网络整体，对市场快速反应。供应链的集成，其实就是将上下游的企业有机地连在一起，形成同步的网络体系，使企业与其上下游之间建立有形或无形的联系，对市场需求做出快速反应。

供应链的集成改变了过去仅仅在供应链中将费用从一个口袋转移到另一个口袋的做法，它优化了整个供应链的执行，给最终客户提供了最优的价值。另外，它还多方位地影响了市场，比如形成了宽口径、短渠道的流通体系，大大提高了流通效率；促进了流通现代化和信息技术在各领域的广泛应用；还使产品竞争压力由消费者通过流通体系向生产者快速传递，迫使生产者提高产品品质，降低成本，以满足市场需求。

③建立新的绩效评估系统，促进贸易伙伴间的协作。建立优化的供应链，关键在于建立一个新的绩效评估系统。新的绩效评估系统必须能够对每个贸易伙伴、每个职能部门在优化供应链中所起的作用做出合理的评估，并在此基础上合理分配优化供应链带来的利益。所以，新的绩效评估系统必须清楚地认识到供应链中分配的概念，正确分辨各企业在整个供应链获利过程中所做出的贡献。正确的分配制度，能促进贸易伙伴间的亲密合作，使整个供应链畅通无阻地高效运行。

供应链管理这种新型的管理模式在我国既有发展，又面临着严峻的问题。但当前中国的改革开放、市场经济的发展为解决供应链管理问题带来了机遇。我们应该紧紧抓住这个机遇，努力建设我国的供应链。首先，解放思想，提高合作意识，努力改革组织机构，建立面向市场的组织和合理的绩效评估系统，从而创建畅通无阻的供应链。其次，通过在供应链每一环节上应用先进的管理技术，引进现代管理思想，如生产厂商加强生产技术，力求在生产中实现零库存，使用标准条码；配送商加强信息、通信、储运技术，提高服务质量；零售商大力推行 POS 系统，实行前台（零售）、后台（库存）合理管理等等，为实现整个供应链的畅通无阻做准备，并通过在整个供应链上建立 Intranet、实行电子商务，提高整个供应链对市场的反馈速度。最后，使整个供应链上的资金流、信息流、物流、价值流、工作流高效流动，进而使整个供应链顺畅流动。相信在我国实行供应链管理，将会实现第三方利润，给国家和企业带来效益。

8.5 供应链案例分析

8.5.1 沃尔玛公司供应链管理模式分析

1945 年萨姆·沃尔顿在美国小镇维尔顿开设了第一家杂货店，经过 50 多年的艰苦奋斗，这家名为沃尔玛的公司在 1996 年销售额达到 1 060 亿美元，雄居世界连锁零售商之首。2001 年沃尔玛成为全球最大的跨国集团，营业额高达 2 200 亿美元，超过了美孚石油公司，成为《财富》杂志世界 500 强排行榜上的第一名。2002 年，它不但成为全球最大的公司，还把它的竞争对手拉下了马，使其进入破产边缘。2003 年公司营业额再创新高，以 2 590 亿美元再次位居第一，实现了连续三年名列榜首的佳绩。分析沃尔玛公司的财务会计报表，我们可以发现沃尔玛公司的总资产周转率是同行企业的数倍，而其经营费用和销售额的比率仅是同行企业的一半。可见，在激烈的市场竞争中，沃尔玛仍能立于不败之地，是因为它牢牢把握着自己的核心竞争力，即快速、高效的供应链管理，以此降低运作成本，从而保证利润的实现。

1）利用领先的信息技术降低运营成本

沃尔玛的成功得益于它构筑了一个具有实力的供应链体系，为此，管理学家对其做了如下总结："沃尔玛使用领先的信息技术和后勤保障体系不断地大幅降低其运营成本。"降低运营成本，实际上是强调自身的供应链应如何运作，如何在采购、配售、仓储等一系列环节上降低成本，达到"天天低价"的目的。"天天低价"意味着一切都是"零"，不但库存为"零"，缺货率也要做到"零"。要达到这样的目标，必须构筑最快的物流、最快的订货、最快的销售体系。沃尔玛在全球有 2 400 多家超市，它是如何与供应商合作共同降低运作成本的呢？

20 世纪 90 年代初，沃尔玛公司就在其总部建立了庞大的数据中心，全集团所有的店铺、配送中心和经营的所有商品、每天发生的一切与经营有关的购销、调存等详细信息，都通过主干网和通信卫星传送到数据中心，任何一家沃尔玛商店都通过卫星与总部相连。所售商品都会即时通过与收款机相连的电脑记录下来，每天都能清楚得知道实际销售情况，管理人员根据数据中心的信息对日常运营与企业战略做出分析和决策。

沃尔玛的数据中心还与 6 000 多家供应商建立了联系。供应商通过网络可直接进入沃尔玛的电脑配销系统和数据中心，直接从 POS 系统中获得其供应的商品的流通动态，如各商场货架上的存货情况以及全部销售资料、不同商品的销售预测统计数据、沃尔玛各仓库的存货和调配状况、销售预测、付款通知等。这使得供应商能时时掌握自己产品的销售动态，在适当的时间将适当数量的商品送到沃尔玛公司的配送中心，而沃尔玛的价格标签和 UPS 条形码在供应商处已经贴好，因此，不必在配送中心存货，沃尔玛公司的配送中心就根据商品的标识直接将商品送到各商场的货架上。沃尔玛独特的配送体系不会因存货不足而影响销售，也不会因存货过量而增加库存管理的困难、占用公司的流动资金。同时，其明显简化了库存管理程序，每年可节省数百万美元的费用。沃尔玛公司 1992 年配送成本低于其销售额的 3%，而其竞争对手的配送成本则高达其销售额的 4.5% ~5%。这种独特的配送体系大大降低了成本，加速了存货周转，形成了沃尔玛的核心竞争力。

2）强化对供应商的运作管理

沃尔玛公司强化供应商对劳动力成本、生产成本、存货成本及管理工作成本的控制，迫使其供应商进行流程改造，使它们同沃尔玛一样致力于降低成本的运作。

沃尔玛公司还建立了以自己为核心企业、连接供应商与顾客的全球供应链。它还要求降低上游企业的原材料采购成本、制造成本、存货成本。同样，也要求供应商的供应商降低成本。此外，沃尔玛公司还参与上游企业的生产计划，与上游企业共同商讨和制订产品计划、供货周期甚至帮助上游企业开展新产品的研发和质量控制方面的工作。沃尔玛公司及时将消费者的意见反馈给供应商，供应商可通过信息系统查询沃尔玛的产销计划，以此作为安排生产、供货和送货的依据，保证生产出的产品是顾客所需求的，从而降低了经营风险。沃尔玛与供应商建立了长期稳定的合作伙伴关系，取得了双赢的效果。

8.5.2　沃尔玛公司的供应链管理给我国零售业的启示

供应链管理是一种新的企业管理模式，它以现代信息技术为支撑，以合作为核心，把供应链上的各个企业（供应商、制造商、分销商、客户）集成起来作为一个不可分割的整体，使供应链上各企业分担的采购、生产、销售职能成为一个协调发展的有机整体，从而提高整个供应链的效率和效益。沃尔玛公司的成功也正是由于运用了供应链管理，降低了企业整体的经营费用，为其实施物美价廉的销售策略提供了保障。这种新的管理模式必将走向中国，我国零售业要做强、做大，参与国际竞争，笔者认为以下几个方面值得探讨：

1）整合企业内部和外部的信息系统，实现信息的及时、准确传递

随着 Internet 的出现，基于 Internet/Intranet 的供应链管理信息支撑体系成为发展的主流和方向。供应链上的每个成员企业都有自己的 Intranet（企业内部网），并在 Intranet 上建有相应的管理信息系统（如 ERP）、电子商务交易系统。成员企业的 Intranet 通过 Internet 实现互联形成 Extranet（企业外部网）。供应链上的所有成员企业都最大程度地共享其他企业的内部资源，相互之间交易的所有过程（包括下订单、订单处理等）全部实现网络化、自动化。这就要求供应链上的所有企业都要有一定的信息化基础，这样才能保证供应链管理的实现。

目前，我国零售业要做强、做大，各销售终端与总部的信息传递必须要及时、准确，否则容易造成企业对市场缺乏了解，决策的及时性和准确性会受到影响。如果各地分销商和加盟店的需求不能经常、及时地得到满足，原有的市场份额就会流失。所以，零售业应该及早考虑在现有信息系统的基础之上，建立强大的总部数据管理中心、中央结算体系，并面向零售终端体系、供应商（分销商）体系、物流服务体系实施信息一体化建设。当前，供应商、物流公司等企业的信息化水平参差不齐，对于信息化基础好的，信息的共享和集成比较容易实现；对于信息化基础差的，可以帮助或引导其进行信息化建设，或者考虑予以淘汰。此外，在选择合作伙伴时，还要深入研究供应链体系中每个成员自身的管理水平和竞争力水平。

2）转变观念，建立新型的相互合作、共生共荣的伙伴关系

供应链管理追求的是总成本的最低化和整个供应链的高效率，有的企业自己基本上做到了零库存，而它的供应商的库存却堆积如山；有的企业自己的反应速度很快，而它的供应商却跟不上这种节奏。现代供应链理论认为：除非最终消费者付钱，否则供应链上没有

一家企业真正赚到钱。供应链上的合作伙伴必须达成共识，去除企业之间的障碍，密切合作，不能只顾及自己，而忽略了与自己密切相关的伙伴的利益，否则会导致链条断裂。伙伴之间要以诚相待，信息共享。零售企业帮助供应商了解了市场、消费者的需求，供应商应根据市场需求调整自己的生产计划。有了这方面的坦诚合作，接下来零售企业还要与供应商在信息系统、物流仓储体系、客户关系管理、供应链预测与合作体系、人员培训等方面展开密切合作。所以有人认为21世纪的竞争不再是企业与企业之间的竞争，而是供应链与供应链之间的竞争。供应链管理就是要把整个供应链的运作看做一个系统，使该供应链比其他的供应链更高效，供应链上的相关企业都能从中受益。

3）加强对合作伙伴的筛选

一个先进的供应链管理系统是强强联合的整体，合作伙伴内部的管理、经营水平差会导致供应链难以发挥其应有的价值。就零售业而言，在目前的供应链网络中，部分供应商整体管理水平还很低，在近期内有很大的提高也是不可能的；其信息沟通还停留在电话、传真的层次上。合作伙伴信息沟通不畅，成为阻碍供应链协同发展的主要原因。在合作伙伴的选择上，企业应选择信息化程度高、竞争实力强的合作伙伴。成员之间通过EDI和商业伙伴的信息系统可以进行自动、快速、准确的数据交换。所以建立一套合理的指标评价体系，评价供应商的合作情况是企业的明智之举。

供应链管理是企业内部管理到外部管理的延伸，代表了很高的企业管理、经营水平。即使在国外，它也是较先进的管理方式。这种管理方式从被接受到最终实现，都需要时间和实践。而目前我国零售企业在内部管理、经营水平上相差很大，一个企业的经营管理水平也许可以在短期内有很大的提高，但同一供应链上的众多企业想要同时达到同一水平则几乎是不可能的，这就决定了中国供应链管理水平的提高只能采用渐进的方式，相关企业应借鉴国外供应链管理的成熟经验，走出一条中国特色的供应链管理之路。

本章小结

供应链是指在生产及流通过程中，涉及将产品或服务提供给最终用户的上游与下游企业所形成的网链结构。供应链管理是在现代科技促进产品极其丰富的条件下发展起来的管理理念，它涉及各种企业及企业管理的方方面面，是一种跨行业的管理，并且使企业之间为追求经济利益的最大化而共同努力。

供应链管理具有以顾客满意为核心、新型的合作竞争理念、以现代网络信息技术为支撑的特点。供应链管理的主要流程包括计划、实施、执行评估。实现供应链管理可通过分析市场竞争环境、识别市场机会、分析顾客价值、确定竞争战略、分析企业的核心竞争力、评估选择合作伙伴等步骤进行。实施供应链管理对企业来说，具有多方面的意义。

供应链管理的模式通常有两种：一种是推动式，另一种是拉动式。供应链管理环境下物流管理的目标主要包括：快速反应、最小变异、最低库存、整合运输、产品质量以及生命周期支持等。

卖方管理库存（VMI）是一种供应链环境下的库存运作模式。VMI能对分销商与供应商等多方产生价值。计算机辅助订货（CAO）是基于库存和客户需求信息利用计算机进行自动订货管理的系统。CAO通过使用计算机，跟踪商店内所有商品的存货，并将各项有关信息集合起来，及时调整进货比例，生成商店订单。通过式运输是一个配送系统。它的主要特点：一是交货周期非常短，二是以小批量的频繁交货取代供应商的大批量交货。POS系统的主要任务是为商品交易物流提供服务和实时管理。POS的功效是基础信息采集、提高数据采集效率、提高管理水平、提高统计效率和将管理领域延伸。

供应链管理作为一种新兴的管理理念，刚刚被引入我国。我国实现供应链管理主要面临的问题有：观念和人才及标准化问题、传统企业机构本身存在的问题、贸易协作问题。其对策与措施主要包括：转变观念、重视物流；改革组织结构；创建顾客订购管理系统，提高顾客订购管理水平；建立先进的管理体系。

核心概念

供应链　供应链管理　物流管理　快速反应　卖方管理库存　物流运作技术

基本训练

■ 知识题

1. 选择题

(1) POS 应用最广泛的领域是(　　)。

A. IT　　B. 仓库　　C. 回收站　　D. 超市

(2) 供应链管理体系下物流管理的基本功能是(　　)。

A. 仓库管理　　B. 订购管理　　C. 配销管理　　D. 库存管理

(3) 供应链管理的基本特点包括(　　)。

A. 以顾客满意为核心　　B. 新型合作竞争理念

C. 以现代网络信息技术为支撑　　D. 将管理领域延伸

(4) POS 主要的外接设备不包括(　　)。

A. 条码设备　　B. 电子秤和条码电子秤

C. 磁卡阅读器　　D. 电子现金出纳机

2. 判断题

(1) 实施 POS 系统管理后，对于销售环节的各种信息、某种水平的销售情况的好坏以及商品是否过期，经营管理人员可以随时掌握，避免了超前付款和削价处理的损失。(　　)

(2) 卖方管理库存（VMI）是以零售商和供应商双方都获得最低成本为目的，在一个共同的协议下由供应商管理库存，并不断监督协议执行情况和修正协议内容，使库存管理得到持续改进的合作性策略。(　　)

(3) 供应链管理是一种集成的管理思想和方法，它执行供应链中从供应商到最终用户的物流的计划和控制等职能。(　　)

(4) 物流管理的目标至少包括六个方面：快速响应、最小变异、最低库存、整合运输、质量改善、物流循环。(　　)

3. 简答题

(1) 简述供应链管理与物流管理的关系。

(2) 简述实现供应链管理的流程。

(3) 简述 POS 系统的工作原理。

(4) 通过式运输有哪些优点？

(5) 试谈计算机辅助订货（CAO）的作用和内容。

(6) 简述 VMI 模式的实施条件和实施程序。

■ 技能题

结合电子商务实验与供应链管理模拟软件，学会利用物流运作技术进行供应链管理。

观念应用

■ 案例分析

夏普公司是一家总部位于日本大阪、年销售收入达887亿元的全球化电子消费品公司，共有66 000多名员工服务于分布在全球30多个国家的生产工厂、销售公司、技术研发机构和信贷公司。夏普公司作为电子计算器和液晶显示器等电子产品的最早推出者，不断创新，运用领先世界的液晶、光学、半导体等技术，在家电、移动通讯、办公自动化等领域实现丰富多彩的“新信息社会”。

但是，面对竞争日益复杂的电子消费品市场，该公司越来越感觉到市场的快速变化，特别是电子消费品的生命周期越来越短，市场普及率越来越接近饱和状态，企业的经营风险日益加大；与此同时，客户对电子消费品个性化的需求越来越高。因此，如何在竞争激烈和快速变化的市场中寻求一套实时的决策系统就显得尤为重要。企业亟须通过提高对商品的准确预测率来降低自身的库存，减少交货期的延误，从而保住大量有价值的客户。

夏普聘请一家软件公司对其整个供应链进行了全面诊断。该软件公司提出了包括订单管理、生产制造、仓库管理、运输和开票等全流程在内的整体无缝链接计划，并结合信息系统的实施，使夏普公司建立起了供应和需求一体化的结构，尤其是通过对系统数据的分析、定时的连接和灵活的处理，使决策者能够比过去更加方便和有效地协调人员、设备资源和流程配置，以更加准确地满足市场需求。夏普公司通过对供应链的一体化管理，不仅降低了库存水平，加快了库存的周转率，降低了物料管理的成本，而且大大提升了供应链价值。

供应链管理的另外一个目标是提高客户的满意度。通过对供应链的整合，夏普公司对客户的交货承诺性得到了很大程度的提高，货物的交付比过去更加及时和准确。同时，供应链计划体系可以充分考虑各方面因素，如运输成本、订单执行等，从而能制订出资源平衡和优化的需求预测计划。

资料来源　佚名．销售和供应链计划的预测［EB/OL］．［2010－01－03］．http://www.worldscm.com/publish/article/2010-1-3/44461.htm.

问题：

（1）谈谈夏普公司实施供应链管理给我国企业的启示。

（2）结合案例，总结供应链管理的作用与特点。

■ 单元实训

调查你所在地实施供应链管理的企业，了解其物流运作技术的应用状况，写出调查分析报告，分析其供应链管理模式并画出该供应链管理的流程图。

主要参考文献

[1] 王槐林，刘明菲．物流管理学［M］．武汉：武汉大学出版社，2002.

[2] 王之泰．现代物流学［M］．北京：中国物资出版社，1995.

[3] 宋华，胡左浩．现代物流与供应链管理［M］．北京：经济管理出版社，2000.

[4] 王自勤．现代物流管理［M］．北京：电子工业出版社，2002.

[5] 金若楠．现代综合物流管理［M］．北京：人民交通出版社，1999.

[6] 张铎，林自葵．电子商务与现代物流［M］．北京：北京大学出版社，2002.

[7] 罗振华．电子商务物流管理［M］．杭州：浙江大学出版社，2003.

[8] 张文杰．电子商务下的物流管理［M］．北京：清华大学出版社，北方交通大学出版社，2003.

[9] 张福荣．物流管理［M］．北京：中国纺织出版社，2003.

[10] 王之泰．现代物流管理［M］．北京：中国工人出版社，2001.

[11] 梅绍祖，李伊松，鞠颂东．电子商务与物流［M］．北京：人民邮电出版社，2001.

[12] 马士华，林勇，陈志祥．供应链管理［M］．北京：机械工业出版社，2000.

[13] 田青．现代物流案例全集［M］．北京：清华大学出版社，2009.

[14] 彭扬．现代物流学案例与习题［M］．北京：中国物资出版社，2010.

[15] 中国交通运输协会．物流案例与实践应试指南［M］．北京：电子工业出版社，2012.

[16] 吴健．电子商务物流管理［M］．北京：清华大学出版社，2009.

[17] 安德森，拉卡罗．SAP 基础教程［M］．黄佳，译．北京：人民邮电出版社，2008.

[18] 汪传雷．物流案例教程［M］．合肥：安徽大学出版社，2009.

[19] 付航．1.8 亿件包裹："双十一"催快递业四年蝶变［EB/OL］．［2013-11-13］．http://news.xinhuanet.com/fortune/2013-11/13/c_118127695.htm.

[20] 舒昌．对我国电子商务物流发展的思考［J］．市场论坛，2014（4）．

[21] 汤荣汛．芜湖港欲更名"皖江物流"逐渐向大宗电商转型发展［EB/OL］．［2014-07-29］．http://finance.ifeng.com/a/20140729/12817368_0.shtml.

[22] 张育绮．二维码营销［M］．北京：中信出版社，2013.

[23] 贺琳．RFID 助意大利服装物流商加快配送速度［EB/OL］．［2010-11-05］．http://www.ancc.org.cn/news/article.aspx?id=5944.

[24] 尹沿技，李晶．卫星定位：需求不断提升 前景相当广阔［N］．都市快报，2012-05-15.

[25] 李红霞．电子商务物流［M］．北京：中国铁道出版社，2012.